Wilhelm Busch

JESUS
Unsere einzige Hoffnung
Unser Friede
Unser König

Wilhelm Busch

Jesus

Unsere einzige Hoffnung
Unser Friede
Unser König

Schulte & Gerth

Dem vorliegenden Sammelband liegen die folgenden Titel zugrunde:
Jesus unsere einzige Hoffnung / Jesus unser Friede /
Jesus unser König

© 1997 Verlag Klaus Gerth, Asslar
Best.-Nr. 815 520
ISBN 3-89437-520-5
1. Auflage 1997
2. Auflage 1998
Umschlaggestaltung: Michael Wenserit
Umschlagfoto: ZEFA
Satz: Typostudio Rücker, Langgöns
Druck und Verarbeitung: Ebner Ulm
Printed in Germany

Inhalt

Wie lebe ich richtig?	7
Wir begleiten den Apostel Paulus	21
Die Geschichte von den drei Türen	36
Gott wirbt um uns	52
Das Gleichnis vom falschen Bogen	65
Jesus enttäuscht nie	80
Angekommen auf Golgatha	92
Wenn man Jesus findet	107
Der Vogel hat ein Haus gefunden	121
Geht es nicht auch ohne Ehe?	154
Wie kann Gott das zulassen?	174
Drei Stimmen zur Buße	195
Herr, sende dein Licht!	206
Wie komme ich zum Frieden meiner Seele?	219
Der Herr ist König	233
Heimweh nach Gott	247
Freiheit, die Jesus schenkt	262
Jesus hat dem Tod die Macht genommen	278

Ansprachen aus dem Jahr 1943 über Jesaja 33,22:

Der Herr will uns Mut machen	294
Der Herr ist unser Richter	301
Der Herr ist unser Meister	314
Der Herr ist unser König	334

Wie lebe ich richtig?

„Und es erschien dem Paulus in der Nacht ein Gesicht: Ein mazedonischer Mann stand vor ihm, bat ihn und sprach: Komm herüber nach Mazedonien und hilf uns! Als er aber dieses Gesicht gesehen hatte, trachteten wir alsbald nach Mazedonien zu ziehen, indem wir daraus schlossen, daß uns der Herr berufen habe, ihnen das Evangelium zu predigen." Apostelgeschichte 16,9+10

Meine Freunde, je älter ich werde, desto stärker beschäftigt mich eine ganz primitive und selbstverständliche Tatsache. Und zwar die Tatsache, daß jeder von uns nur ein einziges Leben hat. Wir haben nur ein einziges Leben! Wenn Sie ein Porzellanservice kaufen mit 12 Tellern, dann können Sie zwei kaputtschlagen und haben immer noch zehn. Aber Sie haben nur ein einziges Leben!

Alle Theorien, die verkünden, daß man noch einmal wiederkommt und weiterlebt, sind nicht wahr. Wir haben nur ein Leben, das, um ein modernes Bild zu gebrauchen, mit einer Einbahnstraße zu vergleichen ist. Wenn ich einen Tag meines Lebens verpfuscht habe, dann möchte ich oftmals gern den Wagen meines Lebens zurücksetzen, um die Strecke erneut zu fahren; aber das funktioniert nicht! Ein Tag, der verpfuscht ist, bleibt verpfuscht in alle Ewigkeit! Das Leben geht in der Richtung der Einbahnstraße immer weiter. Wer das begreift, der wird über die Frage, wie er sein Leben richtig lebt, unruhig. Wenn Sie heute ein Plakat anschlagen würden, auf dem steht: „Pastor Busch spricht über das Thema: Wie lebe ich mein Leben richtig?", dann würden wohl alle Leute einen Vortrag über richtige Ernährung, Diät und Bircher Müsli erwarten. Keiner kommt auf die Idee, daß richtig leben mit mehr als Ernährung zu tun hat. Diese Gedankenlosigkeit spricht für das Abgestumpftsein der Menschen unserer Zeit. Dabei ist das richtige Verständnis dieser Frage und die richtige Antwort darauf so unwahrscheinlich wichtig, denn die Einbahnstraße unseres Lebens führt direkt zum Richterstuhl Gottes.

Meine Freunde, es ist wohl ziemlich klar, und wir brauchen überhaupt nicht darüber zu reden, daß wir nicht auf der Welt sind, um viel Amüsement zu haben. Wir sind auch nicht auf der Welt, um zu arbeiten. Das ist ebenso klar.

„Nur Arbeit war sein Leben", das ist ... ich pflege zu sagen, das ist ein Nachruf auf ein Pferd, aber nicht auf einen Menschen!

Wir sind auch nicht auf der Welt, um einen Haufen Geld zu verdienen oder um einen guten Job zu haben. Ich wünsche Ihnen, daß Sie Millionäre werden, aber der Sinn des Lebens ist das nicht.

Es bleibt dabei: die Frage „Wie lebe ich richtig?" ist unendlich wichtig, weil wir nur dies einzige Leben haben.

Im Zusammenhang mit dieser Frage bin ich auf ein Wort in der Bibel gestoßen, das im allgemeinen Sprachgebrauch eigentlich gar nicht vorkommt oder höchstens mißverständlich gebraucht wird. Es ist ein biblisches Wort, eins aus der „Sprache Kanaans"; dabei ist das übrigens nichts Schlechtes, wie man immer tut, das ist doch etwas Herrliches.

Das Wort, das ich meine, heißt: Segen. Gott sagt zu Abraham: „Ich will dich segnen, und du sollst ein Segen sein!"

Auch wenn wir gar nicht recht wissen, was ein Segen ist, empfinden wir: Das muß ein wichtiges Leben sein, über dem dieser Satz steht, den der lebendige Gott sagt: „Ich will dich segnen, und du sollst ein Segen sein!"

Das wäre ein richtiges Leben! Dieses Wort gibt uns die allgemeine Richtung an, in der wir suchen müssen, wenn wir wissen wollen, was richtig leben heißt. Und darum überschreiben wir heute unsere Predigt mit der Frage: Wie wird mein einziges Leben ein gesegnetes Leben?

Wir müssen richtig geführt werden

Der erste Punkt der Antwort lautet: Wir müssen richtig geführt werden! Oder soll ich sagen, wir müssen uns richtig führen lassen?

Ich will versuchen, alles zu erklären. Im Mittelpunkt des Textes, den ich vorhin verlesen habe, steht der Apostel Paulus. Auch die Gottlosesten unter uns werden mir zustimmen, daß dieser Mann ein gesegnetes Leben lebte. Da wird wohl keiner ernsthaft daran zweifeln. Deswegen können wir aus dieser Geschichte lernen, wie unser einziges Leben ein gesegnetes Leben wird. Der Apostel Paulus steht hier in einer weltgeschichtlich entscheidenden Stunde! Er befindet sich in Troas – das liegt an der Küste Kleinasiens – und entschließt sich auf einen Ruf Gottes hin, nach Europa hinüberzugehen. Der erste Schritt auf dem Weg zum christlichen Abendland wird getan.

Meine Freunde, wäre Paulus damals nicht aufgrund dieses Rufes Gottes von Troas nach Mazedonien hinübergereist, dann wäre die Weltgeschichte anders verlaufen. Dann gäbe es bei uns keine Dome und keine Kathedralen und es gäbe hier auch kein Weigle-Haus. Dann säßen wir nicht heute morgen zusammen in einem christlichen Gottesdienst. Dann hätte es keinen Albrecht Dürer gegeben und keinen Johann Sebastian Bach. Man kann stundenlang fortfahren, sich auszudenken, wie das Abendland aussehen würde, wenn Paulus nicht nach Mazedonien übergesetzt und das Evangelium dahin gebracht hätte.

Der erste Schritt in Richtung christliches Abendland – ein bedeutsamer, weltgeschichtlicher Augenblick! Der Entschluß, den christlichen Glauben dem Abendland zu bringen, ist nicht aufgrund langer Beratungen und Erwägungen gefallen. Es war nicht so, daß die Kirchenräte, Oberkirchenräte und Bischöfe von Kleinasien einen Kirchentag abgehalten hätten und dabei dann die Frage aufgetaucht wäre, ob man vielleicht nach Europa fahren und dort missionieren sollte. Nicht einmal Paulus hat eine solche Aktion erwogen. In unserem Text heißt es ganz einfach und schlicht: „Wir trachteten zu reisen, gewiß, daß der Herr uns dorthin gerufen hatte!"

Luther sagte einmal von sich: „Ich bin gestoßen worden wie ein blinder Gaul." Stellen Sie sich das vor!

Wie man einen blinden Gaul vorne zerrt und hinten stößt, er weiß gar nicht, wo es langgeht – so entstand das christliche Abendland. Meine Freunde, so beginnt es. Am Anfang stehen nicht Sitzungen und nicht Telephonate, sondern die Gewißheit, „daß der Herr uns dorthin gerufen hatte". Verstehen Sie, was das bedeutet? Im Leben von Gotteskindern gibt es Momente, in denen sie blinde Gäule sind, und der Herr selber nimmt das Halfter in die Hand.

Nicht nur damals bei Paulus, auch heute noch. Obwohl Maschinen sausen und die Welt voll Lärm ist, werden Menschen von Gott geführt. Ich muß es Ihnen in aller Deutlichkeit sagen: Sie sind arme Leute, wenn Sie das noch nicht erfahren haben. Dann tun Sie mir leid, auch wenn Sie draußen den schönsten Wagen stehen haben.

Ein gesegnetes Leben kann doch nur ein Leben sein, das Gott in die Hand genommen hat, ganz real. Ein Leben, das er führt. Wer hätte so ein gesegnetes Leben nicht gerne!

Meine Freunde, dazu sind natürlich einige Voraussetzungen nötig. Die will ich jetzt gleich nennen, damit keine Illusionen entstehen:

Als erstes ist es notwendig, sich von einem Leben in Sünde und Selbstgerechtigkeit zum Herrn zu bekehren. Das ist das wichtigste. Man muß sich entschlossen haben, dem Herrn zu gehören. Paulus war solch ein Mann, der durch das Blut Christi Frieden mit Gott hatte. Das war schon wieder Sprache Kanaans. Heutzutage sagen alle, die Pfarrer sollen nicht die Sprache Kanaans reden. Aber man kann die Umkehr zu Gott nicht anders und doch genauso eindeutig ausdrücken.

Sie müssen die verpönte Sprache Kanaans lernen, oder sie kapieren nie etwas von einem Leben aus Gott!

Paulus war also ein Mann, der Frieden mit dem lebendigen Gott gefunden hatte, weil ihm die Sünden vergeben worden waren durch Jesu Blut. Es liegt auf der Hand: Ehe der Herr mein Leben führen kann, muß ich nach Hause kommen wie der verlorene Sohn. Von Natur aus sind Sie nicht zu Hause. Da können Sie noch so ein feiner Kerl sein, von Natur aus sind Sie nicht zu Hause. Da können Sie noch so gut und edel sein, von Natur aus sind Sie draußen!

Die Tür, die in das Vaterhaus führt, ist das Kreuz Jesu Christi. Jesus sagt selbst: „Ich bin die Tür!" Man kann den ganzen Sachverhalt aber auch anders ausdrücken: Ehe die verborgene Hand Gottes mein Leben führen kann, muß ich in diese Hand hineingefallen sein!

Überlegen Sie einmal, wo Sie stehen. Vor dem Vaterhaus oder in dem Vaterhaus? Wollen Sie sich weiter so durchs Leben wursteln, auf eigene Faust leben? Oder sollten Sie nicht einmal innehalten und sagen: „Das Entscheidende fehlt ja meinem Leben: Ich habe mich noch nicht zum Herrn bekehrt!"

Und dann folgt eine zweite Voraussetzung, die erfüllt sein muß, damit man Führung Gottes in seinem Leben erfährt. Diese zweite Voraussetzung heißt Stille. Auch das will ich Ihnen am Beispiel des Apostels Paulus zeigen. Wie kam es eigentlich dazu, daß Paulus nach Mazedonien geführt wurde? Was geschah vorher?

Paulus hatte in Troas ziemlich ratlos die Küste erreicht. Er wußte nicht, wohin sein Weg führen würde. Und was macht er, ein Mann mit einem solchen Lebensprogramm – da sind wir arme, kleine Leute dagegen – ein Mann, dessen Leben völlig ausgefüllt war, was macht er? Gar nichts!

Dieser große Mann wartet ab. Und in der entstandenen Stille beginnt er mit seinem Herrn, mit seinem himmlischen Herrn, zu reden. Und wartet geduldig auf eine Antwort. Auf einmal hat der rastlose Paulus Zeit. Er kann stille sein.

„Und es erschien dem Paulus in der Nacht ein Gesicht: Ein mazedonischer Mann stand vor ihm" – erkenntlich an der Kleidung, denn die Mazedonier trugen andere Kleidung als die Asiaten –, „der stand vor ihm, bat ihn und sprach: Komm herüber nach Mazedonien und hilf uns!"

Es gibt Ausleger, die meinen, es wäre ein Traum gewesen. Aber nichts spricht dafür, daß es tatsächlich nur ein Traum war; alles spricht dafür, daß Paulus hellwach war in der Nacht. Und der Herr zeigte ihm das Bild des Mazedoniers. Sehen Sie, das ist charakteristisch für Gottesmenschen. Sie gehen in die Stille und reden sogar nachts mit ihrem Herrn. Sie sind mit ihm auf du und du, und der Herr antwortet ihnen. Daran erkennen Sie wahre Christen. Sie können mit David sagen: „Da ich den Herrn suchte, antwortete er mir." Das ist das Gegenteil von den gejagten Menschen unserer Zeit mit ihren dicken Terminkalendern. Genau das Gegenteil.

Ich kann mir vorstellen, daß so ein typischer Manager hier sitzt und sagt: „Aber lieber Pastor Busch, das paßt nun wirklich nicht mehr in unser gehetztes Zeitalter!" Dann antworte ich diesem Managertyp: „Ich frage mich nur, wobei mehr rauskommt? Bei ihrer Lebenshetze, die unweigerlich Kreislaufstörung, Herzinfarkt und Tod hervorruft, oder bei einem Leben, wie es der Apostel Paulus geführt hat, wo man in der Stille vor dem Herrn leben kann?"

Was meinen Sie, wo kommt mehr heraus – oder wo sind größere Segensspuren erkennbar? Sie haben nur ein Leben. Wie wird mein einziges Leben ein gesegnetes Leben?

Meinen Sie nicht, daß dieses ganze Zeitalter mit seiner Hetze verkehrt marschiert? Daß wir neu lernen müssen, stille zu sein, weil wir nicht mehr wissen, was Stille heißt?

Stille sein. Gestern bin ich zum Sorpesee gefahren, in die wundervolle Einsamkeit, die Ruhe, die dort herrscht. Auf einem kleinen Plätzchen mitten im Wald, dort wo die Stille nur vom Gesang der Vögel unterbrochen wird, stand ein VW. In dem Auto saß ein Ehepaar, hatte das Radio angedreht, aus dem irgend etwas Blödsinniges kam. Da habe ich gedacht: „Man kann nicht mehr stille sein, man kann es nicht!" Wie schön, daß der Mensch das Kofferradio erfunden hat, damit er den Krach überallhin mitnehmen kann, wie schön!

Überlegen Sie sich, wobei mehr herauskommt: bei der Stille oder beim Krach und der Hetze?

Zum Schluß dieses Teils will ich es noch einmal ganz deutlich aussprechen: Was ist das für ein Wunder, für ein großes Wunder, daß der lebendige Gott, der die Sterne in ihren Bahnen hält, das Leben eines jeden Gotteskindes leitet! Er kennt mich mit Namen, er hat einen Plan, er führt mich, er bringt mich zurecht! Das ist für die Vernunft unfaßbar und doch wahr.

Wir müssen die richtigen Augen bekommen

Das ist der zweite, ganz wichtige Punkt.

Ein großer Mann hat einmal gebetet: „Herr, gib mir Augen, die was taugen, rühre meine Augen an."

Wir wollen uns die Situation klarmachen, in der Paulus stand. Er kam aus dem – ich gebrauche ein modernes Wort – unterentwickelten Palästina mitten in die reiche hellenistische Welt hinein.

Paulus, wird dich das nicht blenden, wenn du nach Athen und nach Rom kommst? Wirst du nicht das Gefühl haben: „Junge, da paß ich mit meinem kleinen Christentum gar nicht hin, die sind da längst drüber hinaus!" Aber Paulus ist diesen Zweifeln, die er sicherlich hegte, nicht lange ausgesetzt. Denn der Herr nimmt sich seiner an und bereitet ihn durch dieses Gesicht vor. Ich will versuchen, diese Vorbereitung zu erklären. Hoffentlich gelingt es mir.

Gott zeigt ihm einen Mazedonier, erkenntlich an seiner Tracht. Diese Mazedonier waren gleichsam die Repräsentanten der beiden großen Strömungen der damaligen Welt. Einerseits waren sie tief erfaßt von dem Strom der Kultur, der von Griechenland herkam. Ich glaube, wir machen uns nur eine schwache Vorstellung davon, wie stark die geistige Kraft war, die Athen in Kunst und Wissenschaft in die damalige Welt ausgestrahlt hat. Athen war der Mittelpunkt des kulturellen Lebens. Man verstand etwas von Philosophie. Da wurde nicht so dämlich philosophiert wie heute bei uns. Die verstanden auch etwas von Kunst! Von all dem wurden die Mazedonier beeinflußt. Sie lebten in einer hochgezüchteten Kultur. Auf der anderen Seite war da noch der Strom aus Rom. Er trug die Idee des großen Weltreichs mit sich. Vor den Römern waren es die Mazedonier selbst, die diese Idee eines großen Weltreichs hatten. Sie standen auch jetzt noch im Schatten Alexanders des Großen. Von dem hatten die Römer das Weltreich, das der Welt den Frieden bringen, das eine Sprache, eine Kultur, eine Wirtschaft repräsentieren und die ganze Welt konsolidieren sollte, abgeschaut.

Beide Ströme treffen in den Mazedoniern zusammen: Sie sind gleichsam die Repräsentanten, die Verkörperung der damaligen hochgezüchteten Kultur und der sinnvoll eingesetzten Macht. Was wir erlebt haben an Machtpolitik, das war ja doof, nicht? Die Römer verstanden mehr davon! Sinnvoll eingesetzte Macht!

Wer diese Zusammenhänge kennt, meine Freunde, den erschüttert das, was er nun zu sehen bekommt. Dieser Mazedonier, der Paulus erscheint, ist nicht etwa ein großer Feldherr in römischen Diensten, kein kultivierter Mann, der in Athen studiert hat, nein, sondern er erscheint als elender Mann, der die Arme ausstreckt: „Komm herüber und hilf uns!"

Begreifen Sie, was das bedeutet? Gott zeigt dem Apostel Paulus in dem Gesicht, was hinter der glänzenden Fassade der europäischen Kultur steckte, nämlich das arme, friedlose, unerlöste, schuldbeladene, triebhaft gebundene Menschenherz. In dieser

Vision sieht Paulus die europäische Welt, wie sie tatsächlich ist. Er sieht den Menschen in seiner Hoffnungslosigkeit, in seinen trüben Bindungen, aus denen er nicht herauskommt, seinem sexuellen Gepeitschtsein, seinem Schreien nach Lebensstandard, seinem Verlorensein vor Gott, seiner Flucht vor der Wahrheit, seinem Streit.

Und von diesem Augenblick an weiß Paulus, daß diese europäische Welt mit ihrer würdevollen Fassade, die ihm wahrscheinlich ungemein imponieren wird, doch eine elende Welt ist, die kaputt geht, die im Herzen zugrunde geht. Er weiß, daß ihr nur noch mit einem zu helfen ist, nämlich mit der wundervollen Botschaft, die er verkündigen darf: „Also hat Gott die Welt geliebt, daß er seinen eingeborenen Sohn gab, auf daß alle, die an ihn glauben, nicht verloren werden, sondern das ewige Leben haben!"

Ich hoffe, Sie haben verstanden, daß ich nicht mehr von der Welt vor zweitausend Jahren spreche, sondern daß ich schon längst von unserer Zeit spreche. Denn wir haben ja auch eine glitzernde Fassade abendländischer Zivilisation aufgebaut, hinter der sich der elende, verlorene, arme Mensch verbirgt. Wir bauen sogar für uns selber Fassaden auf: Ziehen uns sonntags schön an, schauen in den Spiegel und freuen uns, wie gut wir aussehen. Aber dahinter steckt das ganze Elend!

Wer hinter die Fassade seines eigenen Lebens gesehen und das Elend und die Sünde seines Herzens erkannt hat, der ist auf dem Wege und findet Jesus, den Mann von Golgatha, den Versöhner. Und damit sind wir auf dem Weg zu einem gesegneten Leben. Man muß richtige Augen bekommen, damit man nicht mehr von der Fassade geblendet wird.

Paulus hat diese Augen bekommen. Er sieht diesen notvollen Mazedonier, der ihn ruft, er sieht die innere Not der abendländischen Welt – und geht nicht daran vorüber. Er läßt sich rufen und nimmt sich seiner Brüder in Europa an.

Und wir? An wieviel Not gehen wir vorüber! An innerer und äußerer Not. Das wird immer so sein, solange wir uns um uns selber drehen. Ich, ich, ich! Es geht nur um unser Ich. Jeder dreht sich um sein Ich. Und dabei kann er sogar christliche Grundsätze haben. Ich kann mich auch christlich drehen. Aber das ist ein elendes Leben!

Paulus dreht sich nicht mehr um sich! Er ist am Kreuz Jesu sich selber gestorben.

Als er die inwendige Not der abendländischen Welt sieht, bricht ihm das Herz – wie seinem Heiland. Er springt auf, und da ist es vorbei mit der Stille. Es muß ein Geschrei von Jesus gemacht werden! Jeder muß den kennen, der Schuld vergibt, der uns von uns selber frei macht, der uns zu Gotteskindern macht. „Da trachteten wir alsbald, nach Mazedonien zu ziehen."

Wir müssen ein gehorsames Herz bekommen

Schlagen Sie doch einmal Apostelgeschichte 16 auf und lesen Sie, was vor unserem Predigttext steht. Da wird uns nämlich erzählt, daß Paulus ganz konkrete Pläne hatte, als er zu dieser Reise aufbrach. Er wollte die kleinasiatischen Provinzen und die Gemeinden dort besuchen, um zu missionieren. Und nun steht hier: „Als sie aber kamen bis nach Mysien, versuchten sie, nach Bithynien zu reisen; und der Geist Jesu ließ es ihnen nicht zu."

So kommt Paulus ziemlich ratlos nach Troas, von wo aus ihn der Herr nach Europa ruft. Nirgends wird davon berichtet, daß Paulus etwa gesagt hätte: „Herr, ich bin doch kein dummer Junge! Ich habe meine eigenen Pläne. Ich habe mir genau überlegt, wie ich reisen will." Nirgendwo ein Wort der Klage darüber, daß Paulus seine großen Pläne in den Tod gibt, weil der Herr etwas anderes will.

Hier hat ein Mann sein Herz dem Mann von Golgatha geopfert! Das hat nichts mit Schwäche zu tun, dazu gehört ein Mann von Format. Seinen Willen dem Herrn opfern! Ich fürchte, daß viele von uns noch in ganz großen Sünden leben – in einem Streit, in einer Unkeuschheitsgeschichte, in einem Ehebruch, im Mammonsdienst, im Sorgengeist, der nicht mit dem Herrn rechnet, oder was es sei. Und sie wissen genau: Jetzt sollte ich brechen und zum Herrn Jesus gehen und sagen: „Herr, hilf mir zu einem neuen Leben!" Und wir können es nicht. Weil wir kein Format haben wie Paulus. Hier liegt das Problem der meisten Christen in unserem Land: Sie sind nicht bereit, sich und ihren Willen dem Herrn zu opfern.

Meine Freunde, wie können wir denn erwarten, die Winke unseres Herrn zu verstehen, wenn wir im Groben noch so ungehorsam sind? Wer im Groben dem Herrn trotzt, kann gar keine Führung und Winke erhalten. Das ist der springende Punkt. Paulus hat eine wirkliche Bekehrung zum Herrn erlebt, weil er seinen

Willen geopfert hat! Das war ernst gemeint. Ich will es so ausdrücken: ein gesegnetes Leben ist ein beständiges Einüben im Gehorsam gegen unseren Herrn.

Christ wird man, indem man sich zum Herrn bekehrt. Ein Christenleben führt man, indem man sich beständig übt, sich selbst zu verleugnen und dem Herrn gehorsam zu werden. Dem Herrn, der die unendlich reich macht, die es mit ihm wagen. Sie kommen nicht zu kurz dabei.

Meine lieben Freunde, ich habe am Anfang gesagt, wir haben nur ein einziges Leben. Sehen wir zu, daß wir mit diesem Leben einmal vor dem Angesicht des heiligen Gottes bestehen können! Wir werden vor ihm stehen, Sie können sich darauf verlassen!

Aber wenn wir von Paulus lernen, uns dem Herrn ganz zu übergeben, ganz anzuvertrauen, uns führen zu lassen, offene Augen schenken zu lassen für die Not der Brüder, dann werden wir ganz bestimmt ein reiches und erfülltes Leben führen. Tausendmal reicher und erfüllter als all die Leben, die sich hier im Irdischen verzehrt haben.

Wir begleiten den Apostel Paulus

„... *und am folgenden Tage nach Neapolis; und von da nach Philippi, welches die erste Stadt jenes Teiles von Mazedonien ist, eine Kolonie. Wir hielten uns aber in dieser Stadt etliche Tage auf.*" Apostelgeschichte 16,11-12

Ich nehme keinem übel, wenn er denkt: Das ist doch kein Text, der etwas für eine Predigt hergibt. Pastor Busch, bist du verrückt? Es gibt so schöne Worte, zum Beispiel: „Der Herr ist mein Hirte!" Oder: „Der dir alle deine Sünde vergibt." Warum predigst du über so etwas?

Ich hoffe, ich kann Ihnen über unseren Text eine bessere Meinung beibringen.

Der Dichter Stefan Zweig hat als Titel eines Buches einmal den Ausdruck geprägt: „Sternstunden der Menschheit". Ich glaube, die richtigen Sternstunden der Menschheit sind die, wo ein scheinbar unscheinbarer Vorgang der Weltgeschichte einen Stoß in eine bessere Richtung gibt. Und von so etwas ist hier die Rede. Unterschätzen Sie unseren Text nicht!

Paulus bringt das Evangelium von der freien Gnade Gottes für Sünder in unseren Erdteil – Europa! Dieses Evangelium hat unseren Erdteil erst zu dem gemacht, was wir heute unter Europa verstehen.

Es lohnt sich, daß wir den Apostel Paulus bei diesen

ersten Schritten in Europa begleiten, und das wollen wir jetzt tun.

Paulus landet in Neapolis

Wir begleiten Paulus. Seine Reise hat drei Stationen.

Neapolis – hier landet Paulus mit seinem Schiff, als es aus Kleinasien kommt. Das ist eine kleine Hafenstadt an der mazedonischen Küste.

Ich glaube, daß Paulus – dieser Mann war ja nicht gefühllos – sehr bewegt und voller Spannung war, als er das Schiff verließ und in Neapolis an Land ging. Er betrat den neuen Erdteil, damals eine große Sache.

Was sah er wohl vor sich? Ich bin noch nicht da gewesen, aber ich habe es mir genau beschreiben lassen. Er sah riesige Gebirge vor sich am Strand, die für die kleine Hafenstadt Neapolis kaum Platz ließen. Und nun weiß er: Über diese Gebirge muß ich. Hinter diesen Gebirgen ist die große Aufgabe.

Wir wollen Paulus begleiten.

Ich habe mir vorgestellt, ich wäre Reporter, Journalist, und hätte gehört, daß Paulus dort in Neapolis ankommt. Als besonders Findiger habe ich begriffen, was das bedeutet. Ich finde mich also ein, als Paulus vom Schiff kommt, und hänge mich an seine Person und begleite ihn. Und da ist natürlich die erste Frage, die der Journalist hat:

Wilhelm Busch:
„Paulus, du kommst nun nach Europa. Als was kommst du? Kommst du als Tourist? Kommst du als Reisender auf Spesen oder als Tourist auf Spesen?"

Das gibt's auch heute, nicht wahr? Was gibt es wohl, das es nicht gibt?

„Paulus, wo kommst du her?"

Paulus:

„Ich komme als Apostel; das ist mein Titel, den hat mir Gott verliehen, nicht eine Behörde. – Apostel heißt ‚Bote'. – Ich komme als Bote, aber als Bote des größten Herrn, des Herrn Jesus Christus. Ich komme als Bote für alle Kontinente und alle Zeiten. Der Herr Jesus Christus, der Sohn Gottes, der Mensch wurde – Wunder aller Wunder –, der für die Sünde der Welt am Kreuz hing, der die Tür zum Leben ist, der auferstanden ist von den Toten, der über alles erhöht ist, dieser Herr Jesus Christus hat mich ausgesandt, allen zu sagen: ‚Wendet euch zu mir, so werdet ihr gerettet, aller Welt Enden.' Ich bin Bote für diese Botschaft: Wendet euch zu mir, so werdet ihr gerettet, aller Welt Enden."

Und dann setzt Paulus hinzu:

„Und wenn mein Mund verstummt, dann darf diese Botschaft nicht verstummen: ‚Wendet euch zu mir, so werdet ihr gerettet, aller Welt Enden.'"

Er sieht wohl im Geist, daß er irgendwo einmal den Märtyrertod sterben wird in diesem Europa.

Ich möchte es den Mädels und Jungens, alt und jung, sagen: Haben Sie sich schon wirklich zu Jesus gewendet? Wissen Sie, was Errettung heißt? Sonst schweigen Sie still, wenn vom Christentum die Rede ist!

Wilhelm Busch:

„So, ein Bote bist du. Das ist eigentlich wenig."

Paulus:
„Ja, ich bin noch mehr."

Wilhelm Busch:
„Was bist du denn sonst noch?"
Und dann nehme ich meinen Stenogrammblock und schreibe, was er mir sagt.

Paulus:
„Ich bin Streiter, Kämpfer, weißt du? Der Teufel hat sich einmal vor dem Sohn Gottes gerühmt, es sei ihm alles übergeben worden. Wenn ich die Welt ansehe, glaube ich ihm das. Jesus hat es ihm auch nicht bestritten. Aber nun bin ich ein Streiter und will dem Teufel im Namen Jesu, der die Welt versöhnt hat, Land streitig machen."

Diese Predigt, meine Freunde, ist nicht mehr und nicht weniger, als dem Teufel in Deutschland Land streitig zu machen. „Denn unser Kampf richtet sich nicht wider Fleisch und Blut, sondern wider die Herrschaften, wider die Gewalten, wider die Weltbeherrscher dieser Finsternis, wider die geistlichen (Mächte) der Bosheit in den himmlischen (Regionen)."

Wilhelm Busch:
„So, das ist eine große Sache, Paulus. Bist du noch etwas?"

Paulus:
„Ja, ich bin noch mehr. Ich bin ein Sämann. Ich bin ein stiller Sämann, der den Samen des Evangeliums, den lebendigen Samen des Evangeliums, auf den Acker der Herzen streuen will. Ich mache mir

keine Illusionen. Das hat mein Herr schon gesagt, daß viel von diesem lebendigen Samen des Evangeliums auf harten Boden fallen wird, wo nichts aufgehen wird."

Wenn ich hier ein Weizenkorn hinlegen würde, es ginge nicht auf. Die Herzen sind härter als dieses Pult hier. Es gehört zu dem Schweren des Predigtamtes. Ich bin kein Apostel; es gibt nur einmalig Apostel. Wir sind Prediger. Aber wir haben Jesu Botschaft weiterzutragen. Es gehört zum Schwersten zu sehen, daß ein Herz hart sein kann. Am härtesten sind nicht die bösen Sünder und Mörder, sondern die Selbstgerechten, die keinen Heiland brauchen, die in sich selbst gerecht und gut sein wollen.

„Ich weiß, es wird viel Same auf Äcker fallen, wo die Sorgen der Welt und die Gier nach Geld und die Lüste der Welt alles ersticken. Ich weiß es wohl."

Und das weiß ich auch. Ich bin nicht Paulus, aber das weiß ich, wie Evangelium in Herzen aufgehen kann und dann auf einmal die Welt kommt und alles erstickt.

„Aber der Herr wird auch guten Herzensacker geben, wo der Same des Evangeliums hinfällt und Frucht bringt. Ich will säen, Herr, ich will säen! Ich will nach der Regel handeln: ‚Streu deinen Samen aus, dann laß Gott sorgen. Er läßt ihn wachsen fein zum Erntemorgen.'"

Und so zieht also nun Paulus los aus Neapolis in das wilde Gebirge hinein.

Wir wollen Paulus begleiten, ihr Lieben. Wir haben das Flugzeug der Gedanken. Wir fliegen nun über das Gebirge und erwarten ihn auf der anderen Seite.

Dann lassen wir diesen merkwürdigen Mann – Sämann, Streiter, Bote, Briefträger, Kriegsheld, stillen Ackersmann – in das Gebirge hineinlaufen mit seinen Freunden.

Der Apostel Paulus hat später einmal, im 2. Korintherbrief, von den vielen Gefahren erzählt, die er erlebt hat, und sagt da: „In Gefahren auf Flüssen, in Gefahren durch Mörder, in Hunger und Durst, in Kälte und Blöße."

Ich bin überzeugt, daß er bei diesem Marsch durch dieses mazedonische Gebirge dies alles erlebt hat. Das ist heute noch so, habe ich mir sagen lassen. Nur eine ganz schlechte Straße, eine Paßstraße führt durch das Gebirge. Wie wird es damals erst gewesen sein?

Ich bin überzeugt, daß er an einiges von dem, was er hier bei diesem Marsch durchs Gebirge aufzählt, gedacht hat: in Gefahren auf Flüssen, in Gefahren durch Mörder, in Hunger und Durst, in Kälte und Blöße.

Aber er läßt sich nicht beirren, er läßt sich nicht aufhalten.

Ich glaube, wir wären unterwegs umgekehrt und hätten gesagt: „Das ist zu schwierig!"

Nein, Paulus läßt sich nicht aufhalten.

Warum läßt er sich nicht aufhalten, meine Freunde? Weil er außer Bote, Sämann und Streiter noch etwas ist, das er mir bis jetzt nicht gesagt hat. Er ist außerdem Sklave Jesu Christi – so nennt er sich in seinen Briefen. Er bekennt: „Ich gehöre nicht mehr mir. Ich bin durch Jesus erkauft mit seinem Blut!"

Wenn Ihnen in Ihrem Herzen ein Licht aufgegangen ist über Ihren Christenstand, dann haben Sie das begriffen: Jesus hat mich erkauft. Er hat das Lösegeld für mich bezahlt, sein teures Blut. Nun muß ich sein Eigentum sein und will es sein. Ohne eine Entscheidung geht das nicht.

Paulus ist Sklave Jesu Christi. Ich hätte es beinahe so ausgedrückt: Marionette Gottes.

Was das bedeutet, meine Freunde – und wir sollten es doch auch sein –, möchte ich Ihnen bewußt ungeschickt klarmachen.

Es gibt in totalitär regierten Staaten – die Älteren unter uns haben das ja erlebt – eigentümliche Menschentypen, die haben sich vollständig aufgegeben und denken, reden und tun nur noch, was der Staat will – Maschinen der Ideologie. Wissen Sie, diese Prozesse mit den NS-Leuten. Sie haben Juden erschossen. Ihre Entschuldigung: „Ich mußte meine Pflicht tun!"

Da war kein eigenes Denken, kein Gewissen mehr, nichts. „Ich mußte meine Pflicht tun!" Der Staat wollte das so, verstehen Sie?

Das ist eine grauenvolle Sache!

Diese dämonische Entartung kann klarmachen, was ein richtiger Christenstand ist.

Paulus hat sich zum Herrn Jesus bekehrt. Das heißt: Jetzt ist er von sich ausgeleert, und Jesus, der Herr, hat hin ihm Wohnung genommen.

Sie sagen doch selbst auch: „Ich will mir eine Wohnung nehmen!"

Nun ist sein Leben und Reden und Wollen und Tun von Jesus regiert, von Jesus erfüllt.

Nun können Sie sagen: „Aber gleicht das diesen schrecklichen Sachen in totalitären Staaten!?"

Verstehen Sie? Es ist im Grunde dasselbe und doch

völlig anders, weil Jesus ein Erlöser und Heiland ist. Es ist das Beste, was mir jetzt geschehen kann, wenn Jesus mich ganz erfüllt.

Wir sind noch weit davon entfernt, Sklaven Jesu Christi zu sein. Sehen Sie, deshalb müssen wir wollen.

Die Ebene bei Philippi

Aber wir begleiten ja Paulus. Wir sahen ihn in Neapolis abmarschieren, und nun kommt die zweite Station: die Ebene bei Philippi.

Manche haben ganz recht; sie haben Shakespeare im Kopf: „Bei Philippi sehen wir uns wieder." Dieses Philippi ist gemeint. Und die Geschichte ist gemeint: die Ebene bei Philippi.

Paulus hat das mazedonische Gebirge überwunden, und nun liegt eine große Ebene vor ihm, durchzogen von Wasserläufen, sehr fruchtbar. Am Horizont hohe, hohe Berge und zur rechten Hand die graue Mauer und die Türme einer stark befestigten Stadt. Das ist Philippi.

Nun wandern wir mit Paulus weiter in diese Ebene hinein.

Da Paulus ein hochgebildeter Mann ist, weiß er: Er geht hier über blutgetränkten Boden in der Ebene Philippi. Da hat eine der grausamsten Schlachten des Altertums stattgefunden, im Jahre 42 vor Christus.

Ich hoffe, die Schüler wissen es und schalten sofort: die Schlacht bei Philippi, die dem Römer Oktavian den Weg zum Kaiserthron frei machte.

Als Oktavian erster römischer Kaiser wurde, nannte er sich Augustus, der Erhabene, der Gott.

Dieser Augustus kommt in der Weihnachtsgeschichte vor, und darum können Sie bestimmt annehmen, daß Paulus über diesen Augustus Bescheid wußte.

Hier, auf dieser Ebene, war die entscheidende Schlacht gewesen. Ich bin überzeugt, daß Paulus sehr nachdenklich über diese Ebene ging, auf der die Schlacht von Philippi stattgefunden hatte.

„Ha", sagte er, „da war mal eine entscheidende Schlacht. Ich komme nach Europa und will jetzt auch eine Schlacht schlagen, eine Durchbruchsschlacht, eine geistliche Schlacht; und der Feldherr dieser Schlacht heißt Jesus Christus, der auferstandene Herr."

Jetzt möchte ich als guter Reporter einmal versuchen – ich weiß nicht, ob es gelingt –, die Gedanken, die Paulus beim Beschreiten der Ebene nach Philippi bewegten, nachzudenken.

Ich glaube, daß Paulus zuerst einmal erschüttert war, wie ähnlich die Ereignisse damals und jetzt waren.

Als Oktavian-Augustus diese entscheidende Schlacht bei Philippi schlug, da sah es am Anfang schrecklich nach Niederlage und Untergang aus. Er wurde am ersten Tag der Schlacht grauenhaft geschlagen, und die Feinde haben sein Lager geplündert. Da schien der Feldherr Oktavian-Augustus endgültig am Ende zu sein.

Am dritten Tag haben sich dann seine Soldaten – alte cäsarische Legionäre, so richtige Burschen, in tausend Schlachten erprobt – aufgerafft und die

Schlacht noch einmal erneuert. Sie haben die Speere weggeworfen und die Schwerter zur Hand genommen; dann haben sie das Schwert weggeworfen und die Feinde mit den Händen erwürgt. Grauenvolles Morden! Aber da haben sie den Sieg erfochten!

Das war die Stunde des Augustus; da wurde er Weltherrscher.

Paulus denkt: War es bei meinem Herrn nicht ganz ähnlich, bei Jesus? Sah es da nicht nach Untergang und Niederlage aus, als er am Kreuz hing und rief: „Mein Gott, warum hast du mich verlassen?" Alle waren weggelaufen.

Aber am dritten Tag – wie merkwürdig – stand er von den Toten auf, und jetzt kann er sagen: „Mir ist gegeben alle Gewalt im Himmel und auf Erden!"

Ich müßte mich sehr in Paulus täuschen, wenn ihm solche Gedanken nicht gekommen wären. Wenn sie ihm nicht gekommen sind, so kommen sie mir und Ihnen.

Erlauben Sie mir, daß ich da weitermache: Ich bin überzeugt, daß Paulus die Gedanken abschüttelt: „Ach, dummes Zeug, daß ich Augustus und meinen Heiland vergleiche! Es ist ja alles völlig anders gewesen bei den beiden. Augustus ließ seine Soldaten für sich bluten. Dagegen hat Jesus für sein Volk geblutet und sich töten lassen."

Das ist das Furchtbare bei den Ideologien und Welterlösern. Sie lassen ganze Völker für sich verbluten. Jesus aber hat sich für sein Volk kreuzigen lassen und sein Blut als Lösegeld gegeben. Die Kinder Gottes leben nun – jetzt und heute – davon, daß Jesu Blut für sie geflossen ist und sie rein macht von aller Sünde.

Was hat denn Augustus gewollt? Wofür hat er denn eigentlich gekämpft? Für seine Macht! Für seinen Einfluß!

Und Jesus? Jesus kämpft um Menschen, nicht um Macht. Um Menschen!

Haben Sie es schon gespürt, wie Jesus um Ihre Seele ringt? Er will Menschen, um sie von Schuld und Sünde zu retten.

Ach, wie holt uns unsere Schuld ein!

Von mir selbst und von der vergehenden Welt, vom Tod und von der Hölle und vom Teufel möchte ich errettet werden.

Jesus sucht Menschen, um sie wirklich zu erretten.

Augustus kämpfte um seine Macht. Jesus kämpft um unser Heil.

Wissen Sie, ich sehe Paulus über diese blutgetränkte Ebene von Philippi schreiten. Weil Augustus und Jesus in der Weihnachtsgeschichte so merkwürdig zusammengekoppelt sind, haben Paulus diese Gedanken bestimmt bewegt. Ja, ich bin überzeugt, daß ihn noch manches im Blick auf den Kaiser Augustus bewegt hat.

Man hat eine Münze gefunden, auf der ist dieser Kaiser Augustus – aber da war er noch nicht Kaiser, als diese Münze geprägt wurde – mit seinem Pflegevater Julius Cäsar zusammen abgebildet. Und da steht: „Cäsar – Gott – Theos" und: „Oktavian-Augustus – Gottes Sohn".

Gottes Sohn! Das Wort, das in der Bibel steht: theou hyios! Gottes Sohn, so hat er sich nennen lassen, Augustus, Gottes Sohn. Er hat sich „Kyrios" nennen lassen, das heißt „Herr".

Auf einem Stein, den man bei Brünn gefunden hat, wird Augustus „Soter" genannt, das heißt „Heiland". Dieser Kaiser Augustus hat sich also „Gottes Sohn", „Heiland" und „Herr" nennen lassen!

Als Paulus über die Ebene von Philippi geht, da war dieser Kaiser Augustus längst gestorben und vermodert und sein Name in Vergessenheit geraten. Schreckliche Nachfolger hatten sich seines Thrones bemächtigt.

Ich kann mir vorstellen, wie dem Paulus das Herz weit wird: „Nun komme ich, der schlichte Bote, der Sämann, und verkündige euch den wirklichen Sohn Gottes, der nicht von unten, sondern von oben gekommen ist, aus der Dimension Gottes. Nun komme ich und verkündige euch den wirklichen Soter, den wirklichen Heiland, der immer lebt; der nicht eines Tages im Grab bleibt; der immer lebt und immer errettet. Jetzt komme ich und verkündige euch den wirklichen Kyrios, den Herrn! Den Herrn aller Herren! Solange ihr es nicht begreift, seid ihr verlorene arme Leute – solange er nicht der Herr eures Lebens geworden ist! Ich komme und verkündige den wahren Heiland der Welt!"

Ich kann mir gar nicht vorstellen, daß Paulus hier auf dem Marsch über die Ebene bei Philippi solche oder ähnliche Gedanken nicht bewegt hätten.

Philippi

Lassen Sie mich noch kurz ein Drittes sagen. Die dritte Station – Neapolis, Ebene bei Philippi – ist Philippi selbst: „Wir hielten uns aber in dieser Stadt etliche Tage auf."

Begleiten Sie uns noch! Werden Sie nicht müde! Paulus hat den ganzen Weg marschieren müssen, und Sie machen den Marsch gemütlich im Sessel sitzend, nicht wahr? Als Paulus über die Ebene marschierte, war es sehr wahrscheinlich viel heißer, als es hier bei uns ist. Werden Sie also nicht müde, vollends mitzugehen, nach Philippi hinein.

Luther übersetzt: „Philippi war eine Freistadt."

Ich weiß nicht, wie der gute alte Luther auf die Idee kam, den griechischen Text hier mit „Freistadt" zu übersetzen. Da steht im Griechischen „Colonia", das heißt Kolonie. Philippi war eine gute Kolonie.

Nun, es gibt Leute, die bei dem Wort „Kolonie" gleich an die Neger denken, nicht wahr? Vielleicht ist Luther auch irgend so ein Kurzschluß passiert.

Die Sache ist einfach so, daß die Römer ja damals das ganze Abendland beherrschten und hier eine römische Siedlung – eine Kolonie – anlegten, die sie sehr befestigten. Das war ein römischer Stützpunkt: Kolonie.

Ich sehe den Paulus, wie er mit seinen Freunden durch die engen Straßen der befestigten Stadt geht – mit dem Arzt Lukas und anderen – und empfindet: Dies ist eine ganz andere Welt.

Mit Römern hatte er bis dahin noch nichts zu tun gehabt. Nur Römer! Es begegnet ihnen hier förmlich die Weltherrschaft, überall, auf Schritt und Tritt. Alles drückte Macht aus – das Imperium Romanum.

Meine Freunde, Paulus hat nicht ahnen können,

daß sein Evangelium einmal mit dieser römischen Macht einen Bund eingehen würde.

Das scheint mir das scheußlichste Ereignis der Weltgeschichte zu sein: das Evangelium und das römische Imperium in einen Topf zu werfen.

Eine Machtkirche entstand, eine Machtkirche! Ich möchte Ihnen, weil der Weg ja immer weitergehen wird, in aller Deutlichkeit sagen: Lassen Sie sich nicht verführen! Evangelium Jesu und Macht sind wie Feuer und Wasser.

Es graut mir, wenn ich sehe, wie heute alle Kirchen mit Macht voll werden und an Vollmacht arm werden.

Im Evangelium geht es um das Dienen, nicht um das Herrschen! Jesus ist gekommen und hat uns gedient. Er will uns dienen und frei machen, anderen zu dienen. Hör mal: Nicht immer um dich selbst kreisen, sondern anderen dienen!

Aber davon hat Paulus damals noch nichts geahnt, welche schrecklichen Wege die Kirche Jesu noch gehen würde. Er geht durch die Straßen, durch die engen Gassen dieser festen Stadt und sucht etwas.

Wissen Sie, was er sucht? Er sucht ein paar Leute aus Israel.

Wenn Sie die Apostelgeschichte lesen, werden Sie sehen, daß Paulus immer zuerst in der Synagoge angefangen hat zu predigen. Israel ist zuerst berufen. Israel kannte Gott. Da war für ihn ein Anknüpfungspunkt. Da konnte er loslegen.

Aber er findet in Philippi nicht, was er bisher überall gefunden hat. Es gibt keine Synagoge, keine jüdische Gemeinde, keinen aus Israel.

„Es müssen doch welche da sein, aber wo sind sie?

Es müssen wenigstens ein paar da sein, die Gott kennen; mit denen muß ich anfangen. Aber wo sind sie?"

Nun muß er also warten. „Wir hielten uns aber in dieser Stadt etliche Tage auf." Warten.

Die Führung Gottes, der er bisher gefolgt ist, von Neapolis bis hierher, setzte plötzlich aus, als wenn der Strom abgeschaltet wäre. Das gibt es. Und nun kann er nichts tun, als auf der Stelle treten und warten.

Ich will Ihnen etwas sagen: Warten fällt allen furchtbar schwer. Es gibt Phlegmatiker, die es leichter können. Ich selbst kann es nur sehr schlecht. Sie können es sicher auch sehr schlecht. Paulus bestimmt auch. Er wollte Europa erobern, und nun setzt ihn Gott da hin, und gar nichts geschieht.

Aber wie geht Gott mit seinen Leuten um! Sind Sie ein Gotteskind? Dann wissen Sie etwas davon, wie Gott uns im entscheidenden Augenblick alles zusammenschlägt. Dann sind wir ganz arme Leute. Wie Gott uns auf einmal alles zertrümmert, was wir uns ausgedacht haben. Dann sind wir Bettler.

So steht Paulus da.

Ich bin überzeugt, daß er in diesen Tagen zum Kreuz seines Heilandes getrieben wurde, wo das Herz still wird, wo man das Ich und alle seine Wünsche in den Tod gibt und darüber froh wird, daß man erkauft und versöhnt ist und daß man ein Kind Gottes ist.

Unter Jesu Kreuz stille werden – da holt der innere Mensch Nahrung und Kraft, auch heute noch. Darum wollen wir jetzt den Paulus lassen und unter Jesu Kreuz stehen bleiben – jetzt und morgen und hoffentlich die ganze Woche, und hoffentlich ein ganzes Leben.

Die Geschichte
von den drei Türen

Wir hatten angefangen, das 16. Kapitel der Apostelgeschichte zu besprechen, wie das Evangelium nach Europa kommt. Paulus ist nach Mazedonien gekommen. Nun lesen wir weiter in Apostelgeschichte 16,13-14:

"Und am Sabattage gingen wir zum Tor hinaus an den Fluß, wo wir eine Gebetsstätte vermuteten; und wir setzten uns und redeten zu den Frauen, die da zusammengekommen waren. Und eine gottesfürchtige Frau namens Lydia, eine Purpurhändlerin aus der Stadt Thyatira, hörte zu; und der Herr tat ihr das Herz auf, daß sie achthatte auf das, was von Paulus geredet wurde."

In einem scheußlichen, regnerischen, unfreundlichen und kalten Frühling habe ich einmal ein kleines, unscheinbares, aber sehr schönes Erlebnis gehabt. Da sah ich in einem Vorgarten eine etwas kümmerliche Rasenfläche. Aber mitten in der Rasenfläche hatten ein paar entzückende Krokusse ihre zarten, buntleuchtenden Blüten herausgestreckt.

Das ist nichts Wichtiges, aber kleine Dinge können manchmal ein Erlebnis werden – so in der Richtung: Es muß doch Frühling werden!

An dieses kleine Erlebnis dachte ich, als ich unsere Geschichte las.

Paulus ist in Philippi angekommen. Die Römer hatten diese Stadt zu einer riesigen Festung mit starken Kasernenanlagen ausgebaut. Es war eine durch und durch römische Stadt geworden.

Können Sie sich vorstellen – eine Stadt, in der es von Legionären aus aller Welt wimmelt –, was da für eine Menge an Roheit zusammenkommt? Da hätten Sie Flüche lernen können!

Und dann diese schmutzigen Vergnügungsviertel, die sich bis zum heutigen Tag um diese Kasernenhöfe herum ansiedeln. Und das Ganze hineingetaucht in das elende Heidentum.

Das ist ja immer noch das Scheußlichste, daß am Schluß ein Zuckerguß von Religion über den ganzen Dreck gegossen wird. Das hat bis auf den heutigen Tag nicht aufgehört, nicht wahr?

Nun, in dieser geistigen und geistlichen Öde geschieht das zarte und liebliche Gotteswunder, daß diese Lydia, diese Purpurhändlerin, zum Glauben an ihren Heiland, an den Herrn Jesus, kommt. Das ist eine völlige Veränderung ihres Lebens.

In ganz Philippi eine Frau! Aber eben diese eine Frau ist das Wunder!

Das sind die Dinge, die im Reich Gottes Aufsehen erregen und die im Himmel wichtig sind.

Diese eine Frau findet Jesus, ihren Heiland, und alles wird neu und anders in ihrem Leben.

Das ist wirklich ein zartes, geistliches Frühlingsblümlein in dieser finsteren, heidnischen Stadt Philippi.

Wir wollen uns diese Geschichte ansehen. Aber, meine Freunde, ich möchte in der Überschrift jetzt nichts von Krokussen sagen oder so etwas Ähnliches, sondern ich möchte als Überschrift über den Text und die Predigt setzen: Die Geschichte von den drei Türen.

Das kommt Ihnen im ersten Augenblick vielleicht befremdlich vor. Aber das ist wirklich hier die Geschichte von den drei Türen.

Eine verschlossene Tür

Paulus fing seine Missionsarbeit gewöhnlich in den Synagogen an. Er predigte zuerst den Leuten aus Israel. Er war vorher in Kleinasien und Palästina gewesen. Auch da wandte er sich immer zuerst in den Synagogen an die Leute aus Israel. Das sind die zuerst Berufenen.

Man muß es heute mal wieder sagen: Der Antisemitismus ist ein Schlag ins Gesicht der Erwählung Gottes. Wenn sich ein Volk selbst vernichten will, muß es nur antisemitisch werden, mehr gehört nicht dazu! Das reicht vollständig!

Die Juden sind die von Gott zuerst Berufenen, und das weiß Paulus. Darum geht er zuerst zu den Leuten aus Israel.

Das sind die Leute, die zumindest den Namen des lebendigen Gottes kennen. Bei denen kann er anknüpfen. Darum war er immer zuerst in die Synagoge gegangen.

Nun ist er in Europa, in Philippi, und da wird die Sache schwierig. Er hat weit und breit keine Synagoge gefunden; es ist keine da. Er sieht römische Götzentempel, Mithrastempel, Jupitertempel, Marstempel, alles mögliche, aber keinen Versammlungsort Israels.

Aber er gibt nicht auf. Paulus gehört zu den Leuten, die nicht so schnell aufgeben. Er wußte ganz genau: Wenn hier in Philippi Leute aus Israel sind, gottesfürchtige Leute, dann kommen sie am Sabbat zusammen zum Beten. Sie werden, wenn sie keine Synagoge haben, an einem fließenden Wasser zusammenkommen, an einem Flüßlein, denn das brauchen sie für ihre religiösen Waschungen, die die Rabbiner allmählich so eingeführt hatten.

Manche von Ihnen kennen doch die Psalmen. Da ist ein Psalm, der spricht von der Zeit, als Israel zerstreut war in der babylonischen Gefangenschaft im fremden Land, wo sie keine Synagogen hatten. Da heißt es: „An den Strömen Babels saßen wir und weinten, wenn wir Zions gedachten."

Sehen Sie? An fließenden Wassern kam man zusammen.

So geht Paulus also am Sabbattag hinaus an das kleine Flüßlein Gangites, das in der Nähe von Philippi vorbeifließt, um zu sehen, ob da vielleicht Leute von Israel sind.

Und wirklich, er entdeckt so eine kleine Versammlung gottesfürchtiger Leute: ein paar Frauen, Witwen vielleicht, oder Frauen, die irgendwo in Philippi eine Stellung hatten. Berufstätige, sagen wir. Vielleicht auch Frauen aus Israel, die mit heidnischen Männern verheiratet waren. Nun kamen sie da draußen am Wasser zusammen, um zu beten.

Meine Freunde, das kann einen rühren, dieses kleine Häuflein Frauen.

Ich bin Jugendpfarrer und habe es mit männlicher Jugend zu tun. Es ist geradezu auffällig, wenn ich heute einmal von Frauen rede. Aber dieses Häuflein Frauen ist es wert, daß wir es beachten, diese stillen Seelen.

In diesem lauten Jahrhundert, in dem wir leben, sind die heilsverlangenden, stillen Seelen selten geworden, denen es egal ist, ob sie viel oder wenig sind, ob es großartig ist oder nicht, die zusammenkommen, um den lebendigen Gott anzubeten, den Gott Abrahams, Isaaks und Jakobs – nicht irgendeinen Gott der Philosophen.

Wie soll ich Ihnen diese Frauen schildern? Da war diese Lydia. Sie war höchst wahrscheinlich sehr reich, hatte ein schönes Haus und ein gutes Geschäft. Aber das macht ihr Herz nicht still. Das Herz verlangt nach – ich denke an ein Wort in der Offenbarung – den Wassern des Lebens.

In Psalm 36 heißt es – und das hat die Lydia sicher bewegt –: „Bei dir ist die Quelle des Lebens."

Nach diesen Quellen von Lebenswassern sehnt sie sich. Ihr Herz wird nicht still bei dem bißchen Dreck, den uns die Welt zu bieten hat.

Aber sie kennt den noch nicht, der gesagt hat: „Wenn jemand dürstet, der komme zu mir und trinke! Und ich gebe ihm das Wasser des Lebens umsonst."

Kennen Sie den? Ein bißchen dürsten Sie ja wohl alle nach dem Lebenswasser, sonst kämen Sie ja nicht in eine Predigt. Sie wären ja nicht hier, wenn Sie nicht Durst hätten nach dem Wasser des Lebens.

Kennen Sie den, der gesagt hat: „Wenn jemand dürstet ..."?

Sie kannte ihn nicht, die Lydia.

Ach, wie soll ich Ihnen diese Frauen beschreiben? Wenn wir sie fragen könnten, würde eine vielleicht sagen: „Uns geht es nach dem Psalmwort – sie lebten ja im Alten Testament –: ‚Wie ein Hirsch nach Wasserbächen lechzt, so lechzt meine Seele, o Gott, nach dir!'"

Sie suchten den lebendigen Gott in dieser Welt, die mit Religion durchtränkt ist. Sie suchten den lebendigen Gott, und darum dienten sie ihm, so gut sie konnten. Sie wandelten, so gut sie konnten, in seinen Geboten. Darum kamen sie am Sabbat zusammen.

Sie dienten ihm, so gut sie konnten, aber – bitte passen Sie jetzt gut auf, es ist ganz wichtig – sie dienten ihm, so gut sie konnten, aber sie wußten die furchtbare Wahrheit noch nicht. Die furchtbare Wahrheit, die Paulus einmal so formuliert hat: „Wer mit des Gesetzes Werken umgeht, ist verflucht."

Ich will Ihnen das kurz erklären. Wer versucht, mit seinen Werken, mit seinem Wesen vor Gott gerecht zu sein, wer vor Gott steht und sagt: „Ich bin recht!", der hat sich vor Gott auf das Recht berufen und ist darum heilig verpflichtet, Gottes Gesetz ohne Tadel zu erfüllen. Hat er das nicht getan – er hat sich ja aufs Recht berufen –, bleibt ihm nur der Fluch Gottes für seine Sünde.

Die Frauen wußten es nicht, aber sie ahnten es. Und darum war ihr Dienst für Gott eine Qual. Sie dienten Gott, so gut sie konnten, und wußten doch: Es ist kein Friede, in unseren Gebeinen. Es ist kein Friede in unseren Herzen.

Ach, wie soll ich Ihnen diese Frauen schildern?

Dieses kleine Häuflein, das draußen an den Wassern bei Philippi zusammenkam?

Ich will es noch einmal mit einem neuen Bild versuchen, und damit komme ich auf die verschlossene Tür, über die ich ja in diesem ersten Kapitel reden wollte.

Ich muß ein wenig weit ausholen. Wir kennen die Geschichte vom Sündenfall am Anfang der Bibel. Da treibt Gott den Adam und die Eva aus dem Paradies, nachdem sie ihren eigenen Willen gegen seinen gesetzt hatten. Dann heißt es: „Und er vertrieb den Menschen und ließ östlich vom Garten Eden die Cherubim lagern mit dem gezückten flammenden Schwert."

Ich habe im Geist diese beiden elenden Vertriebenen gesehen, die um das Paradies herumgeirrt waren, ob da nicht doch noch ein anderer Eingang zu finden wäre, zurück – zurück zum Frieden mit dem Vater, zurück in die Geborgenheit beim lebendigen Gott, zurück in die Heimat. Ob man nicht über die Mauer steigen kann, ob da nicht doch noch ein Törchen irgendwo ist?

Ich habe sie im Geist gesehen, wie sie ums Paradies irrten. Da ist nur ein Tor, und das eine ist verschlossen. Das steht der Cherub mit dem gezückten flammenden Schwert davor.

Meine Freunde, dies ist die Lage des Menschen zur Zeit Adams und zur Zeit der Lydia und heute noch, auch dann, wenn er so fromm ist wie diese Frau.

Im Grunde waren die Zusammenkünfte dieser Frauen nichts anderes als ein Umherirren um das Paradies. Sie sagten: „Wir kommen nicht los davon!

Wir möchten nach Hause, wir möchten heim! Wir möchten die Geborgenheit beim Vater finden!"

Aber es ist kein Eingang da. Die Tür ist verschlossen.

Alle Frömmigkeit, wenn sie ernst gemeint ist – alles andere ist ja ein Witz –, alle ernstgemeinte Frömmigkeit bedeutet, daß wir bestenfalls um das Paradies herumirren und Heimweh nach dem haben, was drinnen ist: nach dem lebendigen Gott. Aber die Tür ist verschlossen.

Diese Frau – das muß ich gleich vorwegnehmen – kannte den noch nicht, der gesagt hat: „Ich bin die Tür, Jesus. Wenn jemand durch mich eingeht, wird er gerettet werden." Den kannte sie noch nicht.

Eine Tür geht auf

Wir wollten die Geschichte von den drei Türen hören. Wir haben von der verschlossenen Tür gesprochen und wollen jetzt weitersehen: Eine Tür geht auf.

Ich muß zunächst von einer ganz anderen Tür reden, von einer ganz andersartigen Tür, nämlich von der Tür, die ins Inwendige eines Menschenherzens führt.

Jeder Junge, jedes Mädchen, jede Frau und jeder Mann hat im Grunde eine Tür in das Inwendige seines Wesens. Von dieser Tür muß ich im Blick auf Lydia reden.

Lassen Sie uns noch einmal diese Geschichte näher ansehen. Da sitzen also diese frommen Frauen und beten miteinander und klopfen an die Tür des Paradieses, aber Gott antwortet nicht.

Es gab sicher eine nicht gelinde Aufregung, als da einige Männer kamen: Paulus mit seinen Begleitern – mit Lukas und dem Timotheus und noch anderen –, vier waren es, glaube ich.

Ich sage: Es gab sicher eine nicht gelinde Aufregung! „Was wollen die Kerle?"

Sie setzen sich zu ihnen.

Aber dann merken die Frauen bald: Die gehören ja zu uns! Sie beten ja die vertrauten Gebete aus dem Alten Testament mit. Die Psalmen kannten Paulus und seine Begleiter. Die beten sie mit.

Da merken die Frauen: Die gehören zu uns!

Es ist sofort eine Gemeinsamkeit hergestellt. Nun kann Paulus von dem reden, was ihn bewegt. Man hat Zeit am Sabbat.

Ich habe einmal meinen Gottesdienst um 18 Minuten zu spät abgeschlossen. Da kam ein Leiter und sagte: „Pastor, es war drei Minuten zu lang!"

Am Sabbat in Philippi war es anders. Da hatte man Zeit; man ruhte.

Es war schön, über göttliche Dinge zu reden; es erquickte das Herz. Gespannt hörten die Frauen zu, als Paulus zu ihnen redete.

Ja, was hat er da geredet? Es steht in unserem Text bloß, da sie „achthatte auf das, was von Paulus geredet wurde".

Es gibt zwei Worte des Paulus, die den ganzen Inhalt dessen angegeben, was er hier geredet hat. Das eine steht in einem Brief des Paulus. Da sagt er: „Denn ich hatte mir vorgenommen, unter euch nichts anderes zu wissen, als nur Jesus Christus, und zwar als Gekreuzigten."

Das ist einmal eine Parole für meine Predigt geworden: unter euch nichts anderes zu wissen, als nur Jesus Christus, und zwar als Gekreuzigten.

Es gibt viel interessante Dinge, über die man predigen möchte. Es juckt mich oft, ein Wort zur Politik zu sagen, glauben Sie mir.

„Unter euch nichts anderes zu wissen, als nur Jesus Christus, und zwar als Gekreuzigten." Das ist das eine Wort des Paulus.

Das andere sagt er, als er in Milet Abschied nimmt von den Ältesten von Ephesus. „Denn ich habe nichts zurückbehalten, daß ich euch nicht den ganzen Ratschluß Gottes verkündigt hätte."

Das ist gleichsam eine Ellipse mit zwei Brennpunkten.

Jesus, der Gekreuzigte, das ist das Wichtigste, und daneben gibt es einen ganzen Ratschluß Gottes über die Welt und über den einzelnen Menschen. Diese beiden Dinge sind gleichsam die Grenzpfähle, die abdecken, worüber Paulus geredet hat.

Er fing sicher an und sagte: „Ihr irrt um die Mauern des Paradieses. Da ist ein Sündenfall. Wir sind unter die Sünde verkauft, alle miteinander. Diese illusionistische Welt weiß gar nicht, wie furchtbar der Zorn Gottes über sie ist. Aber Gott erbarmt sich. Er zerreißt den Himmel und sendet seinen eingeborenen Sohn – nicht einen edlen Menschen, nicht einen Religionsstifter – das hat die Welt dutzendweise –, sondern seinen eingeborenen Sohn aus der anderen Dimension. Er stirbt am Kreuz und trägt die Schuld und Last der Welt ans Kreuz."

Dann stellt Paulus das Bild des Kreuzes vor diese

Frauen, wo ein ewig gültiges Versöhnungsopfer gefordert wird: Jesus, der Hohepriester, der sich selbst als das Lamm Gottes opferte. Paulus erzählt ihnen, wie Gott Jesus von den Toten erweckt hat, wie er der gute Hirte ist und seine Gemeinde in aller Welt sammelt und sie bis zu seiner herrlichen Wiederkunft zubereitet.

Der ganze Ratschluß Gottes: „Wir erwarten aber einen neuen Himmel und eine neue Erde, nach seiner Verheißung, in welchen Gerechtigkeit wohnt."

Ich kann mir vorstellen, wie Paulus mit großem Ernst sagt: „Ihr lieben Frauen, dieses gottlose Wesen in Philippi führt in die Hölle. Aber eure Frömmigkeit führt auch in die Hölle. Es gibt nur einen Weg, errettet zu werden: Der Mensch muß dem Urteil Gottes über sich recht geben, Buße tun, sich ihm als Sünder ausliefern und an den glauben, der Sünder vor Gott gerecht macht: den Sohn Gottes. Das ist der Weg zum Leben: an den Sohn Gottes zu glauben, der die Quelle für die dürstenden Seelen ist."

Meine Freunde, während Paulus so redet, geschieht es: „Da tat der Herr der Lydia das Herz auf."

Das ist die zweite Tür, von der ich reden will. Die Tür, die ins Innerste des Menschen führt, die geht auf.

Wissen Sie, das ist die große Frage, die ein Prediger des Evangeliums hat, wenn er seine Predigt beginnt: ob in dieser Versammlung wohl eine „Lydia" ist.

Da wird ein Haufen Leute sein, die sagen: „Nein, dessen Predigt gefällt mir nicht! So geht's nicht!"

Wenn junge Theologen da sind, werden sie sagen: „So geht's nicht!"

Manche sagen: „Ach nee, das ist ja keine richtige

Predigt. Da sind keine Glocken und keine Orgel dabei."

Andere sind dagegen ganz begeistert von der Predigt und sagen: „Es war ausgezeichnet! Alles andere ist Unsinn!"

Nun frage ich: „Gleichen Sie der Lydia, der der Herr das Herz auftat?"

Sehen Sie, das Schreckliche ist: Kein Mensch kann das Herz auftun. Wir Prediger des Evangeliums versuchen es manchmal, Herzen aufzubrechen. Man kann einem jungen Menschen auf der Seele knien und versuchen, sein Herz aufzutun. Aber es wird nichts daraus! Er klappt es nachher wieder zu.

Nicht einmal der Zeuge Paulus konnte ein Herz auftun. Was sind wir Menschen doch für ohnmächtige Leute!

Ich muß sogar bekennen: Als mich der Herr erweckte, konnte ich nicht einmal mein eigenes Herz aufmachen, so hatte der Teufel es verriegelt.

Aber der lebendige Gott kann Herzen für Jesus öffnen, für den gekreuzigten und auferstandenen Heiland; für das Heil, für die Vergebung der Sünde, für die ewige Errettung, für die Freude über den Heiligen Geist, für das Leben.

Gott kann Herzen öffnen; und ich wünschte – ich will gar nicht so bescheiden sein –, daß der Herr Ihnen allen das Herz auftut.

Der Herr tat Lydia das Herz auf. Das ist anbetungswürdig, meinen Sie nicht auch?

Passen Sie mal auf! Gott ist ja so heilig und erhaben, daß ihn die himmlischen Heerscharen mit verhülltem Angesicht anbeten. Dieser große Gott, vor dem die Teufel zittern, die Mächtigen dieser Welt, dieser große Gott läßt sich mit unendlicher Zartheit herab, einem Menschen das Herz aufzutun.

Gott ist ja so fern von uns, so unerreichbar fern, aber er kommt so nahe, daß er an ein Herz kommt, um die Riegel zurückzuschieben, damit Jesus einziehen kann.

Gott ist ja so beschäftigt – darf ich das einmal so ausdrücken? Wenn es Manager gibt, dann ist Gott der größte, der die Welten regiert – die Erde ist ja nur ein kleiner Planet –, der die Welten regiert! Für den die Völker der Welt wie ein Ameisenhaufen sind.

Diesem großen Gott ist es nicht zu gering, einem einzelnen Menschenkind auf diesem kleinen Planeten zu helfen und ihm das Herz aufzutun für das herrliche Evangelium.

Daß einer an seinen Heiland glauben kann, das ist anbetungswürdig. Es ist das Wunder aller Wunder: die offene Herzenstür.

Die offene Tür

Wir müssen noch einmal die Lydia ansehen. Es lohnt sich zu hören, was über sie gesagt wird.

Sie stammte aus Thyatira, das ist eine Stadt in Kleinasien. Die war berühmt durch ihre Purpurfärbereien. Es heißt ja, daß Purpur gewonnen wird, indem man eine bestimmte Art von Schnecken zermalmt. Mit der gewonnen Farbe wird Wolle gefärbt; genau weiß ich die Reihenfolge auch nicht. Aber jedenfalls war Thyatira durch die Purpurfärbereien berühmt wie etwa Frankfurt durch seine Würstchen oder Nürnberg durch seine Lebkuchen.

Diese Lydia muß eine tüchtige Geschäftsfrau gewesen sein, weil sie nach Philippi ging und dort ihre Stoffe verscheuert hat. Wenn irgendwo Purpurstoffe gebraucht wurden, dann war es in Philippi, denn die Römer liebten es sehr, Purpurmäntel zu tragen. Jeder römische Legionär sparte, bis er sich einen Purpurmantel leisten konnte.

Solch ein Mantel ist auch Jesus bei seiner Verspottung umgelegt worden, so ein ganz alter. Die Römer liebten diese knallrote Farbe.

Ein Purpurmantel ist aber auch ein großer Luxusartikel. So kostet ein Pfund von dieser gefärbten Purpurwolle nach unserem Geld etwa zwischen 200,- und 700,- DM.

Das heißt: Wer mit diesem Luxusartikel handeln wollte, der mußte verhältnismäßig vermögend sein. Da Lydia, wie wir nachher hören, ein eigenes Haus hatte, können wir annehmen, daß sie eine reiche Frau war.

Es gibt Ausleger, die sagen: „Dieser ganze Purpurladen war gewissermaßen die Umrahmung für ein Kosmetikgeschäft. So war das damals."

Ich kann natürlich nicht nachkontrollieren, ob Lydia noch einen Kosmetiksalon hatte, um es in unserer Sprache auszudrücken. Jedenfalls war sie eine Frau, die sich im Irdischen zurechtfand.

Darum ist es auffallend, daß sie am Sabbat ihren Laden schließt und ans Wasser geht, um zu beten.

Die Römer verachteten den Sabbat. Sie ignorierten ihn nicht nur, nein, sie verachteten ihn.

Lydia schließt ihren Laden und geht ans Wasser, um zu beten, Sabbat für Sabbat.

Ich möchte es so ausdrücken: Sie irrt da um die verschlossene Tür des Paradieses: „Meine Seele dürstet nach Gott, nach dem lebendigen Gott: Wann darf ich kommen und erscheinen vor Gottes Angesicht? Bei dir ist die Quelle des Lebens. Wie komme ich da hin?"

Eines Tages kommt nun Paulus und redet: „Denn ich habe mir vorgenommen, unter euch nichts anderes zu wissen, als nur Jesus Christus, und zwar als Gekreuzigten." Er zeigt den Heiland am Kreuz für Sünder, die keine eigene Gerechtigkeit mehr haben.

Da geht der Lydia das Herz auf – und nicht nur das Herz. Die Augen gehen ihr auf, und sie sieht eine offene Tür ins Paradies, zum Herzen Gottes.

Jetzt versteht sie das Wort Jesu: „Ich bin die Tür. Wenn jemand durch mich eingeht, wird er gerettet werden." Ein fundamentales Wort.

Jesus sagt: „Ich bin die Tür." Es ist sehr wichtig!

Jesus sagt: „Niemand kommt zum Vater, denn durch mich!"

Machen Sie alle möglichen religiösen Eskapaden, es gibt keinen Frieden mit Gott, keinen Zugang ohne Jesus. Jesus lügt nicht, wenn er sagt: „Niemand kommt zum Vater, denn durch mich!"

Darum möchte ich diese Tür, diese offene Tür für Sünder zum Herzen Gottes, rühmen und preisen und loben. Ich möchte, solange ich noch predigen kann, das immer wieder rühmend herausstellen: Jesus ist die offene Tür mitten hinein ins Paradies. Nicht erst im Himmel, sondern hier, jetzt, heute! Es ist seine Gnade, daß ich ein Kind Gottes sein darf!

Es gibt ein Weihnachtslied, das schließt so: „Heut schleußt er wieder auf die Tür zum schönen Paradeis; der Cherub steht nicht mehr dafür! Gott sei Lob, Ehr und Preis!"

Wir wollen beten. „Ach, Herr Jesus, wir danken dir, daß du gekommen bist, Sünder zu erretten. Wir wüßten nicht, wo wir hingehen sollten, wenn du nicht da wärst. Wir wüßten nicht, wo wir Heil und Frieden und das Wasser des Lebens finden sollten, wenn du nicht gekommen wärst. Ich bitte dich, ich schreie zu dir: Tue doch vielen Menschen das Herz auf! Tue das Wunder! Öffne ihnen die Augen, daß sie die offene Tür sehen!"

Gott wirbt um uns

„Gerne will ich euch lieben. Und sie sollen wieder unter meinem Schatten sitzen: von Korn sollen sie sich nähren und blühen wie ein Weinstock." Hosea 14,8

Meine Freunde, Erntedankfest ist ein merkwürdiges Fest. Es bringt zusammen, was wir so schlecht zusammenbringen. Es will uns darauf hinweisen, daß unsere Bratkartoffeln und Schnitzel und Butterbrote mit dem lebendigen Gott zu tun haben. Nein, mehr noch, daß der lebendige Gott durch solche guten Gaben um uns wirbt.

Ja, ich glaube, das ist die Kernaussage unseres heutigen Textes, daß Gott um uns wirbt. Ich muß sagen, als ich diese Worte bei der Predigtvorbereitung in meinem Manuskript niedergeschrieben hatte, bin ich selber fast erschrocken. Gott wirbt um uns? Das hat er doch wirklich nicht nötig! Es bilde sich doch keiner ein, daß Gott ihn brauchte! In der Bibel steht nur einmal „Der Herr bedarf seiner", und das war ein Esel! Sonst nichts!

Und wie sollte Gott um uns werben, die wir doch seine Gebote als einen Zwang empfinden? Seien wir doch ehrlich, alle, die ihm so gern weglaufen wie der verlorene Sohn, wir sind doch lieber bei den Schweinen als im Vaterhaus! Und da sollte Gott um uns werben?

Ich habe in dieser Woche einen gewaltigen Schock erlebt. Ich weiß nicht, ob ich das erzählen kann. Ich war draußen im Stadtwald auf einem einsamen Weg und las für mich die Bibel. Und auf einmal – ich kann es nur so sagen, wie es war – hatte ich den erschreckenden Eindruck, daß Gott da ist. Das Wort aus den Psalmen fiel mir ein: „Von allen Seiten umgibst du mich!" Wie sind wir so abgestumpft, daß wir uns dessen nicht ständig bewußt sind: „Von allen Seiten umgibst du mich!"

Es jagte mir einen großen Schrecken ein, daß ich hinlaufen kann, wo ich will, ich pralle auf ihn! Und dann las ich meine Bibel weiter, fast zitternd. Und Gott redete zu mir. Als ich dann an unseren heutigen Text geriet, durchfuhr mich ein freudiger Schrecken: Dieser furchtbare, heilige Gott, dem keiner entrinnt, wirbt um uns! Das ist eine unfaßbare Aussage. Und das ist die Botschaft, die ich Ihnen heute sagen möchte: Gott wirbt um uns!

1. Zuerst spricht Gott, der Schöpfer

Meine Freunde, als mich der Schrecken über Gottes Gegenwart durchfuhr, ging mir ganz neu auf, daß ein Pfarrer oder Prediger eine fürchterliche Verantwortung hat. Er darf sich ja nichts ausdenken über Gott, sondern muß genau so von ihm reden, wie er sich geoffenbart hat! Und nun hat er sich geoffenbart – als der „dreieinige Gott". Dieses Wort steht noch nicht einmal in der Bibel, aber so ist es – als dreieiniger Gott, als Vater, Sohn und Heiliger Geist. Ich kann das auch nicht verstehen. Aber ich weiß, daß sich das nie ein Mensch hätte ausdenken können: ein Gott – Vater, Sohn und Geist!

Das ist Offenbarung. Das hätte sich nie ein Mensch ausdenken können.

Und nun redet in unserem Text zuerst die erste Person der Dreieinigkeit: der Schöpfer. Und was sagt er? „Von Korn sollen sie sich nähren!" Mit anderen Worten: „Ich möchte sie lieben", und der Beweis: „Von Korn sollen sie sich nähren!" Jetzt denkst du vielleicht: „Meine Güte, das ist doch nichts Besonderes!" Doch, das ist etwas Besonderes, etwas ganz Großes!

Als ich diesen Satz las, fiel mir die Zeit unmittelbar nach dem Krieg ein. Damals waren Sie alle nicht in Essen, Sie waren evakuiert in „nahrhafte" Gegenden. Nur ein paar Leute waren hier. In jenen Monaten hatten wir nichts mehr zu essen. Alle Proviant-Depots waren geplündert, und es kam nichts herein. Deshalb gingen wir jeden Tag hinaus und suchten Brennesseln. Die haben wir gekocht und gegessen. Doch schließlich konnte ich dieses Brennesselgemüse nicht mehr riechen. Allmählich wurde die Versorgungslage besser, und eines Tages gab es Brot. Vielleicht erinnern sich manche daran, es war so ein matschiges, scheußliches Maisbrot und schmeckte wie Rattengift!

Und nun kommt Gott, der himmlische Vater, und wirbt um uns und sagt: „Von Korn sollt ihr euch nähren!" Wenn ich diese Worte höre, dann ist mir, als höre ich knarrende Erntewagen. Vielleicht haben Sie das auch schon auf dem Dorf miterlebt. Wenn die Dreschmaschine von morgens bis abends brummt, ist die

Luft voll Staub und doch erfüllt von einem wundervollen Duft nach reifem Korn. „Von Korn sollen sie sich nähren!" Bei diesen Worten stelle ich mir vor, ich wäre in einer heimeligen Backstube mit ihrem wundervollen, nahrhaften Geruch.

„Von Korn sollen sie sich nähren." Spüren Sie, wie der Vater hier um uns wirbt? Muß man da nicht unwillkürlich singen: „Alle gute Gabe kommt her von Gott, dem Herrn!"

In der Bibel ist oft von Korn und Feld und Ernte die Rede. Dabei ist mir aufgefallen, daß immer die gebende Hand Gottes dabei deutlich wird. Es liegt eigentlich immer ein Schimmer des Wunderbaren darüber. Lassen Sie mich ein paar Beispiele aufzählen. Es fängt schon vorne in der Bibel an: „Gott sprach: ‚Die Erde bringe hervor ...', und die Erde brachte hervor, und Gott sah, daß es gut war."

Oder ich denke an die Geschichte von den Söhnen Jakobs, wie in Kanaan eine schreckliche Teuerung war. Die Familie war fast am Verhungern, und eines Tages hören sie: In Ägypten gibt es Getreide! Nun machen sich die Brüder Josefs auf. Mit ihren Eseln und Säcken ziehen sie nach Ägypten, um Getreide zu kaufen. Hungrige Männer. Und sie bekommen Brot. Warum? Weil Gott Jahre vorher ihren Bruder, den sie umbringen wollten, nach Ägypten geführt und ihn dort zum Erretter und Brotverteiler gemacht hatte. Aus seiner Hand bekamen sie das Brot. Sehen Sie, über dieser Geschichte liegt ein Schimmer des Wunderbaren. Die Verhungernden bekommen Brot – Gott hatte seit langem die Hand im Spiel!

Oder kennen Sie die wunderschöne Geschichte im

Büchlein Ruth? – Ach, schämen Sie sich, daß Sie die Bibel nicht kennen! Sie lesen jede dumme Illustrierte, aber nicht die Bibel! Das rächt sich an einem Volk und im geistlichen Leben jedes einzelnen, glauben Sie mir!

Im Büchlein Ruth lesen wir von einer jungen Frau, die mit ihrer verarmten Schwiegermutter zusammenlebt. Im Herbst geht Ruth aufs Feld, um die liegengebliebenen Ähren aufzulesen. Und schon ist der Herr am Werk und rührt das Herz des reichen Grundbesitzers Boas an, so daß Ruth nicht nur einzelne Ähren auflesen darf, sondern ganze Garben bekommt und noch viel mehr dazu. Lesen Sie es selber nach! Es liegt der Schimmer des Wunderbaren darüber. Die unsichtbare Hand Gottes gibt der armen Ruth Getreide, dort auf dem Felde des Boas.

Oder denken Sie an die Geschichte der Speisung der Fünftausend. Diese Leute haben einen ganzen Tag lang Jesus predigen gehört. – Dem Pastor Busch kann man im Notfall fünfundzwanzig Minuten zuhören, dem Herrn Jesus konnte man den ganzen Tag zuhören, und es wurde doch nicht langweilig! – Fünftausend Männer allein! Das waren Gottesdienste! Sie haben Jesus zugehört, und nun sind sie hungrig. Die Jünger fragen den Herrn: „Wie sollen diese Menschenmassen ernährt werden?" Jesus läßt sich ein wenig Brot geben und teilt aus, die Jünger bringen es den Leuten, und alle werden satt. Von den übriggebliebenen Brocken hoben sie noch zwölf Körbe voll auf.

Und sehen Sie, so geht es bis in die neue Welt hinein: Da stehen Bäume, die jeden Monat Frucht bringen. Lebensbäume.

Noch einmal: Wo in der Bibel von Früchten und Korn die Rede ist, wird immer die Hand unsres himmlischen Vaters sichtbar. Darüber liegt der Glanz des Wunderbaren.

Und so sollte es doch eigentlich bei uns auch sein, finden Sie nicht? Bei jeder Kartoffel, jedem Butterbrot und Schnitzel und was Sie gern essen, sollte man diesen Glanz des Wunderbaren sehen, die Hand des Gebers. Wir dürfen in jeder Schnitte Brot die gute Hand unsres Gottes sehen. Darum sollte man zittern, wenn man sie wegwirft! Wir sollten die guten Gaben unseres Gottes viel mehr schätzen!

Ich hörte neulich eine erschütternde kleine Geschichte. Es war im D-Zug, gegen Mittag. Der ganze Speisewagen ist voll, und die Kellner bringen das Mittagessen.

Und wie das im Abendland so Sitte ist – alles macht sich darüber her. An einem Tisch sitzt eine kleine Japanerin, und als das Essen kommt, faltet sie ihre Hände und wird ganz still. Auf einmal sehen alle in dem Speisewagen auf die Asiatin, die aus einem heidnischen Volke kommt, die die gute Hand des Gebers sieht und ihm dankt. Peinlich still wird es im Speisewagen, und man hört nur das Rattern der Räder.

Vielleicht ging diesen vollgegessenen Abendländern in diesem Augenblick etwas davon auf, daß es mit dem ganzen „christlichen Abendland" nicht mehr stimmt, in keiner Weise – wenn die Asiaten uns heute das Allerprimitivste vom Christentum beibringen müssen! Vielleicht haben die Mitreisenden etwas davon begriffen.

2. Gott, der Sohn, spricht

Jetzt hat der Herr Jesus, der Sohn Gottes, die fleischgewordene Offenbarung Gottes, die zweite Person der Dreieinigkeit, das Wort. Was sagt denn Jesus? „Und sie sollen wieder unter meinem Schatten wohnen." Die anwesenden Theologen und ernsten Christen, die vielleicht den Text nachschlagen, möchte ich darauf hinweisen, daß Luther übersetzt: „Sie sollen wieder unter seinem Schatten wohnen." Das ist aber im Zusammenhang ziemlich unklar. Unter welchem Schatten denn? Es kann nur der Schatten des Herrn gemeint sein, und die neueren Ausleger sind sich darin einig, daß wohl übersetzt werden muß: „Sie sollen wieder unter meinem Schatten wohnen." Mir ist völlig klar, hier spricht der Sohn, der Herr Jesus: „Sie sollen wieder unter meinem Schatten wohnen!"

Als ich mir überlegte, wie ich Ihnen dieses Wort erklären könnte, fiel mir ein Erlebnis aus meiner Jugend ein, das auch mit der Ernte zusammenhängt. Ich war als Junge oft in meinen Ferien auf der Schwäbischen Alb, und da habe ich bei der Ernte mitgeholfen. Morgens, als es um fünf Uhr losging, hatte ich phantastische Vorstellungen, wie ich gewissermaßen der Hauptmatador dieses Erntetages sein würde. Aber dann wurde es ganz anders. Es war schrecklich! Eine fürchterliche Hitze und Schwerstarbeit. Nur mein Stolz verbot mir, gegen zehn Uhr Schluß zu machen und zu sagen: „Verzeiht, ich habe Ferien!" So habe ich also mit zusammengebissenen Zähnen durchgehalten bis Mittag, aber ich atmete auf, als es hieß: „Mittagspause!" Und das ist so eine Erinnerung aus meiner Jugend, die sich mir unauslöschlich eingeprägt hat. Da sammelte sich alles Erntevolk unter dem Schatten eines großen Baumes. Körbe wurden aufgemacht, es gab Speise und Trank, und dann legte man sich ein bißchen in den Schatten und schaute durch die Zweige in den Himmel. Wenn ich heute zurückdenke, erinnere ich mich nur an diese Stunde, wie wir gegessen und getrunken haben und im Schatten lagen. Es war eine Stunde unendlichen Friedens, einer ganz großen Ruhe nach der Hitze und der anstrengenden Arbeit.

Und nun sagt Jesus und wirbt um dich: „Gerne will ich euch lieben. Sie sollen wieder unter meinem Schatten sitzen!" Das sagt der Herr Jesus, und damit wirbt er wieder um uns: „Bei mir findet dein armes, friedeloses Herz Frieden und Ruhe!" Ich sehe ihn vor mir stehen, den Heiland, mit den ausgebreiteten, durchgrabenen Händen: „Kommet her zu mir alle, die ihr mühselig und beladen seid." Seid ihr mühselig und beladen? „... so werdet ihr Ruhe finden für eure Seelen!" Das heißt: Sie sollen wieder in meinem Schatten sitzen! Daß Jesus, unser Heiland, Frieden gibt, das kommt besonders in den geistlichen Volksliedern zum Ausdruck, nicht so sehr in den Chorälen. Das ist sehr interessant. Nach Ruhe und Frieden sehnt sich die Welt, und wer die gefunden hat, singt davon.

„Es ist eine Ruh gefunden
für alle, fern und nah:
in des Gotteslammes Wunden,
am Kreuze auf Golgatha."

Oder:

„Dir fehlt wohl noch der Friede?
Dein Herz ist freudeleer ...
O daß du könntest glauben!
Du würdest Wunder sehn,
es würde dir dein Jesus
allzeit zur Seite stehn!"

Oder:

„Ich wollte Frieden finden,
ich sucht ihn allerwärts.
(Ist das nicht unsere Geschichte?)
Ich fand wohl viele Sünden,
doch kein versöhntes Herz.
Da bin ich still gegangen,
bis hin zum Kreuzesstamm.
Es stillte mein Verlangen
das heil'ge Gotteslamm!"

Jetzt möchte ich für nachdenkliche Leute noch darauf hinweisen, daß diese kurze Rede Jesu so wichtig ist, weil sie uns verrät, wieso Jesus allein uns Frieden für unsere Seele geben kann. Da ist das Wörtlein *wieder*. „Sie sollen *wieder* unter meinem Schatten sitzen." Das heißt doch, daß es früher einmal eine Zeit gab, wo das Menschengeschlecht unter seinem Schatten saß. Wo die Welt noch friedevoll war. Ja, das war einmal, als Adam und Eva im Paradies lebten und wie Kinder zu Gott standen. Da war Friede, da saßen sie unter seinem Schatten!

Und dann haben sie sich abgekehrt vom lebendigen

Gott, haben gesündigt, und damit wurden sie aus dem Frieden vertrieben. Seitdem sind wir alle miteinander – Generaldirektor oder Straßenkehrer, Hausfrau oder junges Mädchen – aus dem Frieden vertrieben. Um unserer Sünde willen! Und das wissen Sie selbst, wie Sünde unruhig macht und wir doch gerade in der Sünde den Frieden suchen.

Es zieht ein friedeloses Volk über diese Erde – friedelos in der großen Politik, wo sie mit Atombomben drohen, friedelos in den Häusern, wo Krach und Streit ist, und friedelos in den Herzen, wo die Gedanken sich untereinander verklagen! Armes, friedeloses Geschlecht! Aus dem Frieden vertrieben, und die Ursache ist: Schuld.

Und nun kommt Jesus und sagt: „Gerne will ich sie lieben ... Sie sollen wieder unter meinem Schatten sitzen." Meine Freunde, das ist eine atemberaubende Botschaft! Gibt es eine bessere und größere Botschaft als diese, daß der Sündenfall repariert werden soll – und kann?

Da steht Jesus und öffnet die Türen weit zum Frieden Gottes. „Heut' schleußt er wieder auf die Tür zum schönen Paradeis!" Er selber sagt: „Ich bin die Tür!" Dieser Jesus, der unsere Schuld weggenommen und ans Kreuz getragen hat, dem Sie Ihre Schuld sagen können und dann Vergebung empfangen, dieser Jesus ist der Weg zum Frieden. Jesus Christus, der für Sünder gestorben ist – oh, ich muß Ihnen das Bild des Gekreuzigten vor Augen malen, den Mann mit der Dornenkrone. Das ist das größte Weltereignis, daß Jesus für Sie starb! Dieser Jesus, den Gott von den Toten auferweckt hat, ist der einzige, der Ihnen sagen kann:

„Meinen Frieden gebe ich dir!" Sie bleiben in Ihrer Friedelosigkeit, bis Sie zu Jesus gekommen sind. „Meinen Frieden gebe ich euch", „Ihr sollt wieder unter meinem Schatten sitzen". Merken Sie, wie er um Sie wirbt? Am Erntedankfest sehen wir das ernste Werben des Heilands um Ihr Herz. Gehen Sie also nicht so gottlos raus, wie Sie reingekommen sind!

3. Gott, der Heilige Geist

Was sagt Gott, der Heilige Geist? Er sagt: „Sie sollen blühen wie ein Weinstock!"

Ein schönes Wort. Das Peinliche ist nur, daß ich keine Ahnung habe, wie ein blühender Weinstock aussieht. Habt Ihr 'ne Ahnung? Habt Ihr schon einmal einen blühenden Weinstock gesehen? Sicher ist hier irgend jemand, dessen Großvater Winzer war und der mir das erklären könnte. Ich habe in Lexika nachgesehen und alles mögliche studiert, aber ich weiß immer noch nicht, wie ein blühender Weinstock aussieht. Ich hätte es euch gern geschildert. Es wäre mir lieber gewesen, wenn hier stehen würde: „Sie sollen blühen wie ein Apfelbaum" – das könnte ich mir vorstellen, nicht wahr? Aber wenn ich mir diese wundervollen Trauben ansehe, die unser junges Volk gestern für den Altar gebracht hat, kann ich mir von da aus ungefähr ausmalen, daß ein blühender, fruchtverheißender Weinstock eine herrliche Sache sein muß.

Und nun kommt Gott, der Heilige Geist, und sagt Ihnen: „Tu mir doch dein Herz auf, dann sollst du blühen wie ein Weinstock und Frucht bringen. Dann will ich aus deinem Leben etwas machen. Wenn ich in dir wohne, will ich in dir die Blüten und Früchte hervorbringen, die du nicht schaffen kannst!"

Wissen Sie, ich hätte gern die Menschen lieb, aber sie sind mir manchmal verhaßt, und da sagt der Heilige Geist: „Ich will dir Liebe schenken und Freude, Friede, Geduld, Freundlichkeit, Gütigkeit, Glaube und Sanftmut und Keuschheit." Das sagt der Heilige Geist: „Du sollst blühen wie ein Weinstock! Ich will blühende Früchte in dir wirken. Tu doch endlich dein Herz auf, daß ich in dir wohnen kann!"

Wie wirbt hier der Heilige Geist um uns! Und nun verstehe ich auf einmal auch, warum da nicht Apfelbaum, sondern Weinstock steht. Die Erklärung dafür habe ich übrigens im Propheten Hesekiel gefunden. Im Propheten Hesekiel steht: „Mein Volk, du bist ein Weinstock!"

Das Holz des Weinstocks ist ein nutzloses Holz! Stellen Sie sich einmal einen Weinstock ohne Blätter und Früchte vor! Das ist das armseligste Baumgebilde, das es gibt. Es ist kein Strauch und ist kein Baum, und das Holz kann man nicht einmal richtig zum Heizen verwenden.

Doch nun sagt Gottes Wort: „Ihr seid in meinen Augen Rebholz, nutzloses Holz!" Meinen Sie denn, daß Gott Sie auch nur für fünf Pfennig wert erachten könnte? Ein Greuel sind wir vor ihm, Rebholz, völlig nutzlos! Wir sollten als Ebenbilder Gottes über den Engeln stehen und sind doch meistens den Teufeln näher. Und doch sind wir auch keine Teufel, nicht wahr? Kein Baum und kein Strauch – Rebholz. Nutzloses Holz. Und nun kommt der Heilige Geist, dieser gute und starke Heilige Geist und sagt: „Jetzt tu mir doch dein Herz auf! Dann will ich's mit dir machen wie mit dem Weinstock. An diesem armseligen Gebilde wachsen schöne Blüten und die herrlichsten Früchte. Tu mir dein Herz auf, dann will ich dich regieren. Du sollst blühen wie ein Weinstock. Ich will Früchte in deinem Leben hervorbringen, an denen Gott und Menschen sich freuen sollen!" Wäre das nicht großartig?

Der Heilige Geist wirbt um uns: „Ich will dich zu solch einem fruchtbaren Weinstock machen, daß Gott und Menschen an dir Früchte ernten können, die besser sind als die Früchte des Feldes – geistliche Früchte." Das wird dann ein richtiges Erntefest!

Wir wollen beten: „Herr, unser Heiland, du wirbst um uns. Vater, Sohn und Heiliger Geist, ach, mach doch ein Ende mit unserem toten, verschlossenen Herzen!

Nimm ganz, o Gott, zum Tempel ein
mein Herz hier in der Zeit
und laß es deine Wohnung sein
in alle Ewigkeit!
Amen!"

Das Gleichnis
vom falschen Bogen

„Sie bekehren sich, aber nicht recht, sondern sind wie ein falscher Bogen." Hosea 7,16

In den ersten drei Minuten können Sie ruhig lachen. Ich muß Ihnen eine nette Geschichte erzählen. Im Hunsrück ist vor einem Jahr ein köstlicher, origineller, lieber, alter Christ in die Ewigkeit gegangen. Hermann Mettel hieß er. Ein schlichter Mann, der in der geistlich steinigen Gegend des Hunsrück eigentlich der lebendige Mittelpunkt war. Er hat hier und da Erinnerungen aus seiner Jugendzeit veröffentlicht, und darin fand ich neulich eine entzückende Geschichte, die Hermann Mettel geschrieben hat. Er stammt aus Hessen und hat in seinem hessischen Dialekt geschrieben: „Als mer noch Buwe warn, da kame öfters Theatersleit in unser Dorf und die hann amol a Stick gespielt, da warn bloß Neger, schwarze Neger uff de Biehn (Bühne). Un mir Buwe, mir ham uns die Aache aus em Kopp geguckt. Und wie das Stick fertich war, da sinn mer gesprunge hinner die Biehn, und da warn die Neger grad dran, sich den Ruß vom Gesicht zu wische. Und da hann mir gesacht: ‚Seid ihr kei richtige Neger?' Und da hann se gesacht: ‚Ne, Neger sinn mer bloß uff de Biehn, sonst sinn mer von Maggebach!'" Und dann fährt Hermann Mettel fort: „Ich kenn so viele Christe, die sinn Christe bloß uff de Biehn, sonst sinn se von Maggebach!"

Ich fürchte, solche Bühnen- und Maggebach-Christen gibt es auch unter uns sehr viele. Haben wir nicht alle etwas davon an uns? „... uff de Biehn, sonst sinn mer von Maggebach." Und sehen Sie, was Hermann Mettel uns hier so nett erzählt, das will uns der Geist Gottes in unserem Textwort sagen: „Sie sind wie ein falscher Bogen." Hier spricht er von Israel. In diesem Wort will der lebendige Gott mit seinem Volke reden. In Hotels kann man ab und zu an einer Türe ein Schild sehen mit den Worten: „Geschlossene Gesellschaft". So ein Schild hätte ich eigentlich heute morgen an unsere Saaltür hängen sollen: „Geschlossene Gesellschaft". Der Herr will mit denen reden, die ihn kennen. Deshalb haben wir heute morgen hier keine Evangelisationsversammlung.

„Geschlossene Gesellschaft". Wer von Ihnen Jesus kennt, wer einen Anfang im Christenleben gemacht hat, wer nicht mehr geistlich tot ist, den hat der Herr Jesus Christus heute morgen hierhergeführt, und Er will mit Ihnen reden. Er will mit uns reden, sollte ich lieber sagen, denn – Gott sei Dank – redet er auch mit Pastoren!

Was er uns zu sagen hat, kleidet er in das eigenartige Gleichnis vom falschen Bogen. Als Überschrift über die Predigt und den Text wollen wir deshalb schreiben: „Das Gleichnis vom falschen Bogen." Drei Dinge sind mir dabei wichtig geworden:

1. Was wir sein sollten

Jetzt mache ich die „Geschlossene Gesellschaft" doch öffentlich. Dieser Teil geht alle Menschen an! Hier sagt uns der Herr, was wir sein sollen.

Sehen Sie, ich habe in den letzten Jahren an mehreren Universitäten vor Studenten Vorträge gehalten über das Thema: „Wozu sind wir auf der Welt?" Ich war erstaunt, daß diese Vorträge so gut besucht waren. Ich spürte, diese denkende Jugend quält sich mit der Frage: Wozu bin ich eigentlich da? Was ist der Sinn des Lebens? Wozu lebe ich überhaupt?

Diese Frage ist ja auch wichtig. Haben Sie sie sich schon einmal gestellt? Man lebt unter dem Strich, wenn man diese Frage nicht als wichtigste im Leben betrachtet: Wozu bin ich überhaupt da? Wenn diese Frage auftaucht, wacht der Mensch auf. Von da ab beginnt er langsam ein Mensch zu werden. (Was er vorher war, sage ich Ihnen nur unter vier Augen.)

Ich weiß, daß diese Frage dem normalen Menschen ab und zu von ferne kommt: „Warum bin ich überhaupt da?" Doch dann schiebt er sie schnell beiseite mit Standardantworten wie z.B.: „Ich bin da, um meine Pflicht zu tun!" Oder – das sagen die Eltern meiner Jungs ab und zu: „Herr Pastor, ich sag meinem Jungen immer: ‚Hauptsache, du wirst ein tüchtiger und ordentlicher Mensch, denn dazu sind wir auf der Welt!'"

Bei allem Respekt vor den lieben Eltern, das ist ein unsinniger – beinahe hätte ich gesagt blödsinniger – Satz. Genauso wie der Satz: „Ich bin da, um meine Pflicht zu erfüllen!" Denn was heißt das denn? Unter

Pflichterfüllung, unter Tüchtig- und Ordentlichsein stellt sich ja jeder etwas anderes vor. Unter einem tüchtigen und ordentlichen Menschen stellt sich ein Kommunist bestimmt etwas anderes vor als ein westdeutscher CDU-Mann. Was heißt das nun? Wer hat denn nun recht?

Ein tüchtiger und ordentlicher Mensch sein, darunter stellt sich ein Pazifist garantiert etwas anderes vor als ein Feldwebel! Und meistens habe ich so den Eindruck, daß schon der Herr Lehrer in der Schule sich etwas anderes darunter vorstellt als die Väter der Kinder.

Ja, das ist eine quälende Frage: „Wozu bin ich da? Wozu bin ich auf der Welt?" Ich habe immer gefunden, es kann nur einer mir die Antwort geben: der, der mich geschaffen hat! Gott selbst. Sonst kann mir keiner sagen, wozu ich da bin. Und sehen Sie, ich habe die Antwort in der Bibel gefunden: Wir sind auf der Welt, um Kinder des lebendigen Gottes zu werden. Dazu sind wir da. Dazu sandte Gott seinen Sohn! Deshalb starb er auf so furchtbare Weise am Kreuz. Um Sünder und Selbstgerechte heimzuholen und zu Kindern Gottes zu machen!

„Damit wir Kinder würden", heißt es in dem Lied, „gingst du vom Vater aus, nahmst auf dich unsre Bürden –".

Und wenn Sie das Höchste erreichen und nicht durch Jesus ein versöhntes Kind Gottes sind, war Ihr Leben so wertlos, daß es einst wie Spreu vergeht und in die Hölle geweht wird. Und das ist keine pastorale Übertreibung, sondern so sagt es Gottes Wort!

Und nun muß ich fortfahren. Ich muß bekennen,

daß ich durch unseren Text von dem falschen Bogen eine neue Erkenntnis gewonnen habe. Es ist mir aufgegangen: Ich habe zu kurz geschossen, wenn ich sage, wir sind auf der Welt, um Kinder Gottes zu werden. Das ist noch ein bißchen zu kurz gedacht. Unser Text sagt mir, der Sinn meines Lebens ist, ein Kind Gottes und selig zu werden. Aber nicht nur das, sondern ein Werkzeug in der Hand Gottes zu werden.

In dem Moment, wo ein Mensch sich bekehrt, wird er ein Kind Gottes und selig, aber von dem Augenblick an, von der Sekunde ab muß er, wenn die ganze Sache Sinn haben soll, ein Werkzeug in der Hand Gottes werden!

Ich sage noch einmal: Es ist ganz egal, was Sie sind. Ich verliere allmählich den Respekt vor großen Titeln und „großen Tieren". Unser Leben ist sinnlos gewesen, wenn wir nicht für Gott brauchbar werden zum Dienst. Ich bin erschrocken, als mir das aufging.

Unser Text sagt, was wir sein sollten: ein Bogen in der Hand Gottes. Sehen Sie, da ist ein Kriegsbogen gemeint. Flitzebogen kannten wir in unserer Jugend. Aber hier ist ein großer Kriegsbogen gemeint, mit dem früher die Krieger ihre tödlichen Pfeile abschossen. Das waren gewaltige Apparate! Und der Sinn meines und Ihres Lebens ist, daß wir ein Bogen werden in der Hand des lebendigen Gottes! Brauchbar zum Dienst. Gott fragt Sie einmal nicht nach Ihrem Einkommen oder welche Titel Sie hatten oder wieviele Leute bei Ihrer Beerdigung waren, sondern ob Sie Ihm zur Verfügung standen zum Dienst! Danach wird er Sie fragen.

Wir sollen Kriegsbogen Gottes sein. Damit werden

wir zunächst daran erinnert, daß diese Welt ein unheimliches Schlachtfeld ist. Ich denke jetzt nicht an Jordanien und Libanon oder andere Länder. Darüber können Sie Näheres in der Zeitung lesen. Doch trotz aller Grausamkeiten gehen diese Kämpfe vorüber. Mein Leben wurde durch den ersten Weltkrieg beeinträchtigt – äußerlich. Aber wer spricht heute noch davon? Es geht alles vorüber. Nein, ich meine etwas anderes.

Wenn wir ein Bogen in der Hand Gottes sein sollen, dann heißt das: die Welt ist ein Kriegsschauplatz, ein Schlachtfeld zwischen Licht und Finsternis. Der lebendige Gott hat seinen König gesandt: Jesus. Und der hat die Bastionen dieser Welt bezogen. Er hat Fuß gefaßt hier, seitdem er rief: „Es ist vollbracht!" Seit er auferstanden ist, gibt es hier Bollwerke Jesu Christi. Und gegen die rennen die Mächte der Finsternis an, die Mächte Satans.

Jesus spricht vom Satan. Sie glauben nicht, daß es einen Satan gibt? Dann müssen Sie es besser wissen als der Sohn Gottes! Sind Sie schlauer als er? Wenn Jesus von Satan spricht, gibt es ihn! Im übrigen braucht man ja nur die Augen aufzumachen, um das zu sehen. Ob das nicht satanisch ist, was heute in der Welt geschieht – in den Familien, in den Häusern, Schulen und Betrieben?

Satan rennt gegen die Bollwerke Jesu Christi an. Und die Waffen Gottes in diesem Krieg sind seine Kinder. Sie sollen ein Bogen in seiner Hand sein.

Sobald ein Mensch ein Kind Gottes wird und durch Jesus Vergebung der Sünden empfängt, möchte Gott aus ihm eine Waffe machen in seinem Kampfe, möchte Gott sich seiner bedienen. Ich sage es noch einmal: Das ist der Sinn unseres Lebens! Es gibt keinen anderen! Weder die Philosophie noch die Mathematik noch sonst etwas kann Ihnen eine Antwort geben auf die Frage: „Wozu bin ich auf der Welt?" Nur die Bibel! Nur Gott kann es sagen, und er sagt: „Ich möchte, daß du mein Kind und mein brauchbares Werkzeug wirst!" Hat Ihr Leben schon einen Sinn?

Ich erinnere mich an meine Mutter. Meine Mutter war eine prächtige Frau, eine Christin, die nichts las als die Bibel, dadurch aber nicht dumm, sondern sehr klug wurde. Gescheite Leute haben ihr zugehört. Sie war eine fröhliche Frau, die Liebe ausstrahlte. Ich erinnere mich, wie sie einmal zu mir sagte, als ich Student war: „Mein lieber Sohn, ich bete jeden Tag, daß alle meine acht Kinder auserwählte Werkzeuge Gottes werden!"

Da wurde ich ärgerlich und sagte: „Liebe Mama, das Wort ‚auserwähltes Werkzeug' steht in der Bibel vom Paulus geschrieben." (Als Paulus blind in Damaskus saß – vielleicht kennen Sie die Geschichte – da sagte der Herr zu Ananias: „Geh hin zu Paulus, er ist mir ein ‚auserwähltes Werkzeug'.")

„Mama, das ist von Paulus, einem Apostel gesagt! Deine Kinder aber werden wohl kaum Apostel werden. Das Apostolat ist einmalig. Die Apostel haben die Grundlage der christlichen Kirche gelegt. Aber deine Kinder werden kaum Apostel werden!"

Meine Mutter hatte eine eigenartige Art, meine theologischen Einwände abzufertigen. Einfach so, daß sie sie gar nicht hörte oder wenigstens so tat. Sie wiederholte nur: „Auserwählte Werkzeuge!"

Heute verstehe ich's. Und ich darf Ihnen sagen: Ich bete darum, daß diese jungen Leute hier und Sie alle *auserwählte Werkzeuge Gottes* werden!

Mich quält der Gedanke, daß hier Menschen sind, die sich ihr Leben lang plagen, die schuften und arbeiten, und all ihre Mühe war nur Spreu für die Hölle, sinnlos! Deshalb möchte ich beten, daß Sie auserwählte Werkzeuge in Gottes Hand werden, Boten, brauchbar für ihn! Dazu braucht man nicht Apostel zu werden, dazu braucht man nicht einmal Pastor zu werden. Dazu braucht man nur ein Herz, das Ihm gehört und Ihn liebt.

Lassen Sie mich als Beispiel ein Erlebnis anführen, das ich erst vorgestern hatte. Da kommt ein sechzehnjähriger Junge zu mir und sagt: „In der Werkstatt, wo ich arbeite, herrscht ein abscheulicher Geist. Ich höre die schmutzigsten Witze vom Morgen bis zum Abend!"

„Macht der Meister auch mit?"

„Ja, der Meister auch!"

In Klammern gesagt: Wie wird Gott einmal solche Männer richten, die junge Burschen mit ihrem schmutzigen Geschwätz vergiften!

Ich hole ein paar andere dazu. „Ist das bei euch auch so?"

„Selbstverständlich, das ist überall so."

Das ist überall so! Und dann wundern wir uns, wenn Gerichte Gottes am Horizont heraufziehen!

Der Junge seufzte: „Ich kann nicht mehr! Dieser Schmutz den ganzen Tag! Das vergiftet mich ja auch! Und ich kann als Lehrling doch nicht die älteren Gesellen und Meister zur Rede stellen!"

Wir gingen zusammen über die Straße. Und während ich noch innerlich überlegte: „Was kannst du denn so einem Jungen antworten?" sprach er einen Satz aus, den ich eigentlich in seiner vollen Bedeutung erst begriffen habe, als ich zu Hause im Bett lag. Er sagte nämlich etwas verschämt: „Eins habe ich ja gelernt: Wenn's gar zu schlimm wird, sage ich leise den Namen ‚Jesus!'"

Da dachte ich, sieh, dort in jener Werkstatt ist der Kampf zwischen Licht und Finsternis entbrannt. Und dieser sechzehnjährige Junge beginnt, ein Bogen in der Hand Gottes zu werden. Er hat begriffen, der Name „Jesus" ist eine Waffe, vor der die Dämonen fliehen. Auch wenn er ihn nur leise ausspricht. Aber der Tag wird kommen, da er ihn laut aussprechen wird, Jesus, vor dessen Angesicht der Schmutz offenbar und gerichtet werden wird.

2. Was wir sind

Jetzt wollen wir das Schild „Geschlossene Gesellschaft" wieder aufhängen. Der Herr will mit seinen Leuten, mit uns, reden. Und sein Wort ist ja nicht ein altes Wort, Gottes Wort ist lebendig! Und er sagt uns heute: „Ihr seid ein falscher Bogen!"

Dieses Bild, das Gott hier gebraucht, ist deshalb etwas schwierig, weil die meisten von uns noch nie einen richtigen Kriegsbogen gesehen haben. Ein Schwager von mir, der in Afrika war, brachte mir einmal einen solchen Bogen vom Stamm der Wambos mit, ein riesiges Ding. Da braucht es Männerkraft, um den zu spannen! Eigentlich müßte ich dieses Bild in unsere moderne Sprache übertragen. Also, wenn ich es in die Sprache unserer Zeit übersetzen soll, würde ich sagen: Wir sollen eine Bombe sein in der Hand Gottes! Aber wir sind ein Blindgänger, der genau dann versagt, wenn er explodieren sollte, geistliche Blindgänger also.

Andererseits möchte ich nicht gern von Bomben reden, davon hören wir den ganzen Tag. Lassen wir es lieber bei dem biblischen Gleichnis. Strengen Sie Ihre Phantasie an! Stellen Sie sich einen Kriegsbogen vor, schön geschnitzt am Handgriff, riesengroß, mit einer starken Sehne. Der Besitzer freut sich daran und sagt: „Mit diesem Bogen werde ich etwas ausrichten, wenn es mal zum Kampf kommt!"

Und eines Tages kommt es zum Kampf. Der Besitzer spannt den Bogen, er hat einen Pfeil aufgelegt, da macht es „Knack!", und der Bogen ist zerbrochen!

Es war ein riesiger Bogen, ein feiner, schöner Bogen, aber – harmlos. Als es darauf ankam, versagte er! Und nun sagt Gott: „Solche falsche Bogen seid ihr! Ihr seid harmlose Christen!" Hat Gott recht? Sind wir harmlose Christen? Ein Bogen, der nicht schießt, der nicht zu gebrauchen ist?

Ich will es Ihnen etwas deutlicher machen. Denken Sie einmal an die ersten Christen. Sie waren eine Handvoll Leute, ohne Einfluß! Keine Bürgermeister und Minister waren unter ihnen. Im Gegenteil: verfolgt, ohne Geld, ohne Macht – ein armseliges Häuflein! Aber wie haben sie die Gewissen beunruhigt und bewegt und die Welt in Unruhe versetzt! Die ersten Christen waren nur eine Handvoll Leute, und doch haben sie in zwei Generationen der ganzen damaligen Welt den Namen Jesus bekanntgemacht!

Und heute? Wie sieht die Christenheit heute aus? Man möchte sein Haupt verhüllen und weinen! Tausende von hochbezahlten Funktionären, akademisch gebildet – Bischöfe, Oberkirchenräte, Pfarrer, Jugendpfleger, Sekretäre, Männerkreise, Frauenkreise, Kinderkreise, Altersheime, Jugend. Wenn Sie aber auf die Straße gehen und einen Menschen fragen, wer Jesus ist, bekommen Sie zur Antwort: „O Mann, keine Ahnung!" So ist es doch, nicht wahr? Wir sind harmlose Christen! Falsche Bogen!

Aber wissen Sie, in dem Ausdruck „falscher Bogen" steckt noch ein anderer Gedanke: Der Bogen versagt genau in dem Moment, wo es gilt. Er wird gespannt im Kampf – und dann zerbricht er. Und Gott sagt: Ihr seid Christen, die versagen genau in dem Moment, wo es gilt, wo es auf euch ankommt!

Die Bibel wimmelt von Beispielen dafür. Nehmen wir mal den Petrus, ein schöner Bogen: „Herr, ich bin bereit, mit dir ins Gefängnis zu gehen! Herr, ich bin bereit, alles für dich zu tun!" Und in der Karfreitagsnacht, als ein paar gottlose Leute Jesus verhöhnen und Petrus vorwerfen: „Du gehörst doch auch zu ihm!" – antwortet er: „Ich kenne ihn nicht!" Wenn es irgendwann auf ihn ankam, dann dort, in jenem Augenblick. Aber da zerbrach der Bogen.

Kennen Sie die Geschichte von Simson? Der starke Mann, der Held Gottes, berufen, die Kriege Gottes zu führen. Ein schöner Bogen in der Hand Gottes – berufen zum Eigentum und zum Dienst. Aber dann kommt der Moment, wo es gilt, die Stunde der Versuchung: die leichtsinnige, gottlose Heidin Delilah läuft ihm über den Weg. Da galt es. Und der Bogen zerbricht. Simson zerbricht an diesem Weib. In dem Moment, als es darauf ankam, zerbrach der Bogen.

Johannes Markus wird von Paulus auf Missionsreise mitgenommen. Er wollte die Welt erobern für den König von Golgatha! Aber als es in Kleinasien dunkel und schwierig wird, kehrt er lieber um, nach Hause. Dort hatte er mehr Komfort, Badezimmer mit fließendem Wasser und so – das war einfacher.

Die Bibel wimmelt von Leuten, die falsche Bogen waren, die in dem Augenblick versagten, wo es galt.

Und meine Freunde, die Christenheit, unsere Gemeinden wimmeln von solchen Leuten! Der Apostel Paulus sagte einmal ein merkwürdiges Wort: „Ihr müßt in der Waffenrüstung des Glaubens stehen, damit ihr an dem bösen Tage Widerstand tun könnt." Es gibt in jedem Menschenleben solch böse Tage. Die sieht ein anderer vielleicht gar nicht! Ein böser Tag, wo plötzlich alles auf des Messers Schneide steht. Wollen wir nicht mal still überlegen, wie oft wir gerade an so einem ‚bösen Tag', als es galt, umkippten, versagten, alles verleugneten! Der ganze Christenstand war nichts wert. Dann laßt uns dem Herrn sagen: „Du hast recht! Ich bin ein falscher Bogen, der zerbricht, wenn es zum Kampf kommt!"

3. Wie es anders wird

Die Bibel sagt uns aber auch, wie es anders wird: „Sie bekehren sich, aber nicht recht!" Wie wird es anders?

Wie wird man ein brauchbarer Bogen? Wenn man sich richtig bekehrt!

Ich möchte einmal ganz offen sagen: Mit einem bißchen Plänkelei mit dem Christentum bleiben Sie unter Gottes Zorn und sind verloren! Ohne klare Wendung und Entscheidung für den, der Sie am Kreuz erkauft hat, werden Sie nie ein Kind Gottes!

Sehen Sie, in unserem Gemeindeblatt war ein Bericht über die Evangelisation des Janz-Teams abgedruckt. Ja, es sei ja ganz schön gewesen und nett und so ... aber da wurde gesagt: „Ihr müßt euch bekehren! Und bitte zeigt es öffentlich, ob ihr euch bekehren wollt!" Wörtlich steht dann in dem Gemeindeblatt: „Wo steht in der Bibel, daß man die Menschen so auffordern soll?"

Ich habe sofort hingeschrieben. In meiner Bibel steht: „Wir ermahnen euch aber an Christi Statt: Lasset euch versöhnen mit Gott!" oder: „Petrus ermahnte sie mit vielen Worten: Laßt euch erretten!"

Ihr lieben Freunde, ich habe oft Angst gehabt, ich könnte nicht deutlich genug reden, denn ich möchte Sie ernstlich warnen: Spielen Sie nicht mit dem Christentum! Sie müssen einmal einen Schritt tun, sich entscheiden, ob Sie dem Herrn gehören wollen oder der Welt!

Und hier in Hosea 7 steht jetzt: „Sie bekehren sich, aber nicht recht!" Es geht um eine richtige Bekehrung. Hier müßte ich jetzt eine neue Predigt anfangen. Ich möchte es Ihnen nur an Petrus deutlich machen.

Ihr kennt doch Petrus. Der verließ seine Schiffe und alles und folgte Jesus nach! War das eine Bekehrung? So was haben Sie sicher noch nicht getan! Ich auch nicht. Er zog seine Schiffe an Land, verließ alles und folgte Jesus nach. War das eine Bekehrung?

Und nach drei Jahren sagte Jesus: „Wenn du dich einst bekehrst, Petrus ...!" Das war also noch keine. Wo hat es denn gefehlt? Ich beschwöre Sie, überlegen Sie sich das genau! Wo hat es gefehlt? Petrus hat sich von allem weg bekehrt zum Herrn Jesus, nur nicht von seinem eigenen bösen Herzen, von seinem Ich. Er nahm seinen ganzen Hochmut, sein Temperament, seinen Stolz, alles mit: „Hier, Herr Jesus hast du mich!" Aber er hat sich nicht von sich selbst weg bekehrt. Und daran ist er gescheitert.

Ich kenne viele Leute, die sind schön christlich, aber innerlich unzerbrochen! Und daran ist Petrus zerbrochen und zuschanden geworden. Doch dann hat er es gelernt, sein Ich mit Jesus zu kreuzigen und sein Leben ganz dem Auferstandenen in die Hand zu geben.

Ich wünsche uns, daß der Geist Gottes uns klar macht, was eine richtige Bekehrung ist. Dann wird man fröhlich, wenn man selbstlos wird oder wenigstens einen Anfang davon erlebt! Dann wird man ein rechter Bogen, wenn man wirklich dem Auferstandenen gehört.

Es ist noch etwas anderes genannt, wie wir rechte Bogen werden. Da heißt es im Vers vorher: „Sie rufen mich nicht von Herzen an, sondern *heulen auf ihren Lagern*", so übersetzt Luther. Hier ist ein Gastmahl gemeint. Im Altertum lag man auf Polstern, und da heulten sie und lachten und brüllten. Das heißt, sie rufen mich nicht an, sondern leben im Lärm.

Leben Sie auch im Lärm? Als gestern ein Junge mit

einem Moped an mir vorbeidonnerte, fiel ich beinahe in Ohnmacht. Er hatte wahrscheinlich seinen Schalldämpfer ausgebaut, damit man auch ja hörte, daß er kam. Da dachte ich: „Junge, der Lärm, den du machst, ist ein Kinderspiel gegen den Lärm, der in dir drin ist!"

Der Lärm, den Sie machen, ist ein Kinderspiel gegen den schrecklichen Lärm in Ihrem Herzen. Deshalb ist es um so nötiger, täglich vor Gott stille zu werden, im Heiligtum zu stehen. Nur in der Stille, wenn man die Bibel liest und beten kann, wird man ein brauchbarer Bogen in der Hand Gottes.

Wie heißt es in dem Lied:

„Zions Stille soll sich breiten,
denn mein König will sich nahn ...
Nur an einer stillen Stelle
legt Gott seinen Anker an."

Jetzt wollen wir beten: „Herr, wir haben doch nur dieses eine Leben. Wir möchten so gern, daß es einen Sinn hat! Nimm uns doch in deine Hand und mach du uns brauchbar für dich, Herr Jesus. Mach du uns zu deinem Bogen! Amen!"

Jesus enttäuscht nie

„Ephraim, was sollen dir weiter die Götzen? Ich will ihn erhören und führen; ich will sein wie eine grünende Tanne; an mir soll man deine Frucht finden." Hosea 14,9

Liebe Freunde, ich möchte Sie heute auf eine merkwürdige Tatsache aufmerksam machen: Wenn ich die Bibel lese, entdecke ich, daß das Christentum die aufregendste Sache der Welt ist! Die Menschen, die das Evangelium annehmen, fließen über vor Freude.

Paulus schreibt aus dem Gefängnis, gebunden in Ketten: „Freuet euch in dem Herrn allewege und abermals sage ich euch: Freuet euch!" Strömt über vor Freude!

Wenn ich mich dann bei uns umsehe und mir die Menschen dieser Welt ansehe, entdecke ich lauter Leute, die sich Christen nennen, betont Christen nennen, aber ihr Christentum regt weder sie selbst auf noch andere. Und Freude haben sie auch nicht daran, höchstens Ärger, wenn der Kirchensteuerzettel kommt. Gehen Sie doch einmal auf die Straße, halten Sie jemand an und sagen Sie:

„Guten Tag. Verzeihen Sie, sind Sie Christ?"

„Selbstverständlich! Ich bin doch kein Heide oder Atheist! Selbstverständlich bin ich Christ!"

„Dann hätte ich noch eine Frage: Haben Sie schon einmal eine schlaflose Nacht gehabt vor Freude an Ihrem Heiland?"

Fragen Sie einmal so auf der Straße! Dann kriegen Sie höchstens als Antwort, daß sich einer an die Stirn tippt und sagt: „Wohl plemplem, was?" Oder man fragt Sie: „Sind Sie Zeuge Jehovas?" oder so etwas Ähnliches.

Merkwürdig. Alle sind Christen – aber von Freude keine Spur! Wo ist ein Mensch, der vor Freude an seinem Christenstand überfließt? Da frage ich mich doch: Woran liegt das eigentlich, daß wir so ein armseliges Christentum repräsentieren? Woran liegt es denn? Und ich finde nur eine Antwort: Es gibt heute ein Christentum ohne Jesus Christus. Ein Christentum, wo Jesus Christus nicht mehr im Mittelpunkt steht. Es geht um Moral und Weltanschauung, Kirchlichkeit und alles mögliche – aber der Heiland fehlt!

In Johannes 17 steht das wundervolle Wort: „Das ist aber das ewige Leben, daß sie Jesum Christum erkennen." Sehen Sie, das ist so, wie wenn aus dem Nebel einer auf mich zukommt. Aber die meisten lassen Jesus im Nebel. Und darum haben sie keine Ahnung, was ewiges Leben ist. Darum bleiben sie in dieser armseligen Situation, in der der Mensch von heute lebt. Wenn es aber dann geschieht, daß der Mann aus dem Nebel auf uns zukommt und wir erkennen ihn als den Sohn Gottes, den geoffenbarten Gott, den Heiland für unsere schrecklichen Sünden, den Versöhner zwischen Himmel und Erde, dann wird unser Christenstand aktuell, aufregend, interessant und voll Freude. „Das ist das ewige Leben, daß sie dich, der du allein wahrer Gott bist, und den du gesandt hast, Jesus Christus, erkennen!"

Deshalb möchte ich als Überschrift über die heutige Predigt schreiben: *Lassen Sie uns Jesus besser erkennen!*

Dazu soll unser Text dienen. Ich lese ihn noch einmal: „Ich will sein wie eine grünende Tanne, an mir soll man deine Frucht finden."

1. Jesus enttäuscht nie

Ich muß etwas weiter ausholen. Im Sommer haben wir immer allerhand Gäste bei uns im Weigle-Haus. Und eines Tages kam ein Fremder in die Gebetsstunde meiner Mitarbeiter, wo wir uns dann am Schluß hinknien und beten. Der Fremde, der da hineingeraten war, sagte hinterher ganz erschüttert: „Pastor Busch, die beten ja, als wenn da einer wäre, mit dem sie reden! Ist denn da einer?"

Der Mann war christlich. Aber das war ihm erschütternd aufgegangen: „Die reden, als wenn da einer wäre!"

„Ja!" habe ich gesagt. „Da ist einer! Da ist der auferstandene Sohn Gottes. Der Herr Jesus Christus!"

Vielleicht haben viele von Ihnen auch so einen Christenstand. Der besteht dann aus ein paar Dogmen, Erinnerungen an den Konfirmandenunterricht, Beziehung der Großmutter zum Pastor, Kirchensteuern, daß man fürs „Gute" ist, für Adenauer und die Moral und und und!

Meine Freunde, da ist einer! Und um den geht es, der Sohn Gottes. Und der meldet sich hier zu Worte: „Ich will sein ..."

Lassen Sie uns hier abbrechen. „Ich will sein." So meldet er sich zu Worte. Der Satz geht noch weiter, aber als ich diese ersten drei Worte las, war es mir, als stände ich neben dem Mann Mose, dem großen Gottesmann, der einst in der Wüste am Berg Horeb einen brennenden Dornbusch sah. Und als er nähertrat, rief die Stimme des Herrn: „Ziehe deine Schuhe aus. Hier ist heiliges Land!" Und Moses fragt: „Wer bist du denn?"

Der Herr antwortet – beinahe wie hier „Ich will sein ..." –: „Mein Name ist Jehova." Das ist zu deutsch: „Ich werde sein, der ich sein werde!" das heißt „Der da ist! Der immer und wirklich existiert." Mit diesem Namen offenbarte er sich Moses. „Der da ist!" Nicht ein religiöses Hirngespinst, keine Einbildung, kein Dogma, keine Lehre, kein Pastor einer Kirche, sondern der Herr, der da ist, der lebt, der existiert! Und an dem die Menschheit vorüberflutet zu ihrem entsetzlichen Unheil. „Ich will sein", sagt er hier.

Dieser lebendige Herr hat ein Recht darauf, ein doppeltes Recht, daß wir ihm gehören! Aus zweierlei Gründen: Erstens hat er, der geoffenbarte Gott, uns geschaffen. Und zweitens hat er uns erkauft, als er am Kreuz starb. Also hat er ein doppeltes Recht an uns. Und um ihm zu gehören, braucht es unseren Willen. Ein Schritt, eine Bekehrung ist nötig. Und ich sage Ihnen: Ihr Leben ist schief und schräg und verzerrt, solange Sie diesen Schritt nicht getan haben.

Als ich das neulich einem sagte, antwortete er: „Ach Pastor Busch, es sind doch nur ganz wenige Leute, die Jesus gehören!"

„Die Welt ist ja auch danach!" entgegnete ich.

„Oder meinen Sie, die Menschheit sei in Ordnung, alles sei in Butter?"

Wenn ich in die Häuser komme, habe ich den Eindruck, daß nirgends mehr eine Ehe noch intakt ist. Keine Familie ist mehr in Ordnung. Das Elend der Welt schreit gen Himmel. Und warum? Weil wir uns weigern, dem zu gehören, dem wir aus doppeltem Grunde gehören müßten: diesem Herrn „Ich werde sein". Wir sind wirklichkeitsfremde Leute, weil wir nicht Jesus gehören! Wenn man an Ihm vorübergeht, ist man wirklichkeitsfremd. Aber sobald wir ihm gehören, werden wir erfahren, was das heißt, wenn er sagt: „Ich will sein wie eine grünende Tanne!" Was heißt denn das? Ich will es Ihnen am Gegenteil klarmachen.

Alles in dieser Welt ist vergänglich, welkt, geht vorüber. Dieses Wissen ist deprimierend. Ich sehe hier blühende junge Leute, die das Leben mit all seinen Geheimnissen an sich reißen wollen. Ist es nicht schrecklich, daß die Jugend und unser ganzes Leben uns unter den Händen zerrinnt? Plötzlich sind wir alt und müde. „Alles ist eitel", sagt der Prediger Salomo.

Zum Beispiel Ideale und Ideologien. Als ich noch jung war, brannte alles in mir, wenn das Wort „Deutschland" fiel. Wie ist dieses Ideal verwelkt, nicht wahr? Oder ich denke an einen Professor, der aus dem Osten geflohen ist. Ihm wirft man jetzt vor, daß er Marxist war. Dieser Mann hatte ernsthaft geglaubt, der Kommunismus sei ein Weg zur Erlösung der Welt. Warum soll ein Mensch das nicht glauben? Aber dann verwelkte sein Glauben und Hoffen. Mittendurch ging ein Riß. Und aus war es mit dieser Ideologie.

Oder ich denke an so manche junge Liebe. Wieviele verliebte Paare können den Tag der Hochzeit kaum erwarten. Und wenn ich sie dann zehn Jahre später wiedersehe – ach, du liebe Zeit! – dann ist nur noch Dunkelheit und Langeweile da. Mein Leben besteht zu 50 Prozent daraus, verkrachte Ehen notdürftig zu reparieren. Dabei waren sie ja alle einmal am Blühen, nicht wahr? So ist die ganze Welt ein einziger Herbst, überall sehen wir ein beständiges Welken und Vergehen. Menschen, Ideen, Kunstrichtungen – alles wechselt und vergeht.

Es gibt nur eine einzige Ausnahme: der Sohn Gottes, der geoffenbarte Gott – Jesus Christus! An ihm sehen wir kein Welkwerden und keine Enttäuschung. Darum ist die größte Dummheit, die ein Mensch begehen kann – neben vielem anderen – wenn er sich nicht von Herzen zu Ihm bekehrt! Verzeihen Sie, daß ich das so sage, aber es ist wirklich wahr.

Ich muß an dieser Stelle einmal etwas Persönliches einfügen: Sehen Sie, ich trage eine Predigt oft tagelang mit mir herum, bis zu dem Moment, wo ich mich hinsetze und sie aufschreibe. Und der Tag, an dem ich diese Predigt geschrieben habe, war für mich von großer Bedeutung. Da war ich nämlich in unserem großen Jugendlager – 520 junge Kerle, feine Burschen. Dreizehn Lager, eine gemeinsame Küche – es war herrlich!

Aber es kam ein Tag, da häuften sich die Schwierigkeiten. Hier rieb sich's und dort knisterte es. Und auf einmal packte mich die Angst: Wenn sich in diesen dreizehn Lagern Jesus nicht durchsetzt und bloß noch 'ne große Meckerei ist und die Schwierigkeiten überhandnehmen, so daß schließlich der Teufel regiert, was dann?

Also nahm ich meine Bibel und ging in den Wald, um vor meinem Herrn meine Sorge auszubreiten. Und es war merkwürdig. Ich lese die Bibel und sage: „Herr, ich lege dir alles hin!" Darauf antwortet er mir: „Lieber Wilhelm Busch, es wird mit dem Lager nichts, wenn's mit dir nichts wird! Es fängt immer bei dem einzelnen an, der mich anruft."

Da mußte ich vieles aus meinem Leben mit meinem Herrn klären. Und sehen Sie, dann fand ich Jesus genauso, wie ich ihn gefunden habe, als ich mich bekehrte. Und das liegt Jahrzehnte zurück! Ganz neu schenkte er mir die Vergebung meiner Sünden, ganz neu sagte er mir seine Hilfe zu. Seine Güte ist alle Morgen neu. Jesu Gnade ist taufrisch! Jeden Morgen neu. Er ist eine grünende Tanne. Alles welkt, nur Jesus nicht. Seine Gnade ist immer ganz frisch!

Wollen Sie mit allem, was Sie sind und haben, verwelken? Bitte schön! Viel Vergnügen dabei! Ich möchte es nicht. Ich freue mich, einen Heiland zu haben, der mit seinen Gnadengaben wie eine grünende Tanne jeden Tag neu ist.

Ich erzähle so gern die Geschichte von meinem Posaunenmeister, den ich eines Morgens fragte: „Was gibt's Neues?"

Er antwortete: „Ich habe eben gelesen: ‚Seine Güte ist alle Morgen neu'."

Das ist jeden Tag das Aller-, Allerneueste! Aktueller als die Nachrichten aus Radio und Fernsehen oder sonst etwas. Das meint das Wort: „Er ist eine grünende Tanne".

Der alte Professor Christlieb in Bonn hat das wohl richtig verstanden. Den hat sein Sohn kurz vor seinem Tod beten hören: „Herr Jesus, von allem müssen wir einmal Abschied nehmen, nur nicht von dir!" Er hatte verstanden, was die grünende Tanne bedeutet!

2. Er ist unser Heiligtum

Ein kluger Pfarrer macht es bei einer Predigt so, daß er, wenn er drei Teile hat, erst den schwierigen bringt und dann immer einfacher wird. Heute mache ich es aber umgekehrt. Je abgekämpfter Sie also im Geiste sind, desto schwerer wird die Sache. Ich hoffe, daß ich trotzdem einige mit ans Ziel bringe! „Er ist unser Heiligtum." Wir müssen unser Bibelwort noch etwas tiefer verstehen, das Wort von der grünenden Tanne.

Es gibt moderne Ausleger, die sagen, es heißt überhaupt nicht Tanne – im Morgenland gab und gibt es sowieso keine Tannen. „Zypresse" ist gemeint, eine bestimmte Zypressenart.

Nun, ich habe in der Schule immer gerade gefehlt, wenn Botanik an der Reihe war, ich kann das nicht so genau beurteilen, ob es sich um eine Zypresse oder Tanne handelt. Aber wir wollen mal Zypresse sagen, denn das bringt uns auf einen wichtigen Gedanken:

Wenn Sie den Propheten Hosea oder auch Jeremia lesen, dann geht Ihnen auf, daß die Zypressen im Blick auf die Gottlosigkeit und das Sündenleben Israels eine bedeutende Rolle spielten. Israel verließ seinen Herrn und lernte von der Welt rings um sie her den Götzendienst. So ist es ja heute wieder – die Kirche gibt sich viel Mühe, die Welt zu verstehen, bei ihr zu sein, Kontakt zu haben, den Götzendienst zu lernen, nicht wahr?

Dieser Götzendienst der Kanaaniter war die Vergottung der Naturmächte und der Triebmächte. Sich ausleben in Natur und Leben! „Folge deinen Trieben, lieber Mensch, dann findest du Gott!" Das ist ja auch die Religion unserer Tage, nicht wahr?

Als geeignetes Heiligtum fand man grüne Hügel, auf denen Baumgruppen standen – Zypressen. Mitten in der Landschaft eine Zypresse. Da kann man die Natur richtig anbeten. Und so wurden unter alten Zypressen Heiligtümer der Götzen errichtet.

Der Prophet Jeremia klagte einmal – das heißt Gott durch den Mund Jeremias –: „Ihr lauft auf alle grünen Hügel." Dort fand der zuchtlose Gottesdienst Israels statt: unter den Zypressen.

Darf ich Sie einmal etwas fragen? Es hat ja jeder Mensch im Grunde sein Heiligtum. Israel hatte so seine stillen Hügelchen mit den Zypressen. Jeder hat seine götzendienerischen Heiligtümer. Wo sind die Ihrigen? Wo haben Sie heimlich Gott abgesetzt und Ihr götzendienerisches Heiligtum errichtet?

Aber ich mache weiter. Nun spricht Gott in unserem Text. Er sagt voll Zorn: „Ephraim, was sollen mir deine Götzen? Ich will dich erhören und will dich führen! Ich will deine Zypresse sein!" So heißt es. „Israel, laß doch deine götzendienerischen Heiligtümer! Ich will dein Heiligtum sein."

Jesus will die Mitte unseres Lebens sein. Das ist unerhört! Keine Kirche, keine Kultstätte, kein Wallfahrtsort, kein Tempel – Jesus, das Heiligtum seiner Gemeinde.

Das rüttelt an den Grundfesten manchen kirchlichen Lebens. Ist Ihnen das klar?

Wollen Sie einen Priester, der Mitleid hat mit Ihrer Schwachheit, dem Sie Ihr Herz ausschütten können? – Gehen Sie zu dem Mann von Golgatha, zu Jesus! Er ist ein rechter Priester.

Brauchen Sie einen Altar, wo Sie abladen können? Wo Sie wirklich Vergebung Ihrer Sünden finden? Das Kreuz Jesu ist dieser Altar. „Das Blut Jesu Christi macht uns rein von aller Sünde." Suchen Sie ein Heiligtum, wo Stille ist? Wo Friede in Sie strömt? Hoffnung? Leben? Gehen Sie zu Jesus!

3. Jesus – das neue Ich der Gläubigen

Der dritte Teil dieser Predigt ist der schwierigste. Da steht nämlich noch ein merkwürdiger Satz. Ein typischer Satz für die Bibel, der für unerleuchtete Menschen völlig unverständlich ist. Aber für Kinder Gottes enthält er die höchste Weisheit. Der Satz lautet so: „Ich will sein wie eine grünende Tanne. An mir soll man deine Frucht finden."

Zunächst wird hier das Bild von der Tanne gesprengt. Weder die Tanne noch die Zypresse sind eigentlich Fruchtbäume. Kein Mensch pflanzt Zypressen an, um Früchte zu ernten. Und hier sagt Jesus: „Ich bin die grüne Zypresse, die Frucht bringt – eure Frucht."

Nun müssen wir fragen, was das bedeutet: „An mir

wird man deine Frucht finden"? Ich bitte alle, die im Glauben stehen, jetzt sehr gut aufzupassen! Das ist nämlich ein seltsames Wort.

Christen wissen, daß sie Frucht bringen sollten. Wenn Ihr euch aber kloppt, ist das keine Frucht. Und es gibt sehr vieles, was keine Frucht ist. Ich will mal eben die Frucht aufzählen. Die Bibel sagt: Früchte eines Christenlebens sind: Liebe, Freude (wenn wir miesepetrige Leute sind, stimmt etwas nicht!), Friede (auf sein Recht pochen hat mit Jesus nichts zu tun), Geduld, Freundlichkeit, Gütigkeit, Glaube, Sanftmut, Keuschheit! Das sind die Früchte, die ein Christ bringen sollte. Das wissen wir. Und wir würden jetzt gut verstehen, wenn der Herr sich so ausdrückte: „An dir möchte ich Früchte für mich finden!" Aber hier steht verblüffenderweise: „An mir", am Herrn Jesus, „wird man deine Frucht finden!"

Was heißt das? Meine Freunde, hier stehen wir vor dem eigentlichen Geheimnis eines geheiligten Lebens. Ein geheiligtes Leben ist ein Leben, in dem Jesus Wohnung genommen hat. „Christus in uns." Er bringt in uns Früchte hervor, die dann aussehen, als wären es unsere. „An mir soll man deine Frucht finden." Meine Lieben, die ihr Jesus kennt, wenn man das nicht versteht, quält man sich ab. Früchte eines geheiligten Lebens kommen nicht aus dem eigenen Herzen, auch nicht aus einem erneuerten Herzen, sondern Liebe, Freude, Friede, Keuschheit – das sind Früchte, die nur Jesus in uns hervorbringt. An Ihm finden wir unsere Früchte.

Es wird also mit einem neuen Leben nie etwas, solange nicht Christus in uns Gestalt und Macht gewonnen hat. Quälen Sie sich nicht mit Moral – da wird nie etwas draus! Alle moralischen Vorsätze nützen nichts. Wir sind von Grund aus verdorben! Aber lassen Sie den gekreuzigten und auferstandenen Herrn ganz real in Ihnen Wohnung nehmen, dann entsteht ein neues, geheiligtes Leben. An Ihm werden wir unsere Frucht finden.

Hier ist noch ein köstliches Wort. Der Herr redet zu Ephraim, das war ein Stamm Israels. Da steckt das Wort „peri" drin, und das heißt „Frucht". Ephraim heißt also Fruchtbringer! Und der Herr sagt: „Ephraim, du Fruchtbringer, an mir soll man deine ‚peri', deine Frucht, finden."

Das ist das wahre Ephraim, wo Jesus in uns Macht und Gestalt gewonnen hat und wo er die Früchte, die „peri", hervorbringt.

Meine Freunde, da fehlt uns noch viel zum rechten Glaubensleben. Aber jetzt lassen Sie uns doch die rechte Richtung einschlagen: Stille werden, Jesus aufnehmen, ihn mächtig werden lassen, ihn wirken lassen – so sieht das neue Leben aus. Der Herr helfe uns, daß wir ein wahres Ephraim werden, das „peri", das Frucht, hervorbringt.

Nun lassen Sie uns beten:

„Herr, mein Heiland, gib, daß wir nicht immer nur in den Anfängen steckenbleiben und daß wir nicht Leute sind, die bloß unter dem Gesetz stehen und sich quälen. Laß du unser Christenleben auch ein großes Abenteuer werden, ein herrliches, aufregendes Erlebnis, mit übersprudelnder Freude. Herr, das alles ist uns mit dir geschenkt. Amen!"

Angekommen auf Golgatha

Eine weitere herrliche Kurzgeschichte finden wir in Psalm 71,23:

„Meine Lippen und meine Seele, die du erlöst hast, sind fröhlich und lobsingen dir."

Wenn ich mit jungen Leuten ein Gespräch führe – und das geschieht ja für einen Jugendpfarrer sehr häufig –, dann kommt mir in irgendeiner Form immer die Frage entgegen, bald höflich, bald unhöflich, bald eingekleidet, bald direkt: „Sagen Sie mal, Herr Pfarrer, hat die Kirche heute wirklich noch etwas Glaubwürdiges vorzubringen? Das glaubt doch kein Mensch!"

Und dann kann ich immer nur antworten: „Aber liebe Leute, wir Christen sind überhaupt die einzigen, die noch etwas Glaubwürdiges vorzubringen haben!" Wo ist denn noch eine Ideologie, die sich nicht bereits selber lächerlich gemacht hat? Wo ist denn noch eine Wahrheit, die nicht durchlöchert ist? Wo ist denn noch ein Wert, der etwas gilt?"

Wir Christen sind die einzigen, die in dieser Zeit des allgemeinen geistigen Bankrotts noch etwas Glaubwürdiges auf den Tisch zu legen haben!

Die Frage lautet nun: Was hat denn die Kirche Glaubwürdiges zu sagen? Was haben wir vorzubringen? Wenn man die Zeitung liest, hat man den Eindruck, unser Beitrag sei der Bau moderner Kirchen, neben den alten Domen, die wir auch noch haben. Oder wir haben vorzubringen: Kirchensteuerzettel, die dem Staat vorgelegt werden, oder Bischöfe mit klangvollen Namen. Was haben wir vorzubringen? Ratschläge für alle Lebenslagen? Dekoration für Familienfeste, einschließlich Beerdigungen? Oder was haben wir alles vorzubringen? Wertvolle Kirchenmusik, subtile Gedanken – es ist viel gedacht worden in der christlichen Kirche. Was hat die Kirche vorzubringen? Kindergärten und Altersheime?

So fragt mich das junge Volk: „Nun sagt doch, was habt ihr denn vorzubringen? Das alles können zur Not auch andere Leute bringen."

„Natürlich", antworte ich, „das stimmt. Aber das ist ja gar nicht das Entscheidende!"

Wir haben den Menschen unserer Zeit zu sagen – ich gebrauche jetzt einen Ausdruck des Apostels Paulus – „das Wort vom Kreuz"! Das ist das einzige, das überhaupt noch wertbeständig ist!

„Habt ihr etwas Glaubwürdiges vorzubringen?" fragen sie uns.

„Ja", antworte ich, „das Wort vom Kreuz! Daß der lebendige Gott in diese Welt hereingebrochen ist in Jesus; daß dieser Jesus sich für uns ans Kreuz schlagen ließ!" Die Welt kommt nicht los – Gott sei Dank – von diesem Bild des dornengekrönten Mannes am Kreuz von Golgatha. Daß der lebendige Gott diesen Kreuzestod bestätigt zu unserem Heil, indem er diesen Jesus aus dem Grabe herausruft, das haben wir vorzubringen! Jesus lebt!

Es gibt einen Vers von Graf von Zinzendorf. Graf

von Zinzendorf – ein Grandseigneur des, so las ich neulich, alteuropäischen Adels mit der ganzen Tradition europäischer Bildung – sagt in einem Vers:

Ich bin durch manche Zeiten,
ja, auch durch Ewigkeiten
in meinem Geist gereist.
Nichts hat mir's Herz genommen,
als da ich angekommen
auf Golgatha – Gott sei gepreist!

Auf Golgatha ist Jesus gestorben, da steht das Kreuz. Das sagt nicht irgendein blinder Hammel, sondern das sagt ein Mann, der etwas davon versteht, was es heißt, im Geist durch alle Zeiten zu reisen: „Nichts hat mir's Herz genommen, als da ich angekommen auf Golgatha!"

Es gibt ja Millionen Menschen in unserer Zeit, die Wert darauf legen, daran vorüberzugehen. Bitte – die Zeit ist auch danach!

Ich finde ihn schön, diesen Satz: „Da ich angekommen auf Golgatha!" Und sehen Sie, das ist genau der Inhalt unseres Textes, unserer Kurzgeschichte. Hier spricht ein Mann, der auf Golgatha angekommen ist. Er sagt uns, was das bedeutet: „Meine Lippen und meine Seele, die du erlöst hast, sind fröhlich und lobsingen dir." So spricht ein Mann, der auf Golgatha, unter Jesu Kreuz, angekommen ist.

„Angekommen auf Golgatha" möchte ich als Überschrift über den Text und diese Predigt schreiben, und ich möchte hören, was der Mann uns da sagt, was das bedeutet.

1. Angekommen auf Golgatha – jetzt ist die religiöse Unruhe zu Ende.

In meiner Wahlheimat Württemberg, auf der Schwäbischen Alb, gibt es einen Berg, der heißt Hohen-Urach. Ein steiler, hoher Kegel, ca. 700 Meter hoch. Auf diesen Hohen-Urach führt nur von einer Seite ein Weg hinauf. Als Junge bin ich einmal mit meinem Vetter von der anderen Seite aus hinaufgestiegen, wo kein Weg hinaufführt. Das war eine sehr mühselige Angelegenheit. Weil kein Weg existierte, haben wir uns bald im Gebüsch verheddert. Mein Vetter war einen Kopf größer als ich, der ragte wenigstens über das Gestrüpp hinaus. Ich mußte immer rufen: „Wo geht's denn weiter?" Ich sah überhaupt nichts mehr. Und dann ging es über glitschige Felsen, es war eine schreckliche Tortur – Klettern und Rutschen, Steckenbleiben im Gebüsch und Durchschlagenmüssen. Aber auf einmal war man oben. Da sah alles völlig anders aus. Der Wald blieb zurück, wir hatten eine herrliche Aussicht, hinein in die Berge der Schwäbischen Alb und die Ebene bei Stuttgart, das Neckartal! Unbeschreiblich!

Diese Jugenderinnerung fiel mir auf einmal wieder ein, als ich an unsere Kurzgeschichte kam. Sie stammt aus dem Psalm 71. Wenn es heute mittag regnet und Sie haben sonst nichts zu tun, lesen Sie doch einmal den Psalm 71. Dann geht Ihnen auf: Hier kämpft sich ein Mann aufwärts durch das Gestrüpp innerer Nöte, über Felsen schrecklicher, geistlicher Hindernisse. Der Mann hat sich mit Gott eingelassen – das tun die meisten Leute ja nicht. Sie sind „christlich", damit sie sich nicht mit Gott einlassen müssen – das gibt's. Man kann christlich sein, ohne sich je mit Gott eingelassen zu haben!

Der Psalmist hat sich mit Gott eingelassen und ist im Augenblick verheddert, völlig durcheinander. Ich will Ihnen nur mal ein paar Dinge zeigen aus dem Psalm. Einmal sagt er voll Stolz: „Herr, du bist meine Burg", und im nächsten Augenblick schreit derselbe Mann verzweifelt: „Herr, hilf mir von der Hand der Ungerechten!" An einer Stelle sagt er überlegen: „Jetzt hab ich's geschafft! Ich gehe einher in der Kraft Gottes, des Herrn", und im nächsten Augenblick traut er der ganzen Sache nicht mehr und seufzt: „Herr, verlaß mich nicht, wenn ich schwach werde!"

Dann wieder hat er eine Stunde, wo sein Herz froh ist und er glaubensvoll sagen kann: „Auf dich, Herr, traue ich!", und im nächsten Vers sagt er ganz kläglich: „Verlaß mich nicht, verwirf mich nicht im Alter, wenn ich grau werde!"

Wenn Sie mal den Psalm 71 lesen, werden Sie feststellen: Das ist ein Auf und Ab von Sieg und Niederlage, von Glauben und Unglauben. Ein grauenvolles Ringen zwischen frohem Mut und tiefer Verzagtheit, immer dicht nebeneinander. Er hat sich mit Gott eingelassen, und jetzt ringt er so wie ich als kleiner Junge im Gestrüpp am Hohen-Urach. Bald fliegt er auf wie ein Adler: „Ich gehe einher in der Kraft Gottes, des Herrn", und im nächsten Augenblick liegt er mit gebrochenen Schwingen am Boden.

Ach, wie gut kenne ich das von den Jungen im Weigle-Haus! Da geht's in eine Abteilung rein, er legt los, und vier Wochen später ist alles weg, nicht wahr?

Das ist so eine Sache, wenn sich ein Mensch mit Gott einläßt und dann auf einmal dieses Ringen beginnt!

Doch am Schluß des Psalms wird die Situation völlig anders. So anders, wie es damals war, als ich oben auf dem Berg angekommen war. Am Schluß des Psalms hat der Mann auf einmal den Gipfel erklommen. Er ist oben angekommen, auf dem Berg Golgatha, unter Jesu Kreuz! Und jetzt hat er es auf einmal nicht mehr mit seinem Glauben und Unglauben zu tun. Er sieht nur den Herrn, der da oben am Kreuz hängt. Und dann legt er los: „Meine Lippen und meine Seele, die du erlöst hast, sind fröhlich und lobsingen dir." Ein völlig anderer Klang, heraus aus aller Qual, angekommen unter Jesu Kreuz! Zu Ende ist der Kampf, zu Ende das Suchen, das Auf- und Abgehen, das Fallen und Aufstehen. „Nichts hat mir's Herz genommen, als da ich angekommen auf Golgatha! Gott sei gepreist!" Wie singen wir im Weigle-Haus oft?

> Wie lang hab ich mühvoll gerungen,
> geseufzt unter Sünde und Schmerz,
> doch als ich mich ihm überlassen,
> da strömte sein Fried' in mein Herz.
> Sein Kreuz bedeckt meine Schuld,
> sein Blut macht hell mich und rein ...

Jetzt könnte mich einer fragen: „Moment mal, Pastor Busch, das steht doch im Alten Testament, dieses Wort. Haben denn die Männer des Alten Bundes schon Jesu Kreuz gekannt? Jesus kam doch erst tausend Jahre später!"

Und da antworte ich: „Natürlich haben diese Männer Jesu Kreuz gekannt. Das waren Männer mit prophetischem Geist!"

Ein Theologe namens Fischer, ein Schweizer, drückt es so aus: „Jesu Kreuz steht in der Mitte der Geschichte und wirkt nach vorwärts und nach rückwärts." Diese Männer stehen unter Jesu Kreuz. Sehen Sie, was hier so interessant ist am Schluß dieses 71. Psalms: Nach all dem Ringen kommt er auf einmal auf Golgatha an, unter dem Kreuz Jesu, dem Zeichen der Erlösung. Und es ist so interessant, daß er jetzt keine dogmatische Erklärung gibt, wieso der Sohn Gottes für uns stirbt und wieso sein Tod heute noch Gültigkeit hat.

In Jesaja 53 finden wir noch eine Erklärung: Er trägt unsre Schuld, er stirbt an unserer Statt, er ist der Bürge, und so weiter. Aber hier steht nichts Derartiges. Hier wird einfach nur gesagt: „Ich komme an, und alles wird hell!"

Ich will es einfach mal so erklären: Sehen Sie, ich verstehe von Elektrizität schrecklich wenig. Eigentlich, wenn ich ehrlich bin, gar nichts. Ist ja blamabel. Da habe ich gerade gefehlt in der Schule, glaube ich. Ich kann es mir einfach nicht anders erklären. Da muß ich gefehlt haben. Wenn ich das so höre: Ampère und Volt und Wechselstrom und Gleichstrom, dann mache ich ein interessiertes Gesicht, um meine völlige Ahnungslosigkeit zu verbergen. Aber ich kann nicht leugnen, daß ich mich elektrisch rasiere, meine Frau elektrisch kocht, daß ich elektrisch heize, daß mein Licht elektrisch brennt, daß ich von elektrischem Strom beständig lebe. Ich lebe davon, ohne viel davon zu verstehen. Sehen Sie, so ist es hier in dem Psalm mit Jesu Kreuz.

„Nichts hat mir's Herz genommen, als da ich angekommen auf Golgatha!"

Ich bemühe mich ein Manneleben lang, es zu verstehen, und komme nie ganz darauf. Die Bilder, die die Bibel gebraucht: Loskaufen, Stellvertretung, Bürge und so weiter – wer kann das verstehen? Wer will es ausschöpfen, daß Gott für mich stirbt? Aber eines weiß ich: Man kann davon leben! Man kann mit dem Psalmisten unter Jesu Kreuz stehen und sagen: „Meine Lippen und meine Seele, die du erlöst hast, sind fröhlich und lobsingen dir." Man kann neben Zinzendorf stehen und sagen: „Nichts hat mir's Herz genommen, als da ich angekommen auf Golgatha – Gott sei gepreist!"

Und wenn einer kommt und sagt: „Das ist ein großes theologisches Problem ...", dann sage ich: „Laß gut sein. Ich lebe davon!" Ich bin kein „Elektriker des Kreuzes". Sie verstehen, was ich damit sagen will.

2. Angekommen auf Golgatha – was bedeutet das?

Hier finden wir die Einheit unserer Persönlichkeit. Ich weiß, das ist dumm ausgedrückt, aber ich kann's jetzt nicht anders sagen. Ich habe lange überlegt. Ich werde es Ihnen erklären: Sehen Sie mal, „meine Lippen und meine Seele, die du erlöst hast" – ist das nicht eine wunderliche Zusammenstellung? Warum sind die Ohren nicht genannt? Es könnte ja auch heißen „meine Ohren und meine Seele, die du erlöst hast" oder „meine Augen und meine Seele, die du erlöst hast". Warum sind meine Hände nicht genannt? Warum sind die Lippen genannt? Ist das nicht seltsam?

Sehen Sie, das ist eine der Stellen, wo mir aufgeht, daß die Bibel einfach ein kluges Buch ist. Sie hat mich darauf hingewiesen, hier an dieser Stelle, welch ein geheimnisvoller Zusammenhang besteht zwischen unserem Inwendigen, unserer Seele, unserem Geist – oder wie Sie es nennen wollen – und unseren Lippen.

Ein weiser Mann, der etwas davon verstand, sagte: „Wes das Herz voll ist, des geht der Mund über." Was in der Seele ist, davon geht der Mund über. Und es ist so: In den seltenen Augenblicken, wo wir ganz wahr sind, sagen unsere Lippen Dinge, die wir sonst nie sagen. Also zum Beispiel, wenn einer im Schlaf spricht und alle Hemmungen wegfallen, kommt auf einmal heraus, was in der Seele ist. Oder wenn einer betrunken ist, sagt er Dinge, die er eigentlich gar nicht sagen wollte. Auch in großem Schmerz. Im Dritten Reich haben die Amtswalter die Todesnachrichten der gefallenen Soldaten in die Häuser gebracht. Gespannt horchten sie dann: „Was sagt die Frau jetzt, in diesem Moment?" Im Schmerz sagen die Lippen, was sie sonst nicht sagen. Es besteht ein geheimnisvoller Zusammenhang zwischen Seele und Lippen.

Das ist eines der Kennzeichen des gefallenen Menschen, daß Seele und Lippen, die eigentlich zusammengehören, auseinandergeraten sind. Daß die Lippen anders reden, als in der Seele gesprochen wird; daß Lippen und Seele eine verschiedene Sprache sprechen.

Am deutlichsten wird das in totalitären Staaten. Eine Million Menschen marschieren auf, schreien: „Hurra! Heil! Heil! Heil!" und 999 000 verwünschen die ganze Sache in ihrem Herzen. Seele und Lippen reden anders. Und das ist auch bei uns so, überall.

Am liebsten würde ich über dieses Thema ein politisches Essay schreiben! Was man sagt und was man meint. Man sagt Volkswohl und meint Ministersessel, man sagt christlich und meint – ach, du liebe Zeit, ich will hier nicht politisch werden. Die Lippen reden anders, als die Seele meint. Doch sprechen wir von uns.

Ich las neulich in der Zeitung, daß ein Kaufmann sich das Leben genommen hat wegen schrecklicher finanzieller Sorgen. Das Unheimliche ist: Am Abend vorher war er noch auf einem fröhlichen Fest mit seinen Freunden. Das hat mich erschüttert. Die Lippen reden fröhliche Dinge, und im Herzen ist die dunkle Verzweiflung. Lippen und Seele sind auseinandergeraten.

Da kommt ein Junge und sagt: „Besuchen Sie doch mal meinen Vater, der ist so arg gegen alles Christentum. Auf alles, was nach Kirche riecht, wird er wütend."

Ich gehe hin. Nur die Frau ist zu Hause, und sie sagt: „Gehen Sie, gehen Sie! Mein Mann schmeißt Sie raus. Mein Mann schlägt Sie tot! Ich bitte Sie, ich möchte keinen Krach im Haus haben, gehen Sie, ehe mein Mann nach Hause kommt!"

Ich sage: „Warum denn, ich habe Nerven wie Stahlseile." In diesem Moment geht die Tür auf, und der Mann kommt herein. Ich sage: „Guten Tag, ich bin Pfarrer Busch."

„Ach so, ja. Ist ja nett!" Und er ist die Freundlichkeit und Höflichkeit in Person.

Ich versuche ihn herauszulocken: „Mensch, ist doch gar nicht wahr! Sagen Sie doch ruhig, was Sie denken!" Aber nein, der Mann ist unangreifbar.

Ich weiß, in seiner Seele ist eine kochende Wut auf alle Pfaffen! Und da sitzt einer vor mir, und seine Lippen sprechen die höflichsten Worte.

Ihr lieben Freunde, nachher, wenn wir rausgehen, dann ist draußen immer – und das freut mich so – eine allgemeine Begrüßung. Da reden wir miteinander als feine, anständige und höfliche Leute. Und was ist eigentlich wirklich in unseren Seelen an dunklen Trieben vorhanden!

Liebes junges Volk, was ist an dunklen Leidenschaften in euren Herzen? An Haß, Neid, Gottlosigkeit, an Verzweiflung, aber die Lippen markieren den sicheren Mann und die sichere Frau.

Das ist ein Kennzeichen der gefallenen Welt, daß Seele und Lippen auseinandergeraten sind, verschiedene Sprachen sprechen, ein verschiedenes Lied singen. Und nun ist hier der Psalmist und sagt: „Als ich unter Jesu Kreuz ankam, da wurde diese Gespaltenheit meiner Persönlichkeit aufgehoben. Seele und Lippen, Gedanken und Worte kamen wieder zusammen! Meine Seele und meine Lippen hatten wieder eine Melodie!"

Meine Freunde, das ist vielleicht das Entscheidende: Wenn ich dem gekreuzigten Heiland begegne, dann können endlich meine Lippen reden, was die Seele bewegt.

Ist einer hier, der schrecklich dunkle Bindungen

hat? Ketten der Sünde durch Haß oder Unreinigkeit oder irgend etwas, das Sie keinem sagen? Sehen Sie, dem gekreuzigten Heiland können Sie Ihre schrecklichen Ketten zeigen, können Sie Ihre Bindungen sagen, und dann antwortet er: „Kehre dich zu mir, ich erlöse dich!" In der Welt draußen müssen wir unsere Fehler immer entschuldigen und verteidigen, unter Jesu Kreuz darf ich sagen, was das Gewissen längst sagte: „Ich habe gesündigt." Ich darf meine Sünde beim Namen nennen, ich brauche nicht mehr zu schauspielern, ich brauche nicht mehr ein Pastor zu sein! Vor Jesu Kreuz darf ich ein Sünder sein, ein verlorener Sünder, und ich darf ihm das sagen, und er antwortet mir: „Mein Blut macht dich rein von aller Sünde." Unter Jesu Kreuz singen endlich Seele und Lippen dieselbe Melodie.

Was müssen wir sichere Leute schauspielern, und im Herzen sind nagende Sorgen und Furcht! Da kreisen die Sputniks und Satelliten und machen uns Angst – und wir lächeln! Der Ministerpräsident fängt an zu lächeln, alle lächeln mit, und im Herzen sitzt die nagende und würgende Angst. Vor Jesu Kreuz darf ich mal alle meine persönlichen Sorgen und Ängste hinlegen, darf ein ganz furchtsames Kind sein, und er antwortet mir: „Fürchte dich nicht, ich habe dich erlöst. Ich habe dich bei deinem Namen gerufen, du bist mein! In die Hände habe ich dich gezeichnet."

Und das ist fantastisch: Im Angesicht des gekreuzigten Heilands wird unsere zerspaltene Persönlichkeit geheilt! Meine Lippen sagen ihm, was in meiner Seele ist, und wenn er die Seele heilt, dann können die Lippen ihn loben. Meine Seele und meine Lippen haben eine Melodie: „... die du erlöst hast, lobsingen dir und sind fröhlich."

Darf ich es mal so ausdrücken? Jesu Kreuz ist die einzig mögliche psychiatrische Klinik, die uns helfen kann und die wir alle nötig haben.

3. Angekommen auf Golgatha – Tür zur Freude

Daß es Freude geben muß, sagt uns unser Herz, nicht wahr? Aber mir kommt es manchmal so vor, als habe sich die Freude in einer Burg verschanzt. Und sehen Sie, wenn man dreißig Jahre Jugendpfarrer in einer Stadt ist, dann erlebt man erschüttert mit, wie jede Generation den Sturm auf die Burg beginnt, um die Freude zu erobern. Wenn man sie dann als ältere Leute wiedersieht, weiß man, daß ihr Bemühen gescheitert ist. Dann haben sie Vergnügen gehabt, aber „sie kommen belastet mit Sünden und unbefriedigt zurück". Sie hatten Rausch und Amüsement und Karneval, aber nicht Freude.

Das ist unheimlich, wie jede Generation den Sturm auf die Burg der Freude beginnt und am Ende resigniert. Geht mal in ein Altersheim, wieviel Krach und Säuerlichkeit da ist! Und nun spricht hier ein Mann im Psalm: „Ich bin auf Golgatha angekommen, bei Jesus, der für mich starb. Und nun ist's so: Meine Seele und meine Lippen, mein Äußeres und Inneres, sind fröhlich und lobsingen dir."

Die Burg der Freude läßt sich nicht erobern, aber am Kreuz von Golgatha tut sich eine Tür auf in die Welt der Freude!

Angekommen auf Golgatha – das heißt Durchbruch zur Freude. Ich möchte so sagen: Wer unter Jesu Kreuz angekommen ist, der steckt von der Sekunde an ein Freudenfähnlein aus. Säuerliche Christen sind also keine Christen. Es gibt Dinge, die nicht zusammengehören. Säuerlich und Christsein gehört nicht zusammen! Wer unter Jesu Kreuz angekommen ist, steckt ein Freudenfähnlein aus. „Nichts hat mir's Herz genommen, als da ich angekommen auf Golgatha – Gott sei gepreist!" Dieses Freudenfähnlein weht auch im Sturm. Wie singt doch Paul Gerhardt: „Die Welt ist mir ein Lachen mit ihrem großen Zorn!" Seht ihr das Freudenfähnlein wehen?

Und dieses Freudenfähnlein – das habe ich immer wieder erschüttert erlebt – weht bei Christenleuten sogar im Sterben. Denn wer Jesus gehört und durch ihn versöhnt ist, stirbt überhaupt nicht, sondern, was man so sterben nennt, ist für ihn nichts anderes, als daß er in die ausgebreiteten Arme seines Heilandes sinkt, der für ihn starb und nun lebt.

Haben wir das Freudenfähnlein schon ausgesteckt, meine lieben Freunde?

Ich will es nochmals anders sagen. Seht, seit der Jugendbewegung geistert in Jugendkreisen ein Lied, das alle singen. Darin kommt eine Zeile vor, die lautet: „Uns geht die Sonne nicht unter!" Das haben Generationen gesungen. Es sitzen Leute mit Glatzen hier, die haben es als junge Kerls gesungen: „Uns geht die Sonne nicht unter". Und dann ging sie doch unter. Generationen haben es gesungen, und immer ging ihnen die Sonne unter, und sie waren in der Dämmerung und im Schatten des Todes. Diese Zeile können überhaupt nur Leute singen, die auf Golgatha angekommen sind. Die singen ernsthaft „uns geht die Sonne nicht unter", denn „die Sonne, die mir lachet, ist mein Herr Jesus Christ. Das, was mich singen machet, ist, was im Himmel ist."

Wenn man Jesus findet

"Und seine Eltern gingen alle Jahre nach Jerusalem auf das Osterfest. Und da er zwölf Jahre alt war, gingen sie hinauf nach Jerusalem nach dem Brauch des Festes. Und da die Tage vollendet waren und sie wieder nach Hause gingen, blieb das Kind Jesus zu Jerusalem, und seine Eltern wußten's nicht. Sie meinten aber, er wäre unter den Gefährten, und kamen eine Tagereise weit und suchten ihn unter den Verwandten und Bekannten. Und da sie ihn nicht fanden, gingen sie wiederum nach Jerusalem und suchten ihn. Und es begab sich, nach drei Tagen fanden sie ihn im Tempel sitzen mitten unter den Lehrern, wie er ihnen zuhörte und sie fragte. Und alle, die ihm zuhörten, verwunderten sich seines Verstandes und seiner Antworten. Und da sie ihn sahen, entsetzten sie sich. Und seine Mutter sprach zu ihm: Mein Sohn, warum hast du uns das getan? Siehe, dein Vater und ich haben dich mit Schmerzen gesucht. Und er sprach zu ihnen: Was ist's, daß ihr mich gesucht habt? Wisset ihr nicht, daß ich sein muß in dem, das meines Vaters ist? Und sie verstanden das Wort nicht, das er zu ihnen redete." Lukas 2,41-50

Eltern suchen ihren Sohn

Aus dem obigen Schriftabschnitt wollen wir uns heute auf folgende Verse konzentrieren:

„Und da sie ihn sahen, entsetzten sie sich, und seine Mutter sprach zu ihm: ‚Mein Sohn, warum hast du uns das getan? Siehe, dein Vater und ich haben dich mit Schmerzen gesucht.' Und Jesus sprach zu ihnen: ‚Was ist's, daß ihr mich gesucht habt? Wißt ihr nicht, daß ich sein muß in dem, das meines Vaters ist?'"

In der letzten Woche mußte ich einmal nach Frankfurt reisen. Ganz recht, eine Stadt, die in meinen Augen nächst Essen die schönste Stadt Deutschlands ist. Im Zug kam ich mit dem Zugführer ins Gespräch; offenbar erweckte ich Vertrauen bei ihm, denn er erzählte mir eine Menge aus seinem Leben. Unter anderem sagte er: „Wissen Sie, ich bin natürlich aus der Kirche ausgetreten." Das „natürlich" ist in solchen Fällen immer so schön, nicht? „Und natürlich ist meine Frau noch in der Kirche drin, und natürlich auch meine Kinder." „Ja, warum sind Sie denn ausgetreten?" fragte ich. Und da bekam ich eine Antwort, über die ich natürlich lachen mußte. Er sagte: „Ach, wissen Sie, in der Kirche, da ist so viel Drum und Dran." Er erklärte mir das nicht weiter. Dann sagte ich zu ihm: „Vielleicht haben Sie recht, daß in der Kirche viel Drum und Dran ist. Aber an Ihrer Stelle wäre ich da nicht weggelaufen, sondern ich hätte einmal festzustellen versucht, was hinter dem Drum und Dran wirklich steckt." Ich drückte es so aus, als ob in einem Packen Papier von Drum und Dran etwas drin wäre. Und da fragte er ganz erstaunt: „Ist denn da was drin?" „Ja", erwiderte ich, „Jesus".

Sehen Sie, in unserer Textgeschichte haben wir

zunächst zwei Menschen – die Maria und den Josef, die auch durch das Drum und Dran eines religiösen Betriebes irren. Sie laufen durch den Tempel Jerusalems. Das war ein weitläufiges Drum und Dran um die Hauptsache, nicht wahr? Sie suchen ihren zwölfjährigen Sohn Jesus, den sie im Trubel des Passahfestes verloren hatten. Oh, ich glaube, daß im Tempel in Jerusalem unheimlich viel Drum und Dran war!

Dann geschieht es, daß die beiden ihn entdecken, Jesus. Sie suchten ihren Sohn und entdecken auf einmal, daß er da unter den bedeutenden Lehrern – Ältesten, Schriftgelehrten und Theologen Israels – sitzt und redet und spricht, eben wie der Sohn Gottes redet und spricht.

Das ist der Augenblick, wo die Eltern Jesu es langsam begriffen: das ist nicht irgendein Kind, nein, sie entdeckten Jesus, den Sohn Gottes. Meine Freunde, es ist belanglos, ob er, wie hier in der Geschichte, als Zwölfjähriger im Gewand des Menschen auftritt, oder ob wir ihn kennen als den Herrn aller Herren. Es geht immer ähnlich zu, wenn ein Mensch Jesus entdeckt.

Ich habe als Überschrift über den Text dieser Predigt geschrieben: „Wenn man Jesus findet".

1. Sie entsetzten sich

Wir wollen einmal sehen, was hier über das Wort „Wenn man Jesus findet" gesagt ist. Zunächst stellen wir fest, daß das einen ungeheuren Schock bedeutet, eine Bestürzung – „und sie entsetzten sich". Ich kann es verstehen, daß sie sich entsetzten. Wollen Sie sich einmal in diese Situation hineinversetzen? Ich muß ein bißchen mit meiner Geschichte stehenbleiben. Eltern suchen ihren Sohn, der weggelaufen ist. Da mögen sie tausendmal geschimpft haben: Der Lausejunge! und so ... nicht?

Wissen Sie, ich kenne das als Jugendpfarrer, wenn Jungen weglaufen, ausreißen. Sie wollen nach Amerika, und dann kommen sie bis zur nächsten Station und haben nichts mehr zu essen. Schließlich greift die Polizei sie auf. Uralte Geschichte.

Ich kann mir die Eltern vorstellen. Am dritten Tag ihres Suchens kommen die Eltern Jesu in eine abgelegene Halle des Tempels, und da sehen sie eine Menge Menschen stehen. Hier sind sie noch nicht gewesen. Ich sehe förmlich, wie sie sich durch die Menschenmauern hindurchdrängen und immer wieder „Pscht" hören müssen. Endlich sind sie durch und dann – was sehen sie: Da sitzen die Ältesten Israels, die Gelehrten, die ganze Prominenz im Kreis. Und in ihrer Mitte der Zwölfjährige. Dann heißt es hier: „Und alle, die ihm zuhörten, verwunderten sich seines Verstandes und seiner Antworten."

Ich begreife, wie auf einmal Maria und Josef eins werden mit den Menschen, die da herumstehen, denn jetzt spricht dieser Knabe, und die Leute, die ihm zuhören, fühlen auf einmal: Das ist nicht ein frühreifer Junge, der ein paar theologische Meinungen von sich gibt, sondern wenn er spricht, dann ist es auf einmal, als sei Gott ganz nah, und der Weg zu ihm leuchtet vor uns auf. Wenn dieser Knabe spricht, so empfinden die Leute – ich versuche einmal, dies richtig zu verstehen –, dann trägt nicht ein frühreifer Bengel eine religiöse Meinung vor, wie die gelehrten Männer ihre religiösen und theologischen Meinungen vortragen, von denen schließlich am Ende kein Mensch was hat; sondern wenn er spricht, dann ist auf einmal Wahrheit da, kristallklare Wahrheit. Ich kann mir denken, wie so ein Mensch sagt: „Der gehört nicht zu uns. Wenn der redet, dieser Knabe, dann höre ich die Quellen des Lebens rauschen."

Wissen Sie, diese Leute – ohne daß sie es ganz begriffen – verstanden so dunkel ein Wort, das Jesus später selbst von sich gesagt hat: „Ich bin der Weg, die Wahrheit und das Leben." Nun stehen da die Eltern und sind mit der Menge, die herumsteht, eins geworden und gepackt. Und da lesen wir: „Sie entsetzten sich." Es war herrlich, was dieser Knabe sagte. Er sprach aus dem Eigenen, wenn er von seinem himmlischen Vater redete. Aber es kam etwas so Neues über die Zuhörer, daß sie bestürzt waren.

Ich habe in dieser Woche einmal nachgezählt, daß in den vier Evangelien etwa 35mal steht: Die Menschen *„entsetzten sich"*, wenn sie es mit Jesus zu tun bekamen. Fünfunddreißigmal! Luther übersetzte manchmal: „Sie verwunderten sich." Aber im griechischen Text steht da immer ein Wort, das Bestürzung ausdrückt: Fassungslosigkeit. 35mal steht das im Neuen Testament, in den vier Evangelien, daß die Menschen fassungslos und bestürzt waren, wenn sie Jesus begegneten – schon beim Zwölfjährigen.

Dann wird erzählt, daß Jesus als Mann auf einem Berg eine Rede hält, die sogenannte Bergpredigt. Als er zu Ende ist, sitzen die Leute *entsetzt* da, heißt es, bestürzt; denn „er redete in Vollmacht und nicht wie die Schriftgelehrten." Ein Wort, das uns Pastoren wie ein Holzhammer auf den Kopf trifft. Er redete in Vollmacht, nicht wie die Schriftgelehrten. Das verstehe ich.

Lesen Sie die Bergpredigt einmal – Matthäus 5-7. Da fühlt man sich manchmal durchschaut. „Wer eine Frau ansieht, ihrer zu begehren, hat schon die Ehe gebrochen in seinem Herzen." „Liebe deine Feinde." „Selig sind, die geistlich arm sind." Ah, meine Freunde, da vergeht einem alle Gerechtigkeit. Da wirst du ganz klein gemacht, und du merkst, wie Gott dich haben will und wie du nicht bist. Und während dieser Jesus so redete, spürte man noch, daß jetzt Gott die Tore der Gnade auftun will. Ich verstehe, wie die Leute waren – *entsetzt.* Er redete gewaltig. Und es steht wieder da: „Sie waren entsetzt".

Als er einmal einem Gichtbrüchigen oder einer Dirne das gewaltige Wort sagte: „Dir sind deine Sünden vergeben", da waren sie bestürzt. Darf denn einer so reden? Gibt es das, daß ein Mensch das erfährt und weiß: Mir sind meine Sünden vergeben? Daß ein Mensch es so gesagt bekommt, ist das möglich? Muß man denn nicht jeden Tag das Heil wieder suchen, da man das erfährt: „dir sind deine Sünden vergeben" und ich jauchzen kann, weil ich gerechtfertigt bin vor Gott? Gibt es das denn?

Es wird einmal erzählt, wie Jesus Dämonen austrieb. Und die Menschen *entsetzten sich.* Heute lacht der Mensch. Dämonen gibt es ja gar nicht, das ist Mythos! sagt man. Das ist das Unheimliche. In dem

Augenblick, wo sie es mit Jesus zu tun kriegen, entdecken sie, daß es unheimliche dämonische Mächte gibt, in deren Gewalt man kommen kann. Doch mit geradezu freudiger Bestürztheit entdecken sie: Jesus ist noch mächtiger! Sie kapieren, sie haben ja völlig vordergründig gelebt und nicht gewußt, was eigentlich los ist. Ich verstehe, daß die Menschen bestürzt werden, wenn sie die Wirklichkeit, die unsichtbare Wirklichkeit, entdecken in der Gegenwart Jesu.

Da wird erzählt, daß die Jünger Jesu einmal im Sturm in Seenot waren. So verlassen, wissen Sie, so verlassen, wie man nur sein kann. Das kennen Sie sicher alle, so verlassene Stunden – so preisgegeben. Es heißt da, „der Wind war ihnen entgegen", und dann kommt Jesus über die Wogen. „Seid getrost, ich bin's. Fürchtet euch nicht!" Die Jünger *entsetzten sich.* Ich verstehe, daß sie entsetzt waren.

Die Menschen *entsetzten sich,* wenn er Tote aufweckte; sie *entsetzten sich,* wenn er einen Aussätzigen, der doch so ansteckend krank ist, anrührte. Sie *entsetzten sich,* als er am Kreuze hing und die Sonne ihren Schein verlor und die Erde bebte. Und die Frauen am Ostermorgen *entsetzten sich,* als sie an das Grab kamen und es leer fanden. Statt dessen finden sie Engel, die ihnen sagen: „Er ist auferstanden, wie er gesagt hat." 35mal steht da *„sie entsetzten sich".* Sie waren bestürzt, fassungslos.

So, meine Freunde, und nun schauen wir uns heute einmal unseren kirchlichen Betrieb an. Schauen Sie sich unsere Gottesdienste an. Schauen Sie sich Ihr eigenes Christenleben an, ob da auch nur von ferne etwas davon zu sehen und zu spüren ist: „Sie waren bestürzt, als sie dem Sohne Gottes begegneten." Als ich im Text an diese Stelle kam, war ich erschüttert. Ich habe mich gefragt: Haben wir, Gemeinde, Pfarrer und alle miteinander uns einen Jesus zurechtgemacht, der der Vernunft glatt eingeht? Der so harmlos ist, daß man ihn in die abendländische Kultur ganz nett einbauen konnte, mit ein bißchen Kultus und Religion und Kirche und so? Haben wir vielleicht den wirklichen Herrn, Jesus Christus, überhaupt noch nicht kennengelernt? Oder wissen Sie etwas davon, von dieser Bestürzung?

Aber ich muß noch etwas dazu erklären, zu diesem Bestürztsein, von dem hier die Rede ist. Sehen Sie, *„sie waren entsetzt"* steht hier. Das ist nicht das Entsetzen, das in dieser Welt sonst üblich ist. Als damals im Saargebiet das große Bergwerksunglück passierte und die Schreckensnachricht durch Völklingen ging: „Hunderte tot!" – da war die Stadt einen Augenblick entsetzt.

Ich las in dieser Woche die Tragödie, die der große Sophokles im 5. Jahrhundert vor Christi Geburt geschrieben hat und die uns immer noch umschmeißt – „Antigone". Da lernt man das Entsetzen dieser Welt kennen, wenn der König Kreon am Schluß voll Entsetzen sagt: „Auf mich brach das Schicksal grauenvoll herein. Ich bin schuldig geworden, wollte es nicht." Das ist das Entsetzen dieser Welt.

Wenn ich im Neuen Testament 35mal lesen kann: Die Menschen *entsetzten sich* bei Jesus, dann ist damit nicht dieses Entsetzen gemeint. Es ist, darf ich einmal sagen, zu 30 Prozent das Entsetzen über sich selbst, weil man auf einmal im Licht steht. Und zu 70 Prozent – verzeihen Sie, wenn ich es einmal so sage – eine Freude, mit der man nicht fertig wird, weil das ganze Heil Gottes in Jesus auf einmal in ein elendes Sünderleben hereinbricht. Wer sollte das fassen? Wie sollte man da nicht bestürzt sein? Wenn man Jesus begegnet, ist das ein Schock.

2. Warum hast du uns das getan?

Und nun kommt das Zweite, was hier steht:

Ich lese das, was hier steht, und dann prüfen Sie, ob Sie Jesus überhaupt schon einmal begegnet sind. Es heißt, wenn man Jesus begegnet, drängt sich eine Frage auf die Lippen. „Mein Sohn", sagt Maria, „warum hast du uns das getan?" Wissen Sie, Maria kommt mir im Augenblick vor wie ein Mensch, der ein schreckliches Erdbeben erlebt. Der Boden wankt, und nun sucht er nach irgend etwas Festem, damit er wieder stehen kann.

Sie hat ihr Kind gesucht und begegnet dem, der in Vollmacht des Sohnes Gottes spricht. Oh, wo ist etwas Festes? Sie entsetzt sich, und das einzig Feste, was sie greifen kann, ist, daß sie den alten Zustand wiederherstellt, wo sie die Mutter ist und Jesus der weggelaufene Junge: „Mein Sohn, warum hast du uns das getan? Dein Vater und ich haben dich mit Schmerzen gesucht."

Auf diese Frage bekommt sie keine befriedigende Antwort. Was ich Ihnen sagen möchte, das geht die an, die Jesus kennen und ihm gehören wollen. Maria fängt hier an zu lernen, was alle lernen müssen, die

Jesus gehören: Er geht mit seinen Leuten wunderlich um. „Warum hast du mir das getan?"

Das habe ich in meinem Leben oft gefragt, seitdem ich dem Herrn Jesus gehöre. Ich habe das gefragt, wenn er mich in Nöte stürzte und ich sagte: „Du weißt doch, Herr, ich kann so wenig ertragen, meine Nerven sind schwach. Warum hast du mir das angetan?" So habe ich gefragt, als er mich in den Kampf um unsere Kirche führte und ich manchmal merkte, wie allein man dasteht und wie verkehrt man es vielleicht macht. „Herr, warum hast du mir das getan? Konnte ich nicht in einer kleinen Gemeinde arbeiten? Warum führst du denn deine Leute so wunderlich, entgegen ihren Begabungen und Wünschen?" Verzeihen Sie, ich kann das nur persönlich sagen; übertragen Sie es in Ihr Leben!

„Warum hast du mir das getan?" habe ich Jesus fragen müssen, wenn er mich geradezu fallen ließ, so daß die Sünde mächtig wurde. Ich wollte erlöst sein, doch dann kam die alte Natur zum Vorschein.

„Herr, warum hast du das getan?" hat Petrus gefragt, als er den Heiland verleugnete, „warum hast du mich fallen lassen?"

„Warum hast du mir das getan?" habe ich gefragt, wenn ich sein Wort verkündigte, wenn ich seine Siege erleben wollte und doch nur Niederlage und Kreuz sah. „Herr, warum hast du mir das getan?"

Machen Sie sich keine falschen Vorstellungen! Jesus geht mit denen, die ihm gehören, so um, daß er sie hinter sich herführt – über Golgatha ans Kreuz. Das Kreuz hat einen Querstrich – das ist der Querstrich durch unsere Wünsche, unsere Ideen und unsere Religion. „Warum hast du mir das getan?" hat Maria diesen Jesus noch öfter in ihrem Leben fragen müssen, ganz still.

Da wird noch erzählt, wie Jesus ein Mann war und öffentlich auftrat. Einmal hat Maria die jüngeren Brüder Jesu mitgenommen, um ihn nach Hause zu holen. Das Ganze war ein Skandal. Und da kommt sie hin und ist umgeben von einer Schar von Menschen. Sie kommt nicht durch die Menge und läßt ihm sagen: „Deine Mutter und deine Brüder sind hier und wollen dich sprechen." Da antwortet Jesus: „Meine Verwandten sind die, die das Wort Gottes hören und tun." Und damit läßt er Maria gehen. Sicher hat sie im stillen gefragt: „Mein Sohn, warum hast du mir das getan?"

Und ich sehe sie auf Golgatha unter dem Kreuz stehen. Sie sieht ihrem Sohn, der in der Sonnenglut da oben verschmachtet, ins Gesicht. „So mußte es kommen, mein Sohn. Warum hast du mir das getan?" Das war die Frage, die das Leben der Maria durchzog.

Und jetzt möchte ich mich mit Ihnen allen neben Maria stellen – dort auf Golgatha – unter das Kreuz und möchte mit Ihnen allen fragen: „Warum hast du uns das getan, Herr Jesus? In der Bibel steht, daß du für mich gestorben bist. Was soll das? Warum hast du mir das getan?"

Und dann antwortet er, der Mann mit der Dornenkrone: „Ich habe gesehen, wie du unter Gottes Zorn stehst um deines bösen Wesens willen, und ich habe dich lieb und möchte nicht, daß du verlorengehst. Darum habe ich an deiner Statt den Zorn Gottes und das Gericht deiner Schuld und Sünde auf mich genommen." Und noch einmal sagt er: „Ich habe es getan, weil ich dich liebe und retten will."

Und, meine Freunde, wer diese Antwort gehört hat, der fragt nicht mehr, der kann nur noch niederfallen und danken, daß er den Heiland hat.

3. Jesus und sein Vater

Lassen Sie mich noch kurz ein Drittes sagen:

Meine Freunde, es ist in dieser Geschichte von dem zwölfjährigen Jesus geradezu ergreifend, mit welcher harten Klarheit Jesus die Frage klären will, wer er ist und woher er kommt. Es kommt vor allem darauf an, daß wir über das Christentum keine sentimentalen Vorstellungen haben, sondern Licht! Und darum dringt schon der zwölfjährige Knabe darauf festzustellen, wer er ist und woher er kommt. Da steht Maria vor ihm und sagt: „Dein Vater und ich haben dich mit Schmerzen gesucht." Und Maria meint natürlich mit „Vater" den Josef. Darauf antwortet dieser Knabe: „Nein, mein Vater hat mich nicht gesucht. Bei dem war ich die ganze Zeit. Mein Vater ist Gott, und ich war in seinem Haus, das ihm geweiht ist. Der hat mich nicht gesucht, mit dem war ich verbunden. ‚Muß ich nicht sein in dem, was meines Vaters ist?'"

Hier erklärt er – und es kommt mir vor, mit klirrender Härte –: „Ich bin der Sohn Gottes!" Es ist, als wenn der zwölfjährige Jesus schon wüßte, daß 2000 Jahre lang Pöbel und Gelehrte, Laien und Theologen ihm die Gottessohnschaft absprechen werden. Wer das tut, der soll auch die Konsequenzen ziehen und sagen: „Dieser Jesus war ein Irrer oder ein ganz großer Schwindler; denn von seinem 12. Lebensjahr an bis zu seiner Auferstehung hat er erklärt, daß er ‚von oben‘ und wir ‚von unten‘ sind, daß er aus einer anderen Dimension stammt, daß er der Sohn des lebendigen Gottes ist." Es ist niemals möglich, Jesus zu einem zweiten Albert Schweitzer zu machen – oder zum ersten. Entweder ist er der, der aus der anderen Welt gekommen ist, oder vom 12. Lebensjahr an verrückt. Mit aller Klarheit sagte er hier: „Ich bin bei meinem Vater gewesen."

Meine Freunde, ich bin dem Herrn Jesus offen gestanden so dankbar, daß er mit einer solchen Klarheit erklärt hat, schon vom Anfang seiner Laufbahn an, wer er ist und woher er kommt. „Muß ich nicht sein in dem, was meines Vaters ist? Der Tempel ist das Haus meines Vaters. Hier bin ich bei ihm." Und als er am Kreuz hängt, da sagt er noch: „Vater, in deine Hände befehle ich meinen Geist."

Da sagte neulich einer: „Nun, wir Menschen sind alle Kinder Gottes." Warten Sie einmal ab, ob Gott das anerkennt, wenn Sie in seinem Gericht sind und Ihre Sünden auf dem Tisch liegen. Sagen Sie: „Vater …", dann entgegnet er: „Richter bin ich, schweig still!"

Ja, ich kann durch Jesus Christus ein Kind Gottes werden. Das möchte ich Ihnen sagen, aber das ist eine große Sache, und ich wünsche Ihnen, Sie werden es! Zunächst steht er hier, der sagt: „Ich bin von oben, und ihr seid von unten." Ich wiederhole: Ich bin dem Herrn Jesus so dankbar, daß er das in solcher Klarheit ausgesprochen hat; denn nun weiß man, woran man ist, und kann Licht haben. Nun weiß ich, daß er wirklich der ist, der den dunklen, verborgenen Gott offenbart.

Gott ist verborgen – Jesus aber ist die Offenbarung Gottes. Nun weiß ich, daß er wirklich der von Gott legitimierte Hohepriester ist, der mich versöhnen kann, indem er sich selbst zum Lamm macht und Opfer auf dem Altar des Kreuzes geworden ist. Nun weiß ich, daß er wirklich der gute Hirte ist, der uns in Vollmacht ruft. Nun weiß ich, daß er wirklich der Erlöser meines unerlösten Lebens ist – wirklich!

Ich muß schließen. Ich möchte, es gelte für Sie alle das Wort: „Wer den Sohn Gottes hat, der hat das Leben", und daß Sie mit uns, die wir viel und gern singen, aus Herzensgrund mitsingen könnten: „Mein Jesus ist mein Leben, mein Teil und mein Gewinn. Drum will ich ihn erheben, weil ich im Leben bin."

Der Vogel hat ein Haus gefunden

Das Lob Gottes

„Meine Seele verlangt und sehnt sich nach den Vorhöfen des Herrn; mein Leib und Seele freuen sich in dem lebendigen Gott. Der Vogel hat ein Haus gefunden und die Schwalbe ein Nest für ihre Jungen – deine Altäre, Herr Zebaoth, mein König und mein Gott."

Ich will zuerst den Vers 3b besprechen: „Mein Leib und Seele freuen sich in dem lebendigen Gott."

Merkwürdig, wie der Psalmist das ausdrückt, nicht wahr? Wenn er sagte: „Meine Seele freut sich", würden wir das noch verstehen, aber „Leib"? Nun, er will sagen: Der ganze Kerl, von den Haarspitzen, wenn er noch welche hat, bis zu den Fußzehen, freut sich in dem lebendigen Gott.

Dieses Wort bringt etwas von der Vitalität eines richtigen Christen zum Ausdruck.

Ich wurde einmal, als ich noch Studentenpfarrer war, aufgefordert, in der Staatsbauschule einen Vortrag zu halten. Das Thema sollte lauten: „Warum sind die Menschen so langweilig?" Da habe ich gesagt: „Darüber will ich gern reden." Ich wäre tatsächlich beinahe an der Frage hängengeblieben, warum die Menschen so unsagbar langweilig sind. Was ist die Menschheit doch für ein transusiges Geschlecht!

Ich habe dann in meinem Vortrag gesagt: „Erst wenn ich die Wiedergeburt durch den Eingriff Gottes in mein Leben erlebt habe, wenn ich also ein Kind Gottes geworden bin, dann hört die Langeweile auf."

Es gibt eine geistliche Vitalität oder geistliche Lebensfreude. In Maleachi 3 heißt es zum Beispiel: „Ihr sollt herausgehen und springen wie die Mastkälber."

Ich denke dabei an David, der vor der Bundeslade hin und her gesprungen ist und getanzt hat, daß seine Frau Michal ihn verachtete. Da spürt man so etwas von dieser Lebensfreude, nicht wahr? Oder wenn Paulus im Gefängnis schreibt: „Freuet euch in dem Herrn allewege, und abermals sage ich euch: Freuet euch!" Wenn dann von ihm berichtet wird, wie er mit Silas zusammen eingekerkert, geschlagen und gegeißelt wurde und doch dort im untersten Kerker des Gefängnisses anfängt, um Mitternacht Loblieder zu singen – wissen Sie, da spürt man etwas von der explosiven Freude eines wiedergeborenen Christen.

Das meint hier der Psalmist, wenn er sagt: „Mein Leib und Seele – der ganze Mensch – freuen sich in dem lebendigen Gott."

Ich hoffe, daß Sie sich bei jedem Satz, den ich hier sage, fragen: „Habe ich davon auch etwas? Ist das bei mir auch der Fall?"

Wenn ich diesen Satz lese, den ich außerordentlich liebe – „Mein Leib und Seele freuen sich in dem lebendigen Gott" –, dann kommt es mir vor, als spürte ich etwas von dem Glanz der ersten Schöpfungstage vor dem Sündenfall. Damals ging die Schöpfung aus der Hand Gottes hervor und jauchzte ihm zu.

Als dann der erste Mensch die Augen aufschlug, als ihm Gott seinen Odem einblies, da war es ganz sicher so: „Mein Leib und Seele freuen sich in dem lebendigen Gott."

Inzwischen hat aber der Sündenfall stattgefunden. Seitdem leben wir in einer Welt, in der der Teufel regiert. Die Menschheit ist weit vom lebendigen Gott abgerückt. Da gibt es keine göttliche Freude mehr. Die Menschen brauchen dafür Karneval mit Saufereien und Narrheit, sonst können sie es gar nicht aushalten!

Gönnen Sie es ihnen, aber machen Sie bitte nicht mit!

Doch es gibt in dieser gefallenen Welt die Gemeinde Jesu Christi, eine Schar wiedergeborener Menschen. Bei dieser bleibt das Lob, das vor dem Sündenfall da war, bestehen: „Mein Leib und Seele freuen sich in dem lebendigen Gott."

Das durchzieht die ganze Bibel; das wäre eine Bibelarbeit wert. Es fängt bei der Schöpfung an und geht dann durch bis zur neuen Welt, die uns in der Offenbarung gezeigt wird. Lesen Sie mal die letzten Kapitel der Offenbarung; da ist die Rede von der neuen Welt, wo keine Sünde und kein Tod und kein Leid mehr ist.

Dafür ist aber etwas anderes da: der ewige Lobgesang: „Mein Leib und Seele freuen sich in dem lebendigen Gott."

Der lebendige Gott

„Mein Leib und Seele freuen sich in dem lebendigen Gott."

Hier kommt es auf das Wörtchen „lebendiger" Gott an. Das möchte ich ganz besonders unterstreichen.

Die Welt kann viel von Gott reden, und sie tut es sogar, aber meistens ist nicht vom lebendigen Gott die

Rede. Die Propheten des alten Bundes spotteten schon immer über die Götzen: „Sie haben Augen und sehen nicht, sie haben Ohren und hören nicht. Sie sind Holz und Stein." Die Propheten spotteten und lachten darüber, daß die Heiden tote, selbstgemachte Götter haben.

Die moderne Welt hat auch ihre selbstgemachten Götter – auch die christliche Welt.

Sehen Sie, da ist vor einigen Jahren ein Buch von einem englischen Bischof erschienen, sein Name ist Robinson. Auch in deutscher Sprache wurde es veröffentlicht. Sein Titel lautet: „Gott ist anders". Da sagt dieser englische Bischof, daß die Vorstellung von einem jenseitigen Gott, der außerhalb der Welt stehe, natürlich ein Mythos sei. Dann kommt er zu der Definition: Gott ist die Tiefe des Daseins.

Können Sie sich etwas unter diesem Ausdruck vorstellen – „Tiefe des Daseins"? Sicher nicht; ich auch nicht. Verstehen Sie, das ist doch Geschwätz! Das ist nicht der lebendige Gott, mit dem David es zu tun hatte.

Ich habe oft den Eindruck, daß man – sogar hier unter uns – von Gott reden kann, aber es kommt dabei gar nicht der Schrecken und die Freude darüber zum Ausdruck, daß er wirklich da ist und wirklich lebt. Es ist unheimlich, daß wir das Wort „Gott" und den Begriff „Gott" benutzen können, ohne daß wir die Begegnung mit dem lebendigen Gott darunter verstehen.

Ich kann mich niemals an einem Gottesbegriff erfreuen. Die „Tiefe des Daseins" kann mich nicht glücklich machen. „Mein Leib und Seele freuen sich in dem lebendigen Gott."

Der Mathematiker Pascal, dieser große Geist, hat

es wundervoll ausgedrückt. In seinem Rock eingenäht fand man nach seinem Tod eine Art Bekenntnis, das so anfängt: „Nicht Gott der Philosophen und nicht Gott der Gelehrten, sondern Gott Abrahams, Isaaks und Jakobs." Wundervoll ausgedrückt, nicht wahr? Der gehandelt hat, der geredet hat, der gerufen hat, der in das Leben der Menschen hineingewirkt hat – der, der ist gemeint.

Bitte fragen Sie sich jetzt einmal, ob Sie den lebendigen Gott kennen.

In diesem Jahr geht es mir ganz besonders auf, wie gerade das in der Bibel so großartig ist, was die Gelehrten am Alten Testament so verärgert, nämlich, daß Gott so menschlich ist und zornig sein kann. Gerade das ist das Großartige, daß er der lebendige Gott ist, der mich zerschlagen kann, der mir böse sein kann, der sich mir aber zuwendet und mich in die Arme nimmt, wenn ich ihn anrufe. Verstehen Sie das? Er ist der „Du", dem ich gegenüberstehe.

Ich muß sagen: Wenn ich manchmal morgens aufwache, dann bin ich glücklich, daß ich mich nicht mit Religion belasten muß, weil ein lebendiger Gott da ist, ein „Du", dem ich morgens mit dem ersten Atemzug „Guten Morgen" sagen kann – verzeihen Sie bitte, aber so meine ich es: dem ich „Guten Morgen" sagen kann, indem ich bete: „Herr, ich danke dir, daß ich aufwachen darf und daß es immer noch gilt, daß ich dein Kind bin."

Glauben Sie mir, man ärgert sich an den Geschichten der Bibel nur, weil man einen Gottesbegriff hat, ein Dogma, eine Lehre, einen ausgehöhlten, selbstgemachten Gott. Dann ärgert man sich an dem lebendigen Gott, der in der Bibel gezeigt wird.

Es geht mir wie Gottlieb Daniel Krummacher, dem Erweckungsprediger Wuppertals, von dem Professor Toluk sagte: „Er ist ein Liebhaber der Torheit Gottes." Was die Menschen in der Bibel ärgert und ihnen töricht erscheint, das ist gerade das Schönste; denn da wird deutlich: Wir haben es mit einem Gott zu tun, der lebendig ist, der handelt.

Ich hätte nicht 40 Jahre Pfarrer sein wollen, wenn ich nicht mit einem lebendigen Gott hätte rechnen dürfen. Viele von Ihnen sind doch ein klarer Beweis dafür, daß Gott in das Leben von Menschen eingreifen kann, sie aus der Finsternis herausholt und an ihnen etwas tut.

Verstehen Sie? Ich möchte gern dick unterstreichen, daß es sich um den lebendigen Gott handelt; und an einem lebendigen Gott kann man sich wirklich freuen.

Die Altäre Gottes

In Vers 4 wird nun der Grund genannt, warum man sich im lebendigen Gott freuen kann: „Der Vogel hat ein Haus gefunden und die Schwalbe ein Nest für ihre Jungen – deine Altäre, Herr Zebaoth, mein König und mein Gott."

Ist Ihnen etwas aufgefallen? Der Vers, den wir eben besprochen haben, müßte, wenn wir nach unserem Gefühl gingen, etwa heißen: „Mein Leib und Seele freuen sich *am* lebendigen Gott." Ich freue mich *an* meiner Frau, *am* guten Essen, ich freue mich *am* ... Aber hier steht: „Mein Leib und Seele freuen sich *im* lebendigen Gott." Das heißt, diese Freude kennt man erst, wenn man völlig eins geworden ist mit Gott, völlig im Frieden mit ihm ist.

Ein unbekehrter, nicht wiedergeborener Mensch kennt den Frieden mit dem lebendigen Gott nicht, und darum hat er im Grunde immer Angst vor Gott. Wenn Atheisten behaupten, es gäbe gar keinen Gott, dann sage ich: „Ihr habt bloß Angst vor ihm; darum darf es ihn nicht geben."

Ich kann mich im lebendigen Gott aber nur dann freuen, wenn ich völlig im Frieden mit Gott bin. Und hier in Vers 4 wird nun gesagt, wie ich zum Frieden mit Gott kommen kann: „Der Vogel hat ein Haus gefunden und die Schwalbe ein Nest für ihre Jungen."

Das ist wundervoll! Da vergleicht der Psalmist seine Seele oder sein Herz mit einer unruhigen Schwalbe.

Ich weiß nicht, ob Sie das schon einmal erlebt haben. Wenn wir als Kinder in den Ferien auf dem Lande waren, haben wir immer beobachtet, wie die Schwalben in die Scheune meines Großvaters hineinschossen und ihren Jungen Futter brachten und wieder herausschossen. Das war eine ewige Unruhe.

Wenn Sie an einem schönen Abend die Schwalben fliegen sehen, können Sie ihnen gar nicht so schnell mit den Augen folgen; das geht rascher wie bei den Tischtennisbällen. Es ist eine merkwürdige Unruhe in den Schwalben.

Hier vergleicht der Psalmist sein Herz mit so einer Schwalbe. Es ist voller Unruhe – so ist es auch bei den Menschen, nicht wahr? Was tragen wir an innerer Unruhe mit uns herum: an Gedanken, an Sorgen, an Nöten, an Anfechtungen, an Sünden, an Schuld – das ist eine Herzensunruhe. Wir sind von Natur friedelos wie eine herumfliegende Schwalbe.

Und nun sagt der Psalmist: „Mein unruhiges Herz ist zur Ruhe gekommen, hat eine Heimat gefunden. Die Schwalbe hat ihr Nest gefunden, wo sie Junge aufziehen kann."

Verstehen Sie das Gleichnis jetzt? So hat meine Seele, meine unruhige Schwalbenseele, eine Ruhestätte gefunden an den Altären Gottes.

Und nun muß ich die Altäre Gottes erklären. Wir haben hier ja einen alttestamentlichen Psalm vor uns. Den betet ein Mann mit dem Blick auf den Tempel. Alles im Alten Testament ist aber Weissagung und Vorbild auf den Herrn Jesus hin, auf das Neue Testament. Und deshalb sind die Altäre im Tempel, an denen der Psalmist zur Ruhe kam, Vorbild für neutestamentliche Dinge.

Im Tempel gab es zwei Altäre. Der eine stand im Vorhof. Das war der große eherne Altar, auf dem die Schuldopfer dargebracht wurden. Wenn sich ein Mensch in Israel versündigt hatte, dann brachte er ein Lamm, das geschlachtet und auf diesem Altar verbrannt wurde. Hier fand die Versöhnung statt.

Wenn nicht gerade außergewöhnliche Opfer dargebracht wurden, dann brannte immerzu ein Opfer auf dem Feuer dieses Altars, nämlich ein Lamm. Das wurde nur abgeräumt für besondere Schuldopfer und Sündopfer.

Das Feuer wurde ständig bewacht und morgens und abends gerichtet, und die Rauchsäule von diesem Opfer stieg Tag und Nacht zu Gott auf.

Es war das Lamm, auf das gleichsam die Sünde und die Schuld Israels gelegt war und das nun stellvertretend starb. Wenn in Israel jemand Angst hatte und ihn die Frage quälte: Wie stehe ich zu Gott?, dann schaute er sich um und sah die Rauchsäule und wußte: das Versöhnungsopfer brennt. Da ist Vergebung. Ein Lamm ist an meiner Statt gestorben.

Und nun kennen wir hoffentlich alle die Schriftstelle, wo Johannes der Täufer auf Jesus zeigte und sagte: „Siehe, das ist Gottes Lamm, welches der Welt Sünde trägt!"

Und so ist dieser Opferaltar im Vorhof des Tempels ein Abbild unseres Altars, nämlich von dem Kreuz auf Golgatha. Wir tun etwas ganz Falsches, wenn wir den „Altar" in der Kirche „Altar" nennen. Sie haben ja auch sowieso nicht viel Respekt davor. Wenn ich so etwas behaupte, würde ein richtiger lutherischer Pfarrer wahrscheinlich einen Schlaganfall bekommen. Aber es ist so, wie ich es sagte, und ganz in Ordnung: unser Altar ist Golgatha. Und das Opferlamm, das hier geopfert wurde, ist der Sohn Gottes.

Es ist für mich nur dann wirklicher Friede, wenn ich weiß: der Herr Jesus hat die Schuld der Welt hinweggetragen, also auch meine Schuld. Hier ist wirklich Vergebung der Sünde. Am Kreuz ist wirklich Versöhnung mit Gott geschehen. Das Opfer gilt. Sehen Sie: Hier kommt unsere unruhige Seele zur Ruhe: am Kreuz Jesu.

Ich kann Ihnen sagen, wenn ich das nicht wüßte, daß der Sohn Gottes wirklich der Welt Sünde weggetragen hat, daß sein Blut wirklich der Kaufpreis ist – völlig bezahlt –, wenn ich nicht wüßte, daß ich für Gott erkauft bin, daß ich nur noch anzunehmen brauche, daß der Blick auf das Kreuz wirklich die Annahme des Friedens mit Gott bedeutet, dann könnte ich nicht leben.

Hier am Kreuz kommt unsre unruhige Seele wirklich zum Frieden. „Das Vaterhaus ist immer da, wie wechselnd auch die Lose. Es ist das Kreuz von Golgatha – Heimat für Heimatlose." Wir sind doch alle solche Heimatlose, nicht wahr?

Sehen Sie, in meinem Leben hat dieser Vers eine ganz besondere Rolle gespielt: „Der Vogel hat ein Haus gefunden und die Schwalbe ein Nest für ihre Jungen – deine Altäre, Herr Zebaoth, mein König und mein Gott."

Es war am 5. März 1943, als über Essen der erste große schreckliche Fliegerangriff niederging. Da brannte mein Haus in der Weigle-Straße ab. Am Morgen dieses Tages saßen wir, meine Frau und meine Kinder, die damals noch klein waren, und ich, völlig abgebrannt, verrußt, dreckig, bei meinem Vikar Schauen. Wir wußten nicht, wohin. Es ist ja vielen von uns so ergangen, nicht wahr?

Es erschütterte mich tief: Nun bin ich also wirklich heimatlos, völlig verarmt und heimatlos. Dann haben wir bei meinem Vikar Schauen – manche kennen ihn noch – gefrühstückt. Und anschließend sagte er: „Nun wollen wir die Losung lesen."

Die Losung an diesem Tag hieß: „Der Vogel hat ein Haus gefunden und die Schwalbe ein Nest für ihre Jungen – deine Altäre, Herr Zebaoth, mein König und mein Gott."

„Kinder", sagte ich, „wir sind nicht heimatlos. Und wenn die ganze Welt unter uns zusammenbricht: ‚Es ist das Kreuz von Golgatha Heimat für Heimatlose.' Da sind wir immer zu Hause."

Warum sind eine ganze Reihe von Ihnen im Grunde noch heimatlose Leute mit einer so unruhigen, mit einer so friedelosen Seele? Das Kreuz Jesu ist der Altar

Gottes und wartet auf uns alle! Da fließt Friede herab wie ein Strom und Gerechtigkeit, die uns Gott dann schenkt, wie Meereswellen.

Ich hoffe, Sie haben mich verstanden.

Aber nun steht da „Altäre", Plural, Mehrzahl.

Es gab im Tempel noch einen zweiten Altar. Im Tempel gab es drei Bereiche – das Äußere, den Vorhof, da war dieser große Versöhnungsaltar. Dann kam ein Raum, das Heilige, den nur die Priester betreten durften. Dann kam das Allerheiligste, ganz dunkel, wo die Bundeslade stand, der Gnadenstuhl.

Im zweiten Bereich, im Heiligtum, den nur der Priester betreten durfte, stand unter anderem der siebenarmige Leuchter. Er ist ein Bild der Gemeinde Jesu Christi, die leuchten soll. Außerdem stand da noch ein kleiner goldener Altar. Auf diesem Altar wurde morgens, mittags und abends ein Rauchopfer dargebracht.

Als Zacharias im Tempel war und ihm der Engel des Herrn erschien und sagte: „Du wirst einen Sohn haben!", da stand er an diesem goldenen Räucheraltar. Dieser Räucheraltar beziehungsweise der Weihrauch, der auf ihm geopfert wurde – es wurde also kein Blut, sondern Weihrauch dargebracht –, war ein Vorbild auf die Gebete der Gemeinde. Dieses auf dem goldenen Altar dargebrachte Weihrauchopfer war also ein Symbol für das Gebet, das wie ein Rauchopfer vor Gott aufsteigt.

Ach, meine Freunde, dieses Rauchwerk war ein edler Duft, nicht wahr? Man könnte manchmal meinen, die Gebete der Kinder Gottes seien meistens gar nicht sehr schön. „Ich schreie zu dir", heißt es einmal in den Psalmen. „Ich bin zermalmt, ich liege im

Staube." Das ist ästhetisch gar nicht schön. Aber vor Gott ist es köstlicher Weihrauch.

„Wenn unser Herze seufzt und schreit, wirst du gar bald erweicht", heißt es in einem Lied. Wenn unser Herze seuft und schreit – das ist köstlicher Weihrauch vor Gott.

Und sehen Sie, das ist der zweite Altar: daß wir beten dürfen. Darum kann ich mich in meinem Herzen im lebendigen Gott freuen, weil ich mit diesem lebendigen Gott ja reden kann.

Sehen Sie, man hat gesündigt und hat keinen Mut, vor Gott zu treten. Wie dumm! Er ist ja ein lebendiger Gott. Ich kann ihm ja sagen: „Herr, du weißt, was ich für ein elendes Kind bin. Aber ich bin doch dein Kind. Du hast mich erkauft. Herr, du siehst, wie trostlos alles in meinem Leben aussieht." Ich kann ihm ja alles sagen, darum kann ich mich auch im lebendigen Gott freuen, weil ich ihm mein Herz ausschütten kann. Tun Sie das eigentlich?

Dazu braucht man allerdings Stille. Es ist merkwürdig: Wenn ich anfangen will zu beten, dann klingelt das Telefon, und wenn ich mich melde, dann bin ich falsch verbunden, oder ich höre so etwas wie: „Entschuldigung, ich wollte eine andere Nummer."

Der Teufel ist auf dem Plan, um uns nicht zu dieser Stille für das Gebet kommen zu lassen. Um diese Stille muß man einen ernsthaften Kampf führen.

Die Gewißheit der Gotteskindschaft

Ich muß nun noch kurz ein Drittes sagen. Alles, was ich bisher gesagt habe, klingt doch nach dem freudigen Ausruf: „Ich hab's! Ich hab's! Meine Seele freut sich im lebendigen Gott. Mein König und mein Gott!"

Das ist etwas ganz anderes wie „Tiefe des Daseins". Da begehren alle die Theologen, die ich seit meiner Studienzeit kenne, auf und sagen: „Du hast es aber nicht in der Tasche!"

Doch, ich hab's! Hier steht es: „mein Gott!"

Ich pflege meinen Freunden dann zu sagen: „Es kommt doch gar nicht darauf an, daß ich es in der Tasche habe, sondern es kommt darauf an, daß Gott mich in seiner Tasche hat!" Und das hat er!

„Aber das gibt eine falsche Sicherheit", sagen sie dann.

„Ha", sage ich, „da ist alles Gewißheit in diesen Versen." Nicht wahr? „Der Vogel *hat* ein Haus gefunden", einen Ruheort: deine Altäre – versöhnt am Kreuze Jesu. Ich kann ihm mein Herz ausschütten. Da gibt's gar keine Hemmungen. „Mein König und mein Gott!" Lauter Gewißheit.

Darum ist es geradezu verblüffend, daß diese Verse mit dieser strahlenden Gewißheit anfangen: „Meine Seele verlangt ..." Wörtlich heißt es: „... verzehrt sich nach den Vorhöfen des Herrn."

Diese Worte spricht doch einer aus, der weit weg vom Tempel ist: „Wenn ich nur die Vorhöfe sehen könnte! Danach verzehre ich mich."

Und auf einmal ist alles voll felsenfester Gewißheit: Ich hab's!

Nun, die Ausleger sagen natürlich mit Recht, daß dies ein Mann aus Israel ist, der in der Ferne ist und sich nach dem Tempel sehnt. Aber das klappt dann doch nicht ganz. Man könnte nämlich nicht gleich wieder sagen: „Ich freue mich so an den Altären da!"

Nein, meine Freunde, hier stehen wir vor einem Geheimnis des Christenstandes. Ein richtiger, wiedergeborener Christ ist ein Mensch, der über alles Gewißheit hat. Er kann sagen: „Mein König ist mein Gott! Er *hat* mich erkauft. Sein Blut *ist* für mich geflossen. Ich *bin* versöhnt. Meine Sünden *sind* vergeben. Ich bin mit dem Heiligen Geist versiegelt und darf ihm gehören. Ich *darf* mein Herz ausschütten." So spricht ein richtiger Christ.

Und zugleich weiß ein richtiger Christ: Ich habe es eigentlich noch gar nicht! Das Beste kommt noch. Darum bin ich froh, daß ich heute 68 Jahre alt bin; ich bin nicht mehr weit weg davon. Wenn ich sterbe, dann will ich in demselben Augenblick meine Augen aufschlagen zu ihm, der wirklich mein König und mein Gott ist.

Das ist eine widersinnig erscheinende Behauptung des Christen: „Ich habe alles, alles in dir, Herr Jesus Christus. Aber ich verzehre mich danach, daß ich es richtig habe. Ach, Herr, wenn ich doch dich sehen könnte! Ach, Herr, wenn ich doch richtig geheilt wäre! Ach, Herr, meine Sünde ist noch so mächtig! Ach, Herr, ich bin noch zu traurig, ich bin noch zu ungläubig, ich stehe immer noch draußen vor der Tür."

Verstehen Sie? Das gehört beides zusammen. Da sagt ein Weltmensch: „Aber das klappt doch nicht. Du kannst doch nicht sagen: ‚Ich hab' ein Portemonnaie mit Geld und bin ein armer Kerl.'"

Darauf muß ich antworten: „So spricht ein Christ; es ist seine praktische Erfahrung."

Ich könnte manchmal über mein ganzes Christentum verzweifeln. Aber dann schlage ich die Bibel auf. Und dann kann ich singen: „Mein Leib und Seele freuen sich in dem lebendigen Gott." Und das ist doch auch wahr.

Lassen Sie mich ein Beispiel benutzen. Ein großes Erlebnis bei meiner Amerikareise war für mich der Rückflug. Da flogen wir abends von New York weg und hatten bloß zwei Stunden Nacht, da man ja die Sonne überrundet. Das ist dann ein furchtbar komisches Gefühl: Wir haben Abendbrot gegessen, und dann ist es auf einmal dunkel, und alle löschen die Lichter. Ich war der einzige, der gelesen hat. Auf einmal sehe ich: um mich herum schläft alles. Dann habe ich mein Licht auch ausgemacht und habe darüber nachgedacht, daß zwölf Kilometer leere Luft unter mir sind. Dann kommen etwa acht Kilometer tiefes Meer. Das ist ein grauenvoller Abgrund, von dem mich nur so ein Stückchen Flugzeugboden trennt. Das ist eine unheimliche Situation. Mir wurde es ganz schwindlig, als ich darüber nachdachte, daß ich hier eigentlich im Nichts hänge.

Aber dann habe ich gedacht: Genauso geht es einem Christen hier auf der Erde. Ich bin geborgen, weil mich Jesus erkauft hat. Ich kann zwar sagen: „mein König und mein Gott!" Aber ich bin, wie in diesem Flugzeug, hier über entsetzlichen Abgründen. Mein Leben ist angefochten. Mein Glaube ist so klein. Der Herr ist oft so fern. Ich bin so einsam – und wer weiß, was noch alles. Das ist „Tiefe des Daseins": diese Abgründe.

Aber hoch oben darüber schweben wir. Da helfen uns solche Sätze, wie sie hier stehen – „Mein Leib und Seele freuen sich in dem lebendigen Gott; mein König und mein Gott."

Als mir das so klar zum Bewußtsein kam, daß ich

da über so einem Abgrund schwebe, dachte ich: ich bin doch froh, wenn wir landen! Und ich will Ihnen sagen: als Christ bin ich geborgen – hier im Flugzeug dieser Welt. Trotzdem freue ich mich, wenn ich lande. Verstehen Sie recht, wenn ich lande in der anderen Welt. Ich bin ja dann derselbe Mensch wie in dem Flugzeug. Aber jetzt habe ich festen Boden unter den Füßen. Jetzt sind die Abgründe nicht mehr da. Jetzt komme ich wirklich nach Hause.

Diese Paradoxie des Christenstandes – daß wir haben und doch in der Erwartung stehen – geht durch die ganze Bibel. Ich will Ihnen bloß ein Beispiel sagen. Im ersten Johannesbrief steht: „Wer den Sohn hat, der hat das Leben."

Und in demselben Brief steht: „Es ist noch nicht erschienen, was wir sein werden. Wir wissen aber, wenn es erscheinen wird, daß wir ihm gleich sein werden; denn wir werden ihn sehen, wie er ist."

Nicht? In demselben Brief heißt es: Wer hat, der hat – „Wer den Sohn hat, der hat das Leben." Und doch: „... ist noch nicht erschienen ..."

Christen sind Leute, die sich auf diese künftige Welt freuen. Und ich möchte mich nicht dumm machen lassen von Leuten, die sagen: „Ja, das kommt erst mit der Auferstehung." Ich bin überzeugt: In dem Augenblick, wo ich hier die Augen schließe, tut sich diese andere Welt schon für mich auf. „Wir werden ihn sehen, wie er ist." Und darauf freue ich mich jetzt schon. Das ist dann die glückliche Landung.

Der richtige Christenstand

„Wie lieb sind mir deine Wohnungen, Herr Zebaoth! Meine Seele verlangt und sehnt sich nach den Vorhöfen des Herrn; mein Leib und Seele freuen sich in dem lebendigen Gott. Der Vogel hat ein Haus gefunden und die Schwalbe ein Nest für ihre Jungen – deine Altäre, Herr Zebaoth, mein König und mein Gott."

Das war das Thema unserer Betrachtung in den ersten vier Kapiteln, jetzt geht es weiter: „Wohl denen, die in deinem Hause wohnen; die loben dich immerdar. Wohl den Menschen, die dich für ihre Stärke halten und von Herzen dir nachwandeln! Wenn sie durchs dürre Tal ziehen, wird es ihnen zum Quellgrund, und Frühregen hüllt es in Segen."

„Wohl denen" – wir müßten eigentlich jeden dieser Sätze mit „wohl" einleiten: „Wohl den Menschen, die in deinem Hause wohnen. Wohl den Menschen, die von Herzen dir nachwandeln. Wohl den Menschen, wenn sie durchs dürre Tal ziehen, wird es ihnen zum Quellgrund."

Liebe Freunde, gestern morgen saß ich in Bad Windsheim. Von diesem Ort haben Sie sicher noch nie etwas gehört? Hatte ich auch nicht. Also, da war ich zum Gottesdienst gestern morgen eingeladen. Wir saßen in der Sakristei, und draußen war herrliches Wetter. Da bliesen die Posaunen: „Christ ist erstanden." Mein Herz war voller Freude.

Gegenüber von dem Stuhl, auf dem ich saß, stand an der Sakristeiwand ganz groß ein gemalter Spruch. Den habe ich dann, weil die Liturgie eine halbe Stunde dauerte, eine halbe Stunde lang angesehen – oder vielmehr: er hat mich angesehen, dieser Spruch.

Er lautete: „Das Reich Gottes steht nicht in Worten, sondern in Kraft." Worte des Apostels Paulus. Ich dachte: Jetzt bin ich ganz bewegt von diesem Ostergottesdienst, dem Posaunengeschmetter und bin bereit, die schönsten und größten Worte zu machen. Aber das Reich Gottes steht nicht in Worten, sondern in Kraft.

Ich hatte also eine halbe Stunde Zeit, um in aller Stille und Ruhe über diesen Spruch nachzudenken.

Wissen Sie, meine Freunde, daß wir eigentlich ganz armselige Christen sind? Daß in unserem Leben von der Kraft Gottes, die in Jesus geoffenbart ist und die sich auch in unserem Leben offenbaren will, schrecklich wenig zu sehen ist?

Sehen Sie, unter diesem Eindruck habe ich mir heute morgen diesen Text vorgenommen. Dabei kam mir der Gedanke: Sieh mal an, das paßt schön zusammen. „Das Reich Gottes besteht nicht in Worten, sondern in Kraft."

Hier in diesen Psalmworten zeigt uns der Psalmist, wie ein Christenstand – ich gebrauche dafür auch gern das Wort, das unsere Väter benutzten: ein Gnadenstand – in Kraft aussieht.

Ich will es einmal so auslegen. Danach können wir dann beurteilen, was ein richtiger, herrlicher Christenstand in der Kraft Gottes bedeuten würde.

Der Psalmist sagt nun: „Was ist ein richtiger Christenstand?" So schreibe ich als Überschrift darüber: „Wohl denen, die in deinem Hause wohnen; die loben dich immerdar."

Zu einem richtigen Christenstand gehört, daß die Grundstellung in Ordnung ist. Davon ist hier die Rede: „Wohl denen, die in deinem Hause wohnen."

Sehen Sie, jeder Theologe sagt Ihnen, daß das ein Lied sei, das die Festpilger auf dem Weg nach Jerusalem gesungen haben. Kann sein, kann auch nicht sein. Mich interessiert viel mehr, was *mir* dieser Psalm sagt. Das wird dann so ausgelegt: „Dieser Festpilger denkt: Ach, ich wohne in Galiläa; wohl denen, die immer im Tempel wohnen dürfen!"

Das stimmt aber nicht. Im Tempel von Jerusalem wohnte überhaupt niemand; da wohnte nur Gott. Dort taten die Priester wohl ihren Dienst, aber sie wohnten nicht im Tempel. Der Tempel war kein Gemeindezentrum: oben der Küster, unten der Pastor und so weiter. Im Tempel wohnte niemand. Wenn hier steht: „Wohl denen, die in deinem Hause wohnen" – es wohnte niemand damals im Tempel –, dann wird uns damit von vornherein deutlich gemacht, daß wir hier nicht lange untersuchen sollen, wieso und warum es sich hier um ein Tempellied handelt, sondern daß hier von geistlichen Dingen die Rede ist.

Was heißt denn das: im Hause Gottes wohnen!?

Ich habe hin und her überlegt: wie kann ich Ihnen das jetzt mit ein paar Worten klarmachen? Da ist mir eingefallen, daß ich es Ihnen am besten mit dem Wort aus Epheser 2, Vers 19, erkläre: „So seid ihr nun nicht mehr Gäste und Fremdlinge, sondern Mitbürger der Heiligen und Gottes Hausgenossen." – „So seid ihr nun nicht mehr Gäste und Fremdlinge", sagt Paulus der Gemeinde in Ephesus, „sondern Mitbürger der Heiligen und Gottes Hausgenossen."

In Gottes Haus wohnen heißt also, daß man nicht mehr Gast und Fremdling ist, sondern Gottes Hausgenosse geworden ist.

Ich brauche dafür oft gern ein Bild: Als ich noch

jung und schön war und als junger Pfarrer, mitten im Gemeindebetrieb, in einem riesigen Pfarrhaus in der Weigle-Straße wohnte, kamen sehr viele Gäste in mein Haus. Das lag damals noch direkt am Essener Hauptbahnhof. Wer ein billiges Quartier suchte, der ging entweder links zum Vereinshaus oder rechts zum Pastor Busch. Rechts war es billiger.

Wir hatten da ein ganzes Stockwerk. Es war ein riesiges Pfarrhaus mit drei Gästezimmern, die immer besetzt waren. Und es war schön dort. Ich hatte damals schon sechs Kinder – was war das immer für ein Trubel! Und dazu die Gäste! Wenn ich dann oben am Tisch saß, überschaute ich eine lange Tafel. Wer da fremd hereingekommen wäre, hätte gedacht: das ist ja wohl alles eine Familie hier.

Aber es war dann so, daß sich nach dem Mittagessen oder am nächsten Morgen einige verabschiedeten und sagten: „Vielen Dank und auf Wiedersehen." Und dann gingen sie. Sie gehörten nicht dazu; sie waren nur eine Zeitlang dabei. Sie saßen mit am Tisch, aber sie gingen wieder. Sie waren Gäste.

Aber meine Kinder, die gingen nicht, die waren keine Gäste, die blieben. Das konnte man aber nicht unterscheiden, wenn wir alle zusammensaßen. Dann, nach dem Mittagessen, wurde es deutlich: die einen gehen, die andern bleiben; das ist die Familie, das sind die Kinder; die andern sind die Gäste, die wieder gehen.

Sehen Sie, so kann ich in einer Gemeinde auch nicht unterscheiden, welche bloß Gäste im Reich Gottes sind. Sie schmecken nur mal und sind ein bißchen dabei, aber dann gehen sie wieder.

Aber es sind auch andere, die sagen können: „Wir

wohnen im Hause Gottes. Wir sind Kinder Gottes geworden. Wir hauen nicht mehr ab. Bis an unser Lebensende gehören wir hierher."

Das ist der Unterschied zwischen Gästen und Gottes Hausgenossen.

Und nun sagt der Psalmist hier: „Wohl denen, die in deinem Hause wohnen." Wohl denen, die wirklich Kinder des lebendigen Gottes geworden sind.

Und es wird mir, je älter ich werde, immer wichtiger, daß man nicht zu sicher wird, daß man ab und zu einmal seinen Glaubensstand überprüft und sich fragt: Bildest du es dir nicht bloß ein? Bis du wirklich ein Kind Gottes geworden? Ist dein Name – so sagt Jesus einmal – im Himmel angeschrieben?

Ich weiß, daß ich nichts dazu tun kann, daß ich ein Kind Gottes werde. Dazu kann ich wirklich nichts tun. Das schenkt Jesus; es ist ein Gnadenstand. Ich darf zu seinem Kreuz aufschauen und sagen: „Herr, ich bin's nicht wert. Ich bin nicht würdig. Aber du hast mich erkauft. Du hast mich von der Welt und von der Hölle losgekauft. Du hast einen hohen Preis bezahlt."

Man sagt heute: „Das verstehen die Leute nicht mehr!" Dann kann ich ihnen auch nicht helfen. Wer es nicht versteht, dem kann ich eben nicht helfen. Der ist sowieso kein Kind Gottes. Ich kann's nicht anders sagen.

Jesus hat ein Lösegeld bezahlt und mich für Gott erkauft. Das darf ich im Glauben annehmen.

Oder ich darf es auch so ausdrücken: Jesus hat mich mit Gott versöhnt. Als Hoherpriester hat er sich selbst zum Opfer dargebracht, damit ich Frieden mit Gott habe.

Wenn ich umkehre und willig mein Leben Jesus

übergebe, darf ich ein Kind Gottes sein. Ich wohne dann im Haus Gottes, wo ich auch bin. Das ist der richtige Christenstand: Ich bin nicht mehr Gast, sondern ich bleibe dabei und bin drin im Hause Gottes.

Ach bitte, fragen Sie sich doch: Bin ich ein Kind Gottes?

Der Lobpreis der Kinder Gottes

Ich glaube, es verblüfft den Leser doch ein bißchen, daß da nun steht: „Die loben dich immerdar."

Ich muß offen gestehen, daß mich das heute morgen bei der Vorbereitung fast ein bißchen mutlos gemacht hat. Ich dachte: Wenn das also das Kennzeichen derer ist, die im Hause Gottes wohnen, dann steht's um mich doch noch sehr trübe.

Ich habe schließlich noch einiges andere zu tun; ich kann doch nicht ständig Loblieder singen! Wenn ich eine Bibelstunde vorbereite, dann muß ich mich auf den Text konzentrieren, dann kann ich nicht Loblieder dabei singen.

Einer Hausfrau geht es da vielleicht besser. Beim Spülen kann sie ja Loblieder singen; dabei braucht sie nicht so viel zu denken. Aber wie ist es bei einem Kaufmann, der seinem Geschäft nachgeht? Man kann sich kaum vorstellen, wie ein Vertreter einen Geschäftsbesuch macht und jubiliert da mit „Halleluja" los, anstatt seine Ware anzupreisen!

Was soll das heißen: „Die loben dich immerdar"?

Meine Freunde, das gehört zur Grundstellung des Christen, daß er sich bewußt ist, daß er ein Kind Gottes ist und darüber fröhlich geworden ist. Ich bin glücklich in dem Bewußtsein: Ich bin ein Kind Gottes.

Ich darf es jetzt einfach einmal so von mir sagen: Wenn ich morgens aufwache, dann brauche ich erst ein paar Minuten, um mich wieder ans Leben und Wachsein zu gewöhnen. Aber dann kommt mir jedesmal die Wahrheit in den Sinn: Du bist ein Kind Gottes! Ist das wirklich wahr? Ja, du bist ein Kind Gottes für Zeit und Ewigkeit.

Was geht mich der ganze Quatsch und Ärger an, der mich heute vielleicht erwartet? Der große Gott hat die Nacht über mir gewacht. Ich wache auf und darf in sein Angesicht hineinschauen. Ich bin sein Kind aus lauter Gnade, weil er mich in Jesus erkauft und mich durch Jesus erlöst hat. Da wird mein Herz fröhlich.

„Die loben dich immerdar." Das heißt nicht, daß ich dauernd ein Lied auf den Lippen habe. Aber es heißt, daß das Bewußtsein, ein Kind Gottes zu sein, einfach immer wieder mein ganzes Leben durchdringt. „Immerdar".

Lassen Sie mich zwei Beispiele anführen. Immerdar, das heißt, daß ich als Kind Gottes Gott dafür danke und ihn lobe, wenn es mir gutgeht.

Der Herr Jesus ist einmal zehn aussätzigen Männern begegnet. Auf ihr Schreien hin hat er sie geheilt. Kein Doktor konnte sie heilen; sie waren eigentlich verlorene Leute, waren ausgetrieben in die Wüste und begegnen nun dem großen, herrlichen Wundertäter, der sie heilt.

Sie können heute lesen, daß der Herr Jesus keine Wunder getan hätte. Das ist die Entscheidung jedes einzelnen, ob er sich bei Illustrierten über Jesus orientieren will oder im Neuen Testament.

Mein Herr tat Wunder und heilte zehn Aussätzige, denen niemand helfen konnte. Dann müssen sie zum Doktor, müssen sich untersuchen lassen, sich einen Gesundheitsschein ausstellen lassen – damals waren die Priester dafür zuständig –, und dann kommt einer zurück, fällt vor Jesus nieder und dankt ihm. Und das war noch dazu ein Samariter, eine verachtete Rasse.

Aber Jesus fragt: „Wo sind denn die neun? Ich habe doch Großes an ihnen getan."

Sehen Sie, das waren keine Kinder Gottes. Sie wurden es auch nicht durch diese Erfahrung. Denn Kinder Gottes besinnen sich darauf, von wem sie Gutes erlangt haben, und bedanken sich dafür. Sie loben ihn immerdar.

Diese neun Kerle haben durch ihr Verhalten bewiesen, daß ihnen der Herr völlig gleichgültig war. Sie wollten nur gesund werden. Sie wollten etwas von ihm, aber nicht ihn selbst. Sie waren nicht Kinder Gottes geworden.

Kinder Gottes loben den Herrn – wenn sie Schönes empfangen haben.

Da gibt es aber auch eine Geschichte in der Bibel, die handelt von einem Mann mit Namen Hiob. Der war reich und glücklich. Aber an einem Tag verliert er sein ganzes Vermögen, auch seine Kinder kommen um. Plötzlich ist er bettelarm. Da sagt er als einziges: „Der Herr hat's gegeben, der Herr hat's genommen; der Name des Herrn sei gelobt!"

„Die loben ihn immerdar." Kinder Gottes loben Gott nicht nur, wenn sie etwas Gutes empfangen. Wenn es einmal ganz dunkel wird – kann ja sein, daß sie dreimal tief atmen müssen, aber am Schluß heißt es dann: „Der Name des Herrn sei gelobt!" Dann bricht das Glück der Gotteskindschaft durch, auch im tiefsten Leid.

Ich habe in den letzten Kriegsjahren unendlich oft die Frage gehört: „Pastor Busch – da fielen die Bomben, und mein Haus ist abgebrannt. Ich habe alles verloren. Wie konnte Gott das zulassen?"

Dann hätte ich den Leuten gern mit Brief und Siegel bescheinigt: Sie sind kein Kind Gottes. Denn ein Kind Gottes kann in große Dunkelheit kommen, aber am Ende heißt es: „Der Name des Herrn sei gelobt!"

Aber diese Leute sagen: „O nein, ich balle die Faust gegen ihn!"

Wir können in Anfechtung kommen, ganz gewiß. Aber das ist das Bezeichnende für den richtigen Christenstand, daß die Freude an der Erlösung einfach immer wieder durchbricht.

Gott, unsere Stärke

Die Christen machen beständig eine wundervolle Erfahrung, nämlich, daß Gott ihre Stärke ist. „Wohl den Menschen, die dich – Herr – für ihre Stärke halten." Das Christenleben ist eine ganze Perlenkette von Erfahrungen, die den Kindern Gottes täglich bewußt werden lassen, daß sie einen starken und mächtigen Herrn haben.

Ich habe nicht nur eine Bekehrung erlebt, ich lebe vielmehr nun schon ein langes Leben davon, daß der Herr meine Stärke ist.

Als ich an diese Stelle des Psalms kam, da wäre ich beinahe verzweifelt, weil ich dachte: Wenn ich den Satz richtig auslegen wollte – „Wohl den Menschen, die dich für ihre Stärke halten" –, dann könnte ich ein ganzes Buch darüber schreiben, so viel liegt in dieser Aussage.

Nun will ich versuchen, Ihnen wenigstens in Kürze diesen Satz auszulegen.

Christen sind Leute, die beständig die Erfahrung machen, daß der Herr ihre Kraft, ihre Stärke ist. Das klingt für einen Weltmenschen natürlich völlig blödsinnig. Der Mann von Golgatha, den heute noch jeder Junge beschimpfen kann? Es gibt nichts Schwächeres als Jesus; darin ist sich die ganze Welt einig.

Die jungen Leute in Bad Windsheim machten bei ihrem Jungmänner-Treffen bei der Hauptversammlung – ein Riesensaal, eine Menge Leute – ein Anspiel, so nennt man das wohl. Da trat ein Trupp Leute auf, die brüllten: „Wir wollen leben, leben, leben!"

Und da kam dann einer und sagte: „Ihr müßt Jesus haben!"

Sie schrien dagegen: „Jesus? Quatsch! Unsinn! Jesus, das ist der Mann der Niederlagen, der Mann vom Kreuz, der Mann mit den Nägelmalen, der ewige Verlierer. Wir wollen aber leben und siegen. Wir wollen obenauf sein. Bleib uns weg mit diesem Jesus!"

Da habe ich gedacht: So sieht es für einen Weltmenschen wirklich aus, daß Jesus der ewige Verlierer ist.

Ist Jesus der große Verlierer? Nun schauen Sie sich mal den ganzen Kirchenladen in unserem lieben deutschen Vaterland an – da wird man ja schwach!

Gottlose Professoren auf unseren Universitäten, leere Kirchen; dabei immer noch Einweihung von neuen Kirchen – und kein Mensch weiß, wer die eigentlich füllen soll.

Jesus, der ewige Verlierer, blamiert durch seine

Boten – du liebe Zeit! Und der soll unsere Stärke sein?

Meine Freunde, es verschlägt einem schon etwas den Atem, nicht wahr?

Ich erinnere mich, daß ich als junger Mann dachte: Ich verlaß mich lieber auf mich selbst. Heute würde ich das nicht mehr sagen, wo man schon allmählich im Untergestell wacklig wird. Aber als junger Kerl denkt man: Jesus, der große Verlierer, soll unsere Stärke sein? Na, das ist vielleicht eine Behauptung!

Ich glaube, wir müssen da an die Auferstehung Jesu denken. Der Apostel Paulus hat einmal gesagt: „Ich möchte erkennen die Kraft seiner Auferstehung." Was ist das eigentlich für eine Gewalt, die ihn, den wirklichen Toten, aus dem Grabe geholt hat? Das begreift keiner von uns! Ich verstehe, daß die Menschen immer wieder die Hände ringen und sagen: „Damit werden wir nicht fertig." Damit werde ich auch nicht fertig. Die Kraft seiner Auferstehung – mit diesem Ausdruck macht Paulus deutlich, daß die göttliche Kraft mitten in diese Welt eingeschlagen ist. Dieser auferstandene Herr, der lebt, der hier ist, der bei mir ist, der ist meine Stärke. „Die dich für ihre Stärke halten." Mit dem darf ich rechnen.

Verzeihen Sie, wenn ich einmal von mir ganz persönlich rede. Je älter ich werde, desto mehr stelle ich fest, wie zwischen 60 und 70 die Kraft abnimmt; da wachsen einem die Aufgaben zwar noch zu, aber man kann einfach nicht mehr: Das Herz tut nicht mehr mit, die Galle tut nicht mehr mit, der Kopf tut nicht mehr mit, nichts will mehr mitmachen. Man denkt vielleicht: Ich möchte jetzt einfach aufhören und sagen: „Laßt mich mit allem in Ruhe!" Aber mein Herr erlaubt mir das noch nicht. Und gerade in dieser Situation darf ich ihn für meine Stärke halten.

Das möchte ich allen sagen, die älter werden: Je schwächer wir werden, desto mehr dürfen wir das glauben: Ich brauche meine Kraft nicht aus mir selbst zu nehmen, sondern ich darf sie von ihm nehmen. – Das dürfen junge Menschen übrigens auch glauben!

Jetzt darf ich noch einmal von gestern sprechen. Ich hatte morgens einen herrlichen Gottesdienst und war von all diesem Herrlichen bewegt. Die Barockkirche war voll Menschen, und die Posaunen schmetterten; es war so schön. Und dann ging es mittags weiter, da kam die Hauptversammlung. Und ich sollte den Hauptvortrag halten.

Die Leute drängten sich. Das Volk kam aus der Umgegend angefahren – Autos und Omnibusse, ein Riesensaal voll Menschen. Ich hatte das Gefühl: Ach, Wilhelm, du hast ja gar keinen Schwung mehr! Da müßte jetzt ein junger Kerl her, diese Scharen von jungen Leuten so anzureden, daß bei ihnen etwas ankommt. Und dazu kommt noch, daß ich gewöhnt bin, mittags ein wenig zu schlafen. Die Hauptversammlung war um zwei Uhr angesetzt, wo unsereiner sonst den besten Schlaf hat.

Und dann das Wetter! Wie in der Sauna, so schwül! Sie machen sich keine Vorstellung wie schwül! Das war für mein Herz natürlich reines Gift; es klopfte wie verrückt. „Warum holen Sie nur so einen alten Kerl für diesen Hauptvortrag!" seufzte ich.

Verstehen Sie, es gibt Augenblicke, da sitzt man auf der Bühne, die Prominenz ganz feierlich rechts und links, und man macht ein Gesicht, als ob einem alles egal wäre, aber innerlich tobt die Verzweiflung und die Angst: das wird nichts heute!

Und auf einmal ging mir das auf, daß Jesus ja lebt und daß er auferstanden ist und daß ich nicht ein Schauspieler bin, der eine große Rolle spielen muß, sondern daß ich von diesem auferstandenen Heiland reden darf. Und dieser Heiland – der soll selbst zusehen, daß er sich hier offenbart. „Herr, sieh du zu", habe ich innerlich gesagt. „Sieh selbst zu deiner Sache. Wie kannst du solche Krücken wie mich als Werkzeug benützen wollen!?"

Als ich dann oben stand, war alles wie weggeblasen; es war herrlich! Ich kann nur sagen, ich erfuhr ganz handgreiflich, daß man den Herrn wirklich für seine Stärke halten kann – aber nur, wenn man in sich selbst nichts mehr hat! Keine eigenen Gedanken und keine eigene Kraft, nichts! Und dann spürt man: es geschieht etwas!

Das gilt nicht nur für den Pfarrerberuf; das gilt auch für Ihren Beruf, für jeden Beruf.

Verzeihen Sie, daß ich jetzt so dumm einfach von meinem Beruf rede, aber ich kann mich eben nicht in einen Direktor hineinversetzen. Ich weiß auch nicht, was Sie für Aufgaben haben. Oder eine Hausfrau – ich sehe das auch nur so aus der Ferne, was sie tut. Aber Sie können es hoffentlich in Ihr Leben übertragen, den Herrn für Ihre Stärke zu halten.

Ich bin so froh, daß Jesus so stark ist, daß er meine Sünde weggetragen hat. Mir scheint, die größte Sache in der Welt ist die Vergebung der Sünden durch Jesus.

Ich will noch einmal ein Beispiel anwenden. Ich habe einen Freund in der Schweiz, mit dem habe ich herrliche Fahrten gemacht. Zusammen sind wir im

Staat Liechtenstein, einem Staat zwischen der Schweiz und Österreich, in die Alpen gefahren. Da geht es dann plötzlich in ein Hochtal hinein. Wir kommen zu einem schönen Hotel, da haben wir zu Mittag gegessen. Nach dem Essen fahren wir zurück.

Da kommt uns ein Omnibus entgegen. Sein Chauffeur winkt uns auf einmal wie verrückt zu. Wir halten an; wir wissen ja nicht, was los ist.

Auf einmal prasselt eine Steinlawine zwischen uns und dem Omnibus herunter. Wir können nicht mehr weg. Die ganze Straße ist zusammengebrochen. Nur eine Kleinigkeit, und wir wären unter die Lawine gekommen. Der Chauffeur vom Omnibus, der heraufkam, sah es wohl schon rieseln.

Da standen wir nun auf dieser Straße, die ganz mit riesigen Geröllbrocken verstopft war, und kamen nicht mehr heraus. Ich habe in Gefängnissen gesessen; das war bestimmt nicht schön. Hier auf der Straße eingeschlossen zu sein war wie ein hübsches Gefängnis.

Aber auf die Dauer wird das langweilig. Es war völlig unmöglich, daß wir diese Brocken selbst hätten wegschaffen können. Wir mußten warten, bis Maschinen kamen.

So ist es auch im Leben. Ich möchte ein Kind Gottes werden. Der Weg zu Gott ist auf einmal zugeschüttet; da liegen meine Sünden wie Felsblöcke. Ich kann nicht eine wieder gutmachen. Ich kann auch ein freches Wort, das ich meiner Mutter zugerufen habe – sie ist tot –, nicht zurückholen.

Wie viele Widerworte haben Sie Ihrer Mutter gegeben? Sie können auch nicht eins gutmachen.

Ich kann auch ein schlechtes Wort, das meinen Lippen entflohen ist, das anderen in Herz und Ohren ging, nicht zurückholen. Ich kenne noch nicht einmal die Auswirkungen. Ich kann eine Sünde nicht gutmachen. Der Weg zu Gott ist mit den Brocken meiner Sünde verstopft; da komme ich nicht durch.

Darum ist es notwendig, daß einer kommt und diese Felsbrocken wegräumt. „Wohl den Menschen, die dich für ihre Stärke halten." Herr Jesus, du bist so stark. Du hast alle Lasten auf dich genommen und den Weg freigeräumt.

„Siehe, das ist Gottes Lamm, welches der Welt Sünde trägt!" Auch meine. Alle unsere Felsbrocken sind dabei; der Weg zum Herzen Gottes ist frei.

Vom Tode zum Leben

Ich möchte noch auf den Tod hinweisen. Was ist das für ein Feind, der Tod!

Neulich fuhren wir mit dem Auto von Würzburg durch das schöne Frankenland. Die Sonne schien, das Maintal leuchtete – „Ich wollt, mir wüchsen Flügel!" Sie kennen ja das Lied. So war es da. Es waren nette junge Männer im Auto, anständiger Wagen – es war einfach herrlich!

In jedem Ort, durch den wir kamen, sahen wir Totengedenktafeln. An den Häusern stand – da im Frankenland ist alles so historisch –: „Hier starb der und der Eierkopf und der Musiker Rumskopf." Im Grunde alles Zeichen davon, daß der Tod regiert.

Ich las heute in einem Buch den Satz: „Wenn wir uns auf die Erde setzen, setzen wir uns eigentlich immer auf Gräber." Es sind ja unter uns schon ganze Geschlechter versunken. Das kann mich manchmal ganz tief erschüttern, diese schreckliche Macht des Todes.

„Wohl den Menschen, die dich für ihre Stärke halten." Herr Jesus, du reißt mich aus dem Tode heraus. Wenn mir am allerbängsten wird um das Herze sein, dann führst du mich über allen Ängsten ins Leben.

Ach, meine Freunde, es ist ganz herrlich, wenn man sein Vertrauen auf den setzt, der auferstanden ist und ins Leben führt. Der ganze allmächtige Tod soll nehmen, wen er will – mich nicht, mich nicht mehr!

Lassen Sie mich zum Schluß das noch einmal sagen: „Wohl den Menschen, die dich für ihre Stärke halten."

Ich habe lange darüber nachgedacht, wie ich das ausdrücken soll. Ich wollte es eigentlich so ausdrücken: „Wohl den Menschen, die an das Starkstromnetz angeschlossen sind." Denn da ist ja Kraft. Aber das ist eigentlich ein schlechtes Beispiel.

Trotzdem möchte ich zum Schluß noch dieses Beispiel vom Stromnetz verwenden. Ich erzähle es mal so, wie es mir passiert ist.

Ich brauche für meinen Kopf – ich leide oft an Kopfweh – morgens eine Tasse Kaffee. Aber ich kann wegen meiner Galle nicht jeden Kaffee nehmen. Es gibt da so eine extra Sorte, die kann man aber nicht überall bekommen. Diesen Kaffee koche ich mir morgens selbst. Ich habe einen kleinen elektrischen Kocher, den nehme ich überall mit hin. In jedem Hotel wird morgens erst mal Kaffee gekocht.

Aber das ist eine schreckliche Misere! Sie kommen nach Amerika, da haben Sie Stecker mit zwei Plättchen; die müssen Sie umarbeiten lassen, sonst passen sie nicht. Sie kommen nach Italien, da gibt es nur 125

Volt; mein Kocher braucht aber 220 Volt. Dann kommen Sie irgendwohin in die Schweiz, da haben Sie keine Steckdose für unseren RWE-Stecker, wie wir ihn kennen, sondern nur einen einfachen, in den unser Stecker nicht hineinpaßt. Da müssen Sie dann so ein Ding auf den RWE-Stecker draufstülpen, damit er in eine gewöhnliche Steckdose dort hineingeht – kurz, es ist ein ständiges Drama.

Ich stehe also in irgendeinem Hotel und will meinen Kaffee kochen, aber ich bekomme keinen Anschluß ans Stromnetz. Alles ist da: mein Kocher, mein Kaffee, mein Tauchsieder, da ist auch ein Stromnetz, aber wir kommen nicht zusammen.

Ich glaube, so ist es bei vielen Menschen. Sie haben eine rechte Sehnsucht; sie möchten ein Kind Gottes sein. Er ist ja auch da, der am Kreuz starb und der auferstanden ist. Und doch kommt ihr Leben nicht mit dieser Kraft in Verbindung; der „Stecker" paßt einfach nicht. Jetzt – was soll ich da sagen? Was ist denn der rechte „Stecker"?

Ich kann nur sagen: das Gebet des Glaubens, so drückt es Jakobus aus, das Gebet des Glaubens: „Herr Jesus, sieh, hier ist meine Schuld. Hilf mir, daß ich glaube, daß du sie weggenommen hast. Herr, ich bringe sie an dein Kreuz. Herr, du siehst: Ich habe Angst vor dem Sterben. Herr, laß es mich jetzt schon erfahren, daß ich im Leben bin. Herr, ich kann dich noch nicht recht loben. Gib mir doch deine Freude ins Herz."

Im Glauben beten heißt: mein Leben an diesen wundervollen Kraftstrom, der in Jesus Christus mitten in der Welt ist, anschließen.

Geht es nicht auch ohne Ehe?

Zu unserem Thema möchte ich eine biblische Geschichte erzählen. Eine Geschichte, die beinahe heute passiert sein könnte.

Da war ein Junge aus einem reichen Hause. Durch allerhand Wirren, wie ja heute auch Familien getrennt werden, wird er aus seinem Elternhaus herausgerissen, kommt in ein fremdes Land und landet auf dem Sklavenmarkt. Damals wurden die Menschen offiziell wie Kühe auf dem Markt verkauft. Da steht nun dieser, von zu Hause aus ziemlich verwöhnte, junge Mann und ist verzweifelt. Auf einmal kommt ein netter Herr daher, vornehm gekleidet, ein einflußreicher Mann. Es war in Ägypten, und dieser Herr war Hauptmann der Leibwache des Königs. Der kauft den Joseph – so hieß der junge Mann – und nimmt ihn mit nach Hause.

Die Bibel erzählt dann außerordentlich knapp von seinem weiteren Ergehen. Ich kann mir vorstellen, wie Joseph zuerst ganz unten anfängt, Mülleimer ausleeren und Schuhe putzen und dergleichen. Aber bald kommt sein Herr dahinter, daß mit diesem Jungen etwas Besonderes los ist. Er hatte nämlich mit seinem Gott einen Bund gemacht. Auch im Heidenland wollte er ihm gehören. Darum hat er ganz bestimmt zwei Dinge, die jeder Sklave tut, nicht getan: er hat nicht geklaut und nicht gelogen. Das erzählt die Bibel nicht so ausführlich, aber wir können uns denken, daß der Herr – Potiphar hieß er – sagte: „Das ist ja großartig! Endlich einer, der mich nicht bestiehlt und nicht belügt, dem kann ich vertrauen!"

Sagen Sie, wissen Sie jemanden, zu dem Sie sagen könnten: „Ich kann dir meinen Geldbeutel anvertrauen. Ich weiß, du lügst nicht und stiehlst nicht"? Das ist selten, nicht wahr?

Herr Potiphar vertraut also diesem Joseph immer mehr an, und schließlich – die Bibel sagt es so schön – ließ er ihn alles machen, die Leibwache und alles. Joseph regierte die Sklavenherde in seinem Hause. Herr Potiphar kümmerte sich um nichts mehr, außer daß er aß und trank – das konnte ihm ja wirklich keiner abnehmen.

Inzwischen war Joseph herangewachsen. Er war ein einflußreicher Mann – aber eben nur ein Sklave. Er trug elegante Anzüge, war gepflegt. Und nun geschieht es, daß die junge Frau des Potiphar „ihr Auge auf ihn wirft", so heißt es in der Bibel. Sie merkt auf einmal: das ist ein gutaussehender junger Mann! Und ich kann mir vorstellen, wie sie ihm deutlich macht: „Du gefällst mir, Joseph! Ich liebe dich!" Aber Joseph tut, als merke er es nicht.

An einem heißen, schwülen Mittag kommt Joseph durch das Gemach, wo sie auf ihrem Diwan liegt. Da springt sie auf und packt ihn an seinem Gewand. Und nun geht sie aufs Ganze: „Joseph, komm, schlafe bei mir!"

Ich bin überzeugt, daß dieser junge Mann auch die Hunde im Keller bellen hörte, daß er auch Funken vor den Augen gesehen hat. Aber dann geschieht etwas Merkwürdiges: Er schiebt die Hand dieser Frau weg und sagt: „Wie sollte ich ein solch großes Übel tun und wider den lebendigen Gott sündigen? Ich kann nicht! Ich weiß, daß Gott da ist!"

Die Frau hat schrecklich Rache genommen, das können Sie im ersten Buch Mose, Kapitel 39, nachlesen. Es ist eine unglaublich dramatische Geschichte. Diese Frau hat sich gerächt dafür, daß Joseph sie verachtete. Dabei hat er sie gar nicht verachtet. Er sagte nur: „Ich kann nicht! Gott ist da und sieht mich!"

Spüren Sie, meine Freunde, daß da zwei Welten aufeinanderprallen? Die Welt der Frau Potiphar und die Welt des Joseph. Und diese beiden Welten wollen wir uns jetzt einmal genauer ansehen.

Die Welt der Frau Potiphar

Ich verstehe diese Frau. Ich glaube, daß sie sehr einsam war. Sie bewegte sich in vornehmen Kreisen, gab viele Partys, aber im Grunde war sie schrecklich einsam!

Das versteht der Mensch von heute, denn auch er ist mitten im Gewimmel der Großstädte einsam. Eine Frau kann neben ihrem Mann furchtbar einsam sein und umgekehrt. Und nun verbündet sich diese Einsamkeit mit der schrecklichsten Macht, die es in unserem Leben gibt – der Sexualität. Frau Potiphar sucht Abwechslung, Erlösung von der Einsamkeit: „Joseph, schlaf bei mir!" Als Joseph sagt: „Ich kann nicht, Gott ist da!", kann sie das absolut nicht verstehen. Sie ist überzeugt: Da ist doch nichts dabei! Sexualität hat doch mit Gut und Böse gar nichts zu tun!

Und damit sind wir mitten in der Gegenwart. Denn auch der Mensch von heute ist überzeugt, daß Sexualität mit Gut und Böse nichts zu tun hat! Wenn ich einen totschlage – das ist böse. Wenn ich einen bestehle – das ist böse. Aber wenn ich ein Mädchen liebe – das hat doch nichts mit Gut und Böse zu tun! Sehen Sie, wir leben in der gleichen Atmosphäre wie Frau Potiphar vor dreitausend Jahren in Ägypten.

Es ist merkwürdig, wie drei Mächte dafür gesorgt haben, daß der Mensch von heute überzeugt ist, Sexualität hat nichts mit Gut und Böse zu tun.

Das sind erstens die Filme. So ein erotischer Film, der zeigt, wie schön Ehebruch ist: Der unverstandene Ehemann findet endlich, endlich das verständnisvolle Herz! – Kuß, Großaufnahme –, und dann soll er nicht nachgeben?

Zweitens: die Psychiater. Die haben uns unablässig erklärt, wie gefährlich verdrängte Sexualkomplexe seien. Und heute hat schließlich das ganze Volk einen Sexualkomplex! Es gehen nur noch Romane, in denen mindestens fünf Schlafzimmerszenen vorkommen, nicht wahr?!

Wenn ich mir dann selbst in kleinen, soliden Städtchen die Zeitungskioske anschaue – dann wird mir übel! Was da alles aushängt! Wir haben alle miteinander Sexualkomplexe. So kleine Mädchen ab fünfzehn haben nur noch eines im Kopf: Jungen, Jungen, Jungen! Und umgekehrt. Und der Mann um fünfzig gerät in Panik, es entgehe ihm noch etwas! – Zum Glück ist da die Sekretärin!

So lange haben wir Angst gehabt vor einem verdrängten Sexualkomplex, bis wir schließlich alle einen Komplex haben.

Und das dritte: die Bücher, die modernen Romane! Vor einigen Jahren gab es einmal einen Krach, als in Düsseldorf junge Leute moderne Romane verbrannten. Da hat jeder seinen Senf dazu gegeben: die Kirchenleitung, Pastoren, Bürgermeister und wer wollte. Ich fand es so interessant, daß die jungen Leute gar nichts mehr gesagt haben. Die haben den Mund gehalten. Und ich habe den Eindruck, es hat kaum einer verstanden, um was es ihnen ging. Es ging ihnen darum, daß in diesen Büchern – von oft bedeutenden Schriftstellern – das Sexuelle jenseits von Gut und Böse stand.

Wenn Sie ein Buch von Günther Grass lesen, dem berühmten Günther Grass – da spielen die geschlechtlichen Dinge eine wahnsinnige Rolle, sonst wäre er nicht so berühmt! Aber sie sind jenseits von Gut und Böse, sie haben mit Gut und Böse nichts zu tun! Und die jungen Leute hatten ganz deutlich das Gefühl: das stimmt doch nicht! Eine Sache, die für jedes Menschenleben so wichtig ist, kann doch nicht einfach von Gut und Böse ausgeklammert sein! Das stimmt doch nicht! Die hatten ein ganz richtiges Empfinden. Und wie oft bekomme ich von jungen Leuten gesagt: „Wir kriegen keine Antworten in der Kirche!" Was meinen sie mit „Antworten"? Daß uns keiner mehr sagt, was auf diesem Gebiet, das uns bedrängt, in Wirklichkeit gut und böse ist.

Wir tun so, als ob das Geschlechtliche jenseits von Gut und Böse wäre. Dabei empfinden wir ganz deutlich, daß das nicht stimmt.

Da steht eines Tages ein Pärchen vor mir – das vergesse ich nie. Sie so ein richtiges Flittchen, und er in ihrem Schlepptau, wie das so geht. Und als sie nun vor mir stehen, sage ich zu ihnen: „Was mit euch los ist, das sieht man sieben Kilometer gegen den Wind!"

Daraufhin wirft sie sich in die Brust und sagt: „Da ist doch nichts dabei, Herr Pastor!"

Ich hörte förmlich unsere ganze Zeit schreien: „Da ist doch nichts dabei!" So schreit das Kino, das schreien die Bücher, das sagen die Psychotherapeuten: „Mensch, du mußt den Dingen ihren Lauf lassen! Da ist doch nichts dabei!"

Ich habe die beiden gefragt – und jetzt müssen Sie sehr aufpassen: „Wer hat denn eigentlich zu sagen, ob da etwas dabei ist oder nicht? Wer hat denn eigentlich zu sagen, was gut und böse ist?"

Nicht der Pastor! – ganz richtig. Auch nicht Tante Auguste mit ihren überholten Ansichten. Wer hat eigentlich zu sagen, was gut und böse ist – auch auf dem Gebiet des Geschlechtlichen? Also angefangen beim Flirt bis hin zum Ehebruch und zur Hurerei. Wer setzt den Maßstab?

Ich meine, es gibt nur einen einzigen, der bestimmen kann, was gut und böse ist, nämlich der Herr der Welt, der lebendige Gott. Wenn es keinen Gott gibt, dann können Sie tun, was Sie wollen. Sie müssen nur achtgeben, daß Sie nicht mit der Polizei in Konflikt kommen. Aber sonst können Sie tun und lassen, was Sie wollen.

Ich sage Ihnen aber eins: Gott lebt! Und zwar nicht ein Gott, der Naturkraft ist oder Tiefe des Daseins, sondern der Schöpfer Himmels und der Erde, der Herr und Richter dieser Welt – er lebt!

Es müßte so sein, daß, wenn wir den Namen „Gott" aussprechen, es uns kalt den Rücken hinunterlaufen müßte vor Schrecken, daß wir Stunde um Stunde leben, ohne mit ihm zu rechnen.

Wenn mich einer fragt: „Woher weißt du denn so

sicher, daß Gott lebt?", dann antworte ich ihm: „Weil er sich in Jesus, seinem Sohn, offenbart hat." Seit Jesus gekommen ist, ist Gottesleugnung Unwissenheit oder böser Wille! Und ich sage Ihnen: Gott lebt! Und Sie werden alle miteinander, ob Sie ihn leugnen oder nicht – das ist völlig egal – Sie werden vor ihm stehen und über Ihr Leben Rechenschaft ablegen müssen.

Ich habe heute noch ein Wort aus dem Munde Jesu gelesen: „Es ist nichts Heimliches, das nicht an den Tag kommen wird."

Ich sehe hier manche alten Häupter. Vielleicht sind in Ihrem Leben noch Dinge, an die Sie nicht gern denken. Es gibt nichts, das nicht an den Tag kommen wird!

Dieser heilige, lebendige Gott, mit dem wir unerhört frech umgehen –, dieser Gott allein hat zu bestimmen, was gut und böse ist. Es kann ja nicht gutgehen, wenn wir tun, als ob er nicht da wäre!

Die Welt des Joseph

Und damit komme ich aus der Welt der Frau Potiphar zur Welt des Joseph. Joseph kannte Gott, und er wußte den Willen Gottes. Deshalb sagte er: „Ich fürchte Gott, und ich habe mich entschlossen, seinen Willen zu tun, und ich bin glücklich dabei geworden."

Die Frau Potiphar hat sich grauenvoll gerächt. Aber ich glaube, Joseph war die ganze Zeit überzeugt, daß die Frau Potiphar sehr unglücklich war.

Wenn Frau Potiphar jetzt hier wäre, würde ich sie fragen: „Frau Potiphar, wie konnten Sie auf so einen Gedanken kommen, den Joseph verführen zu wollen?" Wahrscheinlich hätte sie geantwortet: „Ja, ich habe eben freie Ansichten. Das verstehen Sie als Pfarrer nicht!" Und anschließend würde sie viel von Freiheit reden, aber dann würde ich sagen: „Frau Potiphar, Sie sind ja gar nicht frei. Sie sind so unfrei wie ein Galeerensklave!"

Wissen Sie, was Galeeren waren? Das waren große Boote mit riesigen Rudern. Die Sträflinge, die rudern mußten, waren angekettet, und wer zu schwach war und nicht mehr mitkam, der wurde „ausgebootet!" Man mußte einfach mit im Tempo. So muß der Mensch heute sozusagen im sexuellen Tempo mitgehen. Wieviel Mädchen sind unglücklich, wieviel Ehen sind unglücklich! Man muß eben mit, man kann nicht mehr raus, man ist angekettet. „... Aber ich habe freie Ansichten." Das ist Blödsinn, einfach zum Lachen!

Joseph sagt: „Ich habe mich entschlossen zu fragen: Was will Gott?"

Liebes junges Volk, überlegt euch bitte einmal, ob ihr mir nicht recht geben könnt: Entweder gibt es keinen Gott, und dann könnt ihr tun, was ihr wollt. Oder Gott lebt, dann müßt ihr fragen: Was will Gott? – auch auf diesem Gebiet. Es geht nicht an, daß ihr Christen sein wollt und an dieser Stelle Gott ausklammert.

Da irrt Günther Grass und all die guten (oder bösen) Männer – da irren sie! Wenn Gott lebt, dann muß ich fragen, was Gott will.

Und jetzt fragen wir, was ist denn der Wille Gottes auf dem Gebiet des Geschlechtlichen? Das hat Gott offenbart.

Jetzt muß ich Ihnen mal etwas Persönliches sagen. Ich war von meinem sechzehnten bis zum achtzehnten Lebensjahr ganz gottlos. Als ich achtzehn war, war ich

Offizier im ersten Weltkrieg. Einmal kam ich in eine Situation, da war alles tot. Ich führte eine Artillerie-Batterie. Ja, ich war ein Kerl! Wenn ich meine achtzig Pferde und meine hundertzwanzig Mann sah – mit achtzehn Jahren – da war man ein Kerl! Und ich lebte völlig ohne Gott und war gepeitscht von meinen Trieben. Doch eines Tages trat mir Gott in den Weg. Darum rede ich von ihm. Ich rede nicht theoretisch von ihm. Ich bin auf ihn geprallt, wie einer mit dem Auto gegen die Mauer fährt. Es war schrecklich! Ich wußte, daß Gott lebt. Und da war etwas vom ersten, was ich tat, daß ich mich fragte: „Was will er eigentlich von mir?" Ich erzähle nachher weiter, wie ich zum Glauben kam und Frieden mit Gott fand. Aber ich konnte nicht einfach weitermachen.

Und nun will ich Ihnen sagen, was Gottes Wille auf dem Gebiet des Geschlechtlichen ist, was Joseph wußte. Wir sind jetzt in der Welt Josephs.

1. Gott sagt ja zu unserer Geschlechtlichkeit

Es ist nicht so, wie Tucholsky einmal sagte: „Von der Brust aufwärts bin ich Christ und abwärts bin ich Heide." Das ist dummes Zeug. In der Bibel steht ganz zu Anfang: „Gott schuf sie, einen Mann und eine Frau!" Gott schuf uns auch in unserer Geschlechtlichkeit. Und darum spreche ich jetzt offen darüber.

Ich wünschte, daß die jungen und älteren Männer, die hier sind, mal kapierten: Gott hat mich als Mann geschaffen. Mit all seinen Nöten, die das bringt, muß ich ja dazu sagen. Und die andern hat er als Frau geschaffen. Das ist das erste, daß das ganze Gebiet nicht ein Tabu ist, wo ich überhaupt nur verstohlen sündigen kann, sondern ich darf es vor dem Angesicht des heiligen Gottes wissen: Er hat mich als Mann beziehungsweise Frau geschaffen!

Im übrigen nicht als *Hampelmann*. Wenn ich so manche Männer ansehe, die an den Drähten der Mädchen tanzen, denke ich, sie sind Hampelmänner! Ja, und Hampelfrauen oder Hampelmädchen.

2. *Weil die Sexualität so eine ungeheure Macht ist, hat der lebendige Gott sie durch die Ehe geschützt*

Gottes Wille ist die Ehe, in der Treue und Liebe geübt wird. Deshalb ist die Ehe eine ganz große Sache!

Ach, ihr alten Ehekrüppel, wieso lauft ihr denn nebeneinander her, daß einem manchmal ganz übel wird? In manchen guten Stuben findet man Blattpflanzen, auf denen der Staub liegt. So kommen mir viele Ehen vor, so richtig verstaubt. Darf ich mal ein Wort dazu sagen?

Da kam einmal eine junge Frau zu mir und klagte über ihren Mann. Ich fragte sie: „Haben Sie ihn denn gar nicht mehr lieb?"

„Natürlich habe ich ihn lieb, aber wenn er so..."

„Hören Sie mal, haben Sie ihm gesagt, daß Sie ihn liebhaben?"

„Das brauche ich doch nicht jeden Tag zu sagen!"

„Doch", habe ich gesagt. „Das hört der Mann jeden Tag gern."

Am nächsten Tag kam der Mann angebraust. „Meine Frau ...!"

Ich sagte „Hören Sie mal, haben Sie sie denn nicht mehr lieb?"

„Doch, aber wenn sie so ..."

„Haben Sie ihr heute morgen gesagt, daß Sie sie liebhaben?"

„Das kann ich doch nicht dauernd ...!"

„Doch", entgegnete ich. „Das will eine Frau am liebsten jeden Tag hören."

Man sollte eine Ehe so führen, als ob sie jeden Tag neu beginne. Heute bekam ich einen Brief von meiner Frau – wir sind über vierzig Jahre verheiratet –, in dem sie mir eine entzückende Liebeserklärung gemacht hat.

Eine Ehe ist also eine ganz große Sache, weil sie dem Willen Gottes entspricht. Ein großer Gottesmann hat einmal gesagt: „Nach dem Sündenfall wurden die Menschen aus dem Paradies vertrieben, hinaus in die Welt, die Dornen und Disteln trägt. Sie durften nur zwei Dinge mitnehmen: den Sonntag und die Ehe. Das sind Erinnerungen ans Paradies."

Und nun denke ich mit Schrecken, wie viele Ehen Erinnerungen an die Hölle sind und nicht ans Paradies. Ich bitte die Eheleute, vielleicht heute abend einmal ganz neu anzufangen, ganz von vorne. Sagen Sie: „Wir haben uns viel zu vergeben, vergib du mir!", nicht: „Du hast allerhand angestellt!" Das wäre schon verkehrt. Man muß selbst anfangen und sagen: „Vergib mir!"

Gott schützt die Sexualität durch die Ehe. Und er wacht über die Ehe.

3. Darum will Gott eine reine Jugend

Die Sexualität gehört nach dem Willen Gottes in die Ehe und nicht davor oder daneben.

Jetzt höre ich förmlich euer Gebrüll: „Mensch, bist

du rückständig!" – Das müssen Sie mit Gott ausmachen. Meinen Sie, Gott ändert seine Ansichten, weil unsere Zeit gerade mal wieder ein bißchen aus den Pantinen gekippt ist? Das dürfen Sie ja nicht glauben! Die Bibel nennt Sexualität außerhalb der Ehe Hurerei. Und in diesem Zusammenhang steht das schreckliche Wort in der Bibel: „Die Hurer und Ehebrecher wird Gott richten!"

Es war in einer Hamburger Kirche, wo ich dieses Wort einmal sagte. Da sprang ein blondes Mädchen auf und brüllte mitten rein: „Ich möchte solche Dinge nicht mehr hören!" Und damit ging sie mit ihren Hakken – klack, klack, klack – durch den Mittelgang zum Ausgang.

Ich habe geantwortet: „Moment mal, Fräulein. Was gibt's denn?" Sie drehte sich um, und ich fuhr fort: „Ich habe Ihnen nicht ein paar religiöse Dinge zu sagen, auch nicht meine Meinung, sondern den Willen des lebendigen Gottes, vor dem Sie einmal stehen werden! Und jetzt können Sie gehen!"

Gott will eine reine Jugend. Gott will, daß Sie dem Ehepartner, den Sie vielleicht noch gar nicht kennen, die Treue halten. Damit keine Verwechslungen entstehen, will ich es ganz deutlich sagen: Vorehelicher Geschlechtsverkehr ist Sünde! Ehebruch ist Sünde! Ehescheidung ist Sünde! Lesbische Liebe – die es angeht, verstehen es schon – ist Sünde! Homosexualität ist Sünde vor dem heiligen Gott! Sie können bis ans Ende der Welt laufen, ihm laufen Sie nicht weg.

Ich mußte Ihnen zunächst den Willen Gottes sagen. Joseph war entschlossen, den Willen Gottes zu tun. Darum sagte er: „Frau Potiphar, Frau meines

Chefs, ganz egal, was daraus wird – nein, ich kann nicht!"

Ich bin überzeugt, daß er in dem Augenblick, als die Frau Potiphar ihn packte und sagte: „Schlafe bei mir!" in einer ungeheuren Versuchung stand. Aber die Wirklichkeit Gottes war noch stärker als das Rauschen seines Blutes. Und ich glaube, es wäre an der Zeit, daß wir endlich wieder lernten, Gott ernst zu nehmen. Wenn man Gott nicht ernst nimmt, lebt man schräg, an der Wirklichkeit vorbei.

Ich habe schon öfters das folgende Bild gebraucht. Angenommen, Sie fahren zwischen Köln und Düsseldorf über die Autobahn. Diese Strecke ist äußerst belebt. Wenn Sie nun einer warnt, die Fahrbahn zu überschreiten, und Sie sagen: „Mensch, ich glaub' da nicht dran!" und gehen drüber, dann ist es völlig einerlei, ob Sie daran glauben oder nicht. Sie werden platt gefahren wie eine Wanze, nicht wahr?

Und so ist es mit Gottes Realität! Ob Sie daran glauben oder nicht – Ihr Leben ist falsch und schief, im Dunkeln und in der Finsternis, weil er, das Licht, fehlt. Und nun müssen Sie wählen zwischen der Welt Josephs und der Welt der Frau Potiphar.

Wenn ich jetzt weiter nichts zu sagen hätte, dann wäre ich entsetzlich unglücklich. Ich erzähle Ihnen aber noch eine biblische Geschichte. Da steht der Herr Jesus, der Sohn Gottes, eines Tages da und spricht zu den Leuten. Plötzlich kommt ein aufgeregter Menschenhaufen auf ihn zu: Führer des Volkes und der Pöbel. In der Mitte schleppen sie eine hübsche junge Frau, die Bluse halb zerrisssen, mit sich. Sie zerren sie vor Jesus und sagen: „Herr, diese Frau haben wir ertappt im Ehebruch. In unserer Bibel steht, daß der Ehebrecher nach dem Gebot Gottes sterben muß. Du bist immer so barmherzig. Sage, ob sie sterben muß oder nicht!"

Und Jesus antwortet: „Ja, nach dem Gesetz Gottes muß sie gesteinigt werden. Sie hat ins Angesicht Gottes hinein gesündigt."

„Na also!" jubelt das Volk.

„Moment!" sagt Jesus. „Ich habe noch etwas zu sagen. Sie hat den Tod verdient. Wer unter euch jetzt ohne Sünde ist, wer ganz rein ist, der soll den ersten Stein werfen." Und dann bückt er sich und schreibt etwas in den Sand.

Ich möchte zu gern wissen, was er da geschrieben hat. Vielleicht hat er Namen in den Sand geschrieben. Ich möchte gern, daß er meinen Namen in das Buch des Lebens schriebe. „Die Gottlosen werden in den Sand geschrieben", heißt es in der Bibel. Sie können so hochmütig sein und Ihr Leben lang an Gott vorübergehen. Dann wissen Sie, daß Ihr Name in den Sand geschrieben ist. Ich weiß nicht, was Jesus schrieb.

Als er sich dann aufrichtet, ist nur noch die junge Frau da. An dieser Stelle sagt die Bibel: „Sie gingen hinaus, von ihrem Gewissen überführt." Auf einmal war jedem etwas eingefallen: seine schmutzige Phantasie oder eine Schuld aus der Vergangenheit. Auf einmal dachte jeder: „Eigentlich, eigentlich müßte man mich auch steinigen!" Und dann waren sie weggeschlichen. Nun steht die Frau da, vor dem Gericht Gottes gerettet durch Jesus. Als ein Denkmal steht sie da: Gottes Zorn über ihr – doch Jesus hat sie gerettet.

Und da sagt Jesus: „Fang ein neues Leben an! Geh,

aber fang ein neues Leben an! Sündige hinfort nicht mehr!"

Ich möchte jetzt Ihren Blick auf Jesus richten. „Wer ohne Sünde ist, werfe den ersten Stein!" Wenn wir dabeigewesen wären – Ihr lieben alten Christen, wollen Sie aufstehen und sagen: „Ich hätte den Stein werfen können?"

Ich hätte ihn nicht werfen können, ich nicht! Und Sie auch nicht.

Es ist ja unheimlich, was wir hier für eine Sünderversammlung sind. Was ist hier alles verborgen, was doch vor Gottes Augen offenliegt!

Darum waren die Leute so schrecklich dumm, daß sie von Jesus wegliefen, in ihrem Gewissen überführt. Als ich im Gewissen überführt wurde, daß Gottes Zorn über mir ist, weil ich seine Gebote mit Füßen getreten habe, und ich nicht mehr aus noch ein wußte, da bin ich zu Jesus hingelaufen. Und diese Leute mit ihrem schlechten Gewissen, die von Jesus wegliefen, die hätten zu Jesus hinlaufen sollen! Und wenn hier Sünder sind mit schmutzigen Gedanken und Gebundenheiten, Sünden der Vergangenheit, die sie beunruhigen, und junge Leute, die nicht wissen, wie sie fertig werden sollen – laufen Sie jetzt nicht weg von Jesus wie diese Narren in der biblischen Geschichte, sondern gehen Sie zu Jesus hin!

Wer ist Jesus? Da sagt mir einer: „Jesus war ein Mensch wie wir." Das ist ein ausgekochter Blödsinn! Auch wenn das sogar im „Spiegel" gestanden hat, ist es Quatsch! Wenn Jesus ein Mensch war wie wir, ein Prophet oder ein Religionsstifter, dann habe ich kein Interesse an ihm! Wenn mir das einer erzählt, dann sage ich: „Sie meinen offenbar einen anderen Jesus.

Ich rede von dem, den der lebendige Gott zu uns gesandt hat in diese schmutzige Welt herein, um uns zu erretten von unseren feinen und groben Sünden."

Das ist so eine komische Sache, daß ich oft von jungen Leuten zu hören bekomme, Christentum sei etwas für die Alten. Nein, gerade ihr braucht einen Heiland! Gott hat die Mauer zerschlagen, die zwischen ihm und uns ist: „So sehr hat Gott die Welt geliebt, daß er seinen Sohn gab, auf daß alle, die sich dem anvertrauen, nicht verloren werden, sondern das ewige Leben haben!"

Bitte, gehen Sie doch jetzt mit mir im Geist nach Golgatha, auf die Anhöhe vor den Toren Jerusalems. Da stehen drei Kreuze. Links hängt ein Sünder wie Sie und ich, rechts ein Sünder wie Sie und ich, aber der in der Mitte, der mit der Dornenkrone, der ist anders. Die Hände, die die Welt schufen, sind angenagelt! Wir wollen jetzt alle auf Jesus sehen, den Gekreuzigten.

> O Haupt voll Blut und Wunden,
> voll Schmerz und voller Hohn,
> o Haupt, zum Spott gebunden
> mit einer Dornenkron ...

Bleiben Sie vor ihm stehen: „Sohn Gottes, warum hängst du da?"

Dann antwortet er: „Du verstehst es vielleicht noch nicht ganz, aber wenn man dich herausreißen wollte aus dem Zorn Gottes durch dein böses Herz und all deine schrecklichen Triebhaftigkeiten – dann ging es nicht einfacher als so. Ich sterbe dafür!"

Am dritten Tag ist er auferstanden von den Toten.

Darum lebt er, und weil er lebt, können Sie ihn anrufen, und deshalb konnte ich draußen in Frankreich Jesus finden.

Sie können jetzt nach Hause gehen und sagen: „Herr Jesus, sieh doch einmal mein ganzes Drecksleben an! Ich möchte nie mehr weglaufen von dir, sondern zu dir hinkommen!", dann werden Sie erfahren, daß Jesus Ihre Vergangenheit zudeckt. Das ist wunderbar, daß unsere Vergangenheit ausradiert werden kann. Am jüngsten Tag ist dann nicht mehr die Rede davon. Jesus schenkt Vergebung der Sünden und ein neues Herz.

Oh, ich vergesse nicht den Tag, als ich damals Gott begegnete. Es war ein herrlicher Frühlingstag. Ich ritt hinter der Front durch einen wunderschönen Frühlingswald. Überall blühten Primeln, und dabei war ich so unglücklich. Ich hatte Angst vor Gott. Und ich dachte: „Ich möchte Frieden mit Gott. Das müßte doch wunderbar sein, wenn so ein Kerl wie ich, so ein windiger Leutnant, aus allem Dreck herauskäme und Frieden mit dem gewaltigen Gott fände." Dabei war mir ganz klar, daß zwei Dinge passieren müßten: erstens müßte meine Vergangenheit ausradiert werden, und zweitens müßte ich eine andere Gesinnung bekommen, denn ich liebte die Mädchen! Ich müßte ein anderes Herz bekommen. Eines Tages bekam ich ein Neues Testament in die Hand. Darin stand, daß Jesus Sünder errettet und die Vergangenheit auslöscht. „Das Blut Jesu Christi macht uns rein von aller Sünde!"

Bekennen Sie ihm Ihre Sünde und lassen Sie sich

reinwaschen. – Dann sagt Gott: „Ich will meinen Geist in euch geben und will neue Leute aus euch machen!" Ich kann das hier nur kurz skizzieren. Aber ich möchte Sie auf die Spur hetzen, daß Sie anfangen, das Neue Testament zu lesen und Jesus zu suchen.

Das Christentum ist nicht ein Dogma, über das man diskutiert. Diskussionen hängen mir zum Hals heraus – furchtbar! Der Christenstand ist ein Ich-Du-Verhältnis. Ich darf jetzt mit dem lebendigen Jesus reden. Also, wenn es schiefgeht oder Sie in Versuchung kommen, dann dürfen Sie sagen: „Herr Jesus, sieh mal, da bin ich jetzt so furchtbar im Druck, darf ich Dir das einfach mal sagen!" Ja, man darf sein Herz vor ihm ausschütten. Und in dem Augenblick, wo Sie Jesu Eigentum werden, sind Sie ein Kind Gottes und haben Frieden mit dem lebendigen Gott!

Ich möchte mit einem kleinen Beispiel schließen, das ich gern erzähle. Ich habe vorhin das Wort gesagt: „So sehr hat Gott die Welt geliebt" – ach, diese schmutzige Welt! Wenn ich bloß einen Kiosk ansehe, habe ich sie schon nicht mehr lieb, nicht wahr? Aber Gott hat sie lieb! Da bleibt einem die Luft weg. Trotzdem läßt er nicht alles durchgehen. Der Vers geht weiter: „... daß er seinen eingeborenen Sohn gab, auf daß alle, die an ihn glauben, nicht verloren werden." Die andern bleiben verloren! Gott will Sie retten! Für Sie ist Jesus gekommen, doch Sie können auch die Verlorenheit wählen. Das ist *die* Entscheidung Ihres Lebens. „... auf daß alle, die an Jesus glauben, nicht verloren werden, sondern ewiges Leben haben."

Zum Schluß möchte ich Ihnen deutlich machen, was es heißt, an Jesus zu glauben. Ich flog mal zurück von Oslo, wo ich Vorträge gehalten hatte. Das war an einem Samstag, und ich sollte am Sonntag in einer großen Versammlung in Wuppertal sprechen. In Kopenhagen sollten wir landen. Da war dicker Nebel, das Flugzeug kreiste und wurde nach Malmö dirigiert. Nun waren wir also in Schweden. Malmö war der einzige nebelfreie Flughafen. Da landete eine Maschine nach der anderen, und schließlich kam es zu einem großen Gedränge. Man fand keinen Stuhl mehr. Ich sagte mir: „Ich muß weg, ich muß doch morgen predigen!" Auf einmal wurde bekanntgegeben: „Es fliegt jetzt noch eine viermotorige Maschine" – damals gab es noch keine Düsenmotoren – „von der PAA nach Süden. Man weiß nicht, ob sie in Hamburg, Düsseldorf, Frankfurt oder Stuttgart landen kann. Aber wer unter allen Umständen weg will, sollte mitfliegen." Auf einmal schrie neben mir eine Dame: „Da fahr ich nicht mit! Man weiß ja nicht, bei dem Nebel!"

Ich sage: „Sie brauchen ja nicht, gnädige Frau. Bleiben Sie ruhig hier!"

Ein österreichischer Freund war bei mir. Der sagte auch: „Der Start ist ja schon ein bißchen komisch." Wir waren inzwischen auch eingenebelt. In diesem Augenblick geht der Pilot an uns vorüber. Ich vergesse nie sein ernstes, gesammeltes Gesicht. Der wußte: „Das ist jetzt nicht ganz einfach. Und dann so eine vollbesetzte Maschine!" Ich deutete mit dem Kinn auf ihn und stieß meinen Freund an: „Sieh mal, dieser hier, das ist der Pilot!" Mein Freund antwortete: „Zu dem kann man Vertrauen haben, da kann man einsteigen!" Und schließlich stiegen wir ein. Ich bin dann in Frankfurt gelandet, nicht in Essen. Es war schon abenteuerlich! In dem Moment, als wir den Fuß auf die erste Stufe der Gangway stellten, hatten wir den Boden verlassen. Nun waren wir dem Piloten ausgeliefert.

Und sehen Sie: das heißt glauben. Ich überlege: Wem kann ich mein Leben anvertrauen? Und da wüßte ich keinen Besseren als Jesus. Es hat keiner so viel für mich getan wie er. Er ist der, der auferstanden ist von den Toten – der Sieger über den Tod!

„... auf daß alle, die an ihn glauben" – das heißt: Ich steige bei ihm ein. Ich verlasse meinen bisherigen Boden und sage:

>Wem anders sollt ich mich ergeben,
>o König, der am Kreuz verblich!
>Hier opfere ich dir mein Gut und Leben,
>mein ganzes Herz ergieße sich.
>Dir schwör ich zu der Kreuzesfahn
>als Streiter und als Untertan!

Wie kann Gott das zulassen?

Wir alle wissen, daß in unserer Welt schreckliche Dinge geschehen. Ich habe schlaflose Nächte über Vietnam verbracht. Dort ist Krieg*, und ich stelle mir im Geist immer die Zivilbevölkerung vor, die nun seit zwanzig Jahren in dieser Mühle steckt. Männer, die verhaftet werden, weil sie verdächtigt werden, zu den Vietkong zu gehören. Frauen, deren Hütten über dem Kopf angesteckt werden. Wenn man sich das einmal klarmacht oder solche Bilder sieht, dann steht die Frage vor uns: „Und Gott?"

Diese Frage drängt sich einem noch mehr auf, wenn es uns persönlich trifft. Darf ich einmal etwas von mir erzählen: Als ich heiratete, hatte ich mir sechs Söhne gewünscht. Gott schenkte mir zwei, und sie sind beide eigentlich auf schreckliche Weise umgekommen. Das ist ein Punkt, über den ich nicht hinwegkomme. Immer wieder taucht die Frage auf: „Gott, warum hast du mir das angetan? Wo war denn deine Hand?"

Oder ich denke an eine Frau, die an Krebs stirbt, so langsam dahinsiecht unter schrecklichen Qualen. Wer das miterlebt, der wird sich unwillkürlich fragen: „Ja – und Gott?"

Es gibt unter Ihnen bestimmt eine Menge Leute, die jetzt ihre Geschichte erzählen könnten und am Schluß fragen: „Wo war denn Gott?"

---

* Der Vietnam-Krieg endete 1975

Unser geliebter deutscher Dichter Friedrich Schiller hat einmal ein Lied über die Freude gedichtet:
    Freude, schöner Götterfunken,
    Tochter aus Elysium ...
Darin kommt die Zeile vor:
    Brüder, überm Sternenzelt muß ein lieber Vater wohnen.
Der Mensch von heute ist versucht zu sagen: „Brüder, überm Sternenzelt *kann kein* lieber Vater wohnen!"

Wem sich diese Fragen aufdrängen: „Wo ist Gott? Warum läßt er das zu? Warum schweigt er zu all den furchtbaren Dingen, die in dieser Welt passieren?", der kommt vielleicht an den Punkt, wo der schreckliche Gedanke auftaucht: „Vielleicht gibt es gar keinen Gott. Vielleicht ist der Atheismus doch das Wahre."

Wenn das stimmte, daß es keinen Gott gibt, das wäre fürchterlich! Dann sind wir Menschen wie Bestien, alleingelassen! Dann sind wir verlorene Kinder. Es weiß doch heute kein Mensch mehr den Weg aus dem Chaos! Alle Völker rüsten mit Atombomben auf, und niemand weiß, wo das hinführen soll! Die Hälfte der Welt hungert, und wir wissen nicht, wie wir sie satt kriegen sollen. Wir sind doch verloren ohne Gott.

Wenn mir jemand sagt: „Ich bin Atheist", dann entgegne ich: „Sie ahnen ja gar nicht, was Sie damit aussprechen. Daß über uns nichts ist, wir alleingelassen sind!? Wir untereinander!" Ein schauerlicher Gedanke. Nichts ist schrecklicher für den Menschen als der Mensch. Die Römer hatten ein Sprichwort: „Homo homini lupus est." – „Ein Mensch ist dem anderen ein Wolf." Nein, Gott sei Dank, meine Freunde, ihr braucht keine Zweifel zu haben – auch wenn Gott oft schweigt –, daß Gott lebt, ist ganz gewiß! Und wenn ihr mich fragt, warum ich das so bestimmt weiß, will ich euch etwas erzählen: Ich hatte einmal nachts um zwölf eine Versammlung in Augsburg, in der Nacht von Samstag auf Sonntag. Da wurden alle Betrunkenen, und was man so auf der Straße aufladen konnte, zusammengetrieben und eine Versammlung für sie gehalten. Meine Freunde fuhren in ihren Autos durch die Stadt und luden ein, was sie finden konnten. Das war eine Versammlung!

Und als ich anfing von Gott zu sprechen, steht einer auf – er hatte einen Schlapphut auf und 'ne Zigarre im Mund – und brüllte: „Gott gibt's gar nicht!"

Ich erwiderte: „Wissen Sie das ganz bestimmt?"

Da kratzte er sich hinter dem Ohr, schob die Zigarre in den andern Mundwinkel und rief: „Bestimmt weiß kein Mensch etwas!"

Darauf erklärte ich ihm: „Ich weiß aber ganz bestimmt, daß Gott lebt!" Wieder stand er auf und sagte: „Woher wollen Sie denn das so bestimmt wissen?"

„Weil er sich in Jesus geoffenbart hat!"

Wenn einer sagt: „Es gibt keinen Wilhelm Busch!" und ich rücke ihm auf die Bude und sage: „Hier bin ich" und zeige ihm meinen Ausweis, dann muß er sagen: „Den gibt's tatsächlich!" Und Gott ist unserer Zeit – wenn ich so sagen darf – „auf die Bude gerückt". Er hat den Himmel zerrissen, die Wand zerschlagen und ist in seinem Sohne, Jesus Christus, zu uns gekommen. Und darum können wir wissen, daß Gott lebt. Daran kann kein Zweifel sein! Seit Jesus gekommen ist, ist Gottesleugnung Unwissenheit oder böser Wille.

Aber nun bleibt die Frage: Wenn dieser Gott lebt, warum schweigt er dann zu all den schrecklichen Dingen? Warum läßt er Menschen an Krebs umkommen? Warum macht er in Vietnam nicht Schluß? Warum, warum, warum? Ich habe keine Frage so oft gehört wie die: „Wie kann Gott das alles zulassen?"

Ich will versuchen, Ihnen auf diese Frage eine ehrliche Antwort zu geben: „Ich weiß es auch nicht!" Wenn ich jetzt nämlich auftreten wollte und sagen, ich wäre Gottes Geheimsekretär und wüßte alles ganz genau, dann würden die klugen Leute unter Ihnen sagen: „Pastor Busch, das glauben wir dir nicht!"

Einen Pastor, einen Dekan, einen Pfarrer, die kann ich verstehen, aber Gott kann ich nicht verstehen. Ein Gott, den ich verstehen könnte, wäre nicht mehr als ein Pfarrer. Ich möchte sogar sagen: Was mich eigentlich immer wieder freut, ist, daß ich Gott *nicht* verstehen kann. Das müßte ja auch ein komischer Gott sein, den so ein kleiner Geist wie ich kapieren könnte!

Aber ich will noch einiges zu der Frage sagen: „Warum läßt Gott das zu?" Zunächst einmal muß ich ein paar Mißverständnisse ausräumen oder Schutt wegräumen.

a) Diese Frage „Wie kann Gott das zulassen?" kann furchtbar dumm sein.

Am Anfang des Dritten Reiches – wir hatten bereits die halbe Welt erobert – waren alle Zeitungen voll von „... deutsche Tüchtigkeit, deutsche Kraft, deutsche Soldaten, deutsche Wertarbeit!" Als dann später alles schiefging, die Städte in Trümmer sanken und unsere Jungens zu Hunderttausenden starben, da kamen die Leute zu mir gerannt: „Wie kann Gott das zulassen?"

Und ich hörte in meinen Ohren noch immer:

„... deutsche Kraft, deutsche Stärke ...!" Das hieß doch: Wenn's gutging, dann waren wir es. Wenn es schiefging, dann war es der liebe Gott.

In Tübingen gibt es Weingärtner, die nennt man „Goge". Sie sind berühmt durch ihre komischen Aussprüche. Die „Goge" schenken Wein aus von ihren Weinbergen. Und wenn so einem „Gogen" der Wein schlecht geraten ist, steht er dabei und sagt: „So hat's der Herrgott wachse lasse." Wenn der Wein aber gut geworden ist, sagt er: „Des isch oiges Gwächs!" Verstehen Sie? Der gute Wein ist unser eigenes Gewächs, den schlechten hat der Herrgott wachsen lassen.

Wenn wir auf die Frage: „Wie kann Gott das zulassen?" eine Antwort suchen, dann muß deutlich gesagt werden: Sehr vieles von dem Elend in dieser Welt ist unser eigenes Gewächs!

Als 1945 Städte in Trümmer sanken und ich keinen Schritt gehen konnte, ohne daß Leute vor mir standen und fragten: „Wie kann Gott das zulassen?" antwortete ich: „Das haben wir uns selbst eingebrockt! Gott hat uns laufen lassen."

Vor kurzem saß eine junge Frau vor mir und weinte herzzerbrechend. Ihre Ehe sei verkracht. Schließlich kam es heraus: „Da sitze ich nun mit zwei Kindern! Er läßt mich sitzen, der brutale Mensch! Wie kann Gott das zulassen?!" Ich antwortete: „Moment mal, hat Gott den Mann geheiratet oder Sie?"

„Ja, aber – ich wußte doch nicht, daß er so ist!"

„Haben Sie vorher einmal gebetet: ‚Herr, zeige mir deinen Weg. Herr, gib mir den richtigen Ehepartner!' Haben Sie jemals so gebetet?"

„Nein."

Da erklärte ich ihr: „Dann laufen Sie also ohne

Gott in ihr Unglück, und am Schluß fragen Sie noch: ‚Wie kann Gott das zulassen?'"

Die Frage wird sehr oft gestellt, wenn es sich nur darum handelt, daß wir unsere selbstgekochten Suppen auslöffeln. Ich habe der Frau ganz hart gesagt: „Es gibt ein Bibelwort, an dem keiner vorbeikommt, in Jeremia 2,19: ‚Du mußt erfahren und innewerden, was es für Jammer und Herzeleid bringt, den Herrn, deinen Gott, zu verlassen und ihn nicht zu fürchten.'"

Wenn Sie mich fragen, welche Chancen Deutschland hat, dann antworte ich Ihnen mit diesem Satz: *„Du mußt* erfahren", spricht der Herr. *„Du mußt erfahren"* – so sicher wie zwei mal zwei vier ist – „und innewerden, welchen Jammer und Herzeleid es bringt, den Herrn, deinen Gott, zu verlassen und ihn nicht zu fürchten!"

Und wenn über unser gottloses Volk die nächsten Gerichte kommen, dann werde ich jedem ins Gesicht lachen, der mich noch fragt: „Wie kann Gott das zulassen!"

b) Im Grunde genommen ist diese Frage eigentlich falsch gestellt – das gehört noch zu meiner Aufräumungsarbeit. Mit dieser Frage ist ja die Vorstellung von einem Gerichtssaal verbunden. Ich sitze auf dem Richterstuhl, und auf der Anklagebank sitzt der lebendige Gott. Man wirft dem Angeklagten vor: „Gott, du bist der Weltenherrscher und hast alles in den Teich gehen lassen? Wie kommst du dazu?"

Glauben Sie, daß das geht? Daß Sie auf dem Richterstuhl sitzen und Gott auf der Anklagebank? Glauben Sie das?

In diesem Zusammenhang möchte ich Ihnen eine

nette Geschichte erzählen: Als ich ein ganz junger Pfarrer war, 27 Jahre alt – da hatte ich noch alle meine Haare –, kam ich nach Essen. Kaum war ich da, brach ein Bergarbeiter-Streik aus. Mit gewisser Berechtigung, die Bergarbeiter waren miserabel bezahlt. Es war ein schreckliches Elend. An jeder zweiten Ecke stand eine Kneipe, wo sie haltlos ihr Geld hintrugen. Es waren tatsächlich schauerliche Verhältnisse! In meinem ganzen Bezirk – ich hatte damals einen Bergarbeiterbezirk – kochte alles. Als ich eines Tages über einen Platz gehe, in der Mitte meines Bezirks, steht am Rand ein Seifenkistenredner auf einer Kiste und um ihn herum vielleicht hundert Männer. Er redet und redet – ich weiß nicht, was er sagte. Doch mitten drin unterbricht er sich, weil er mich erkannt hatte. „Aha!" sagt er. „Da drüben geht ja so 'ne schwarze Drossel!" – so nannte man die Pfarrer. „Pfaffe, komm mal her!"

Wenn ich freundlich eingeladen werde, folge ich der Einladung, wenn's irgendwie möglich ist. Also ging ich hin. Es war ein unvergeßliches Bild. Da stand dieser Kerl auf der Seifenkiste und um mich herum die hundert Männer. Sie hatten mir Platz gemacht. Als ich dann vor ihm stand, brach die ganze Bitterkeit seines Herzens aus ihm heraus: „Du Pfaffe sagst doch, daß es einen Gott gibt?"

„Ja", sage ich, „Gott lebt!"

„Also", meint er, „wenn dieser Gott wirklich lebt, was ich nicht glaube, dann will ich einmal, wenn ich gestorben bin, vor seinen Thron treten. Und dann will ich sagen: ‚Gott, du hast zugelassen, daß Kinder verhungert sind und daß andere prassen und nicht wissen, wohin mit ihrem Geld! Du hast zugelassen, daß

Tausende von Menschen auf Schlachtfeldern zerfetzt wurden, du hast die Ungerechtigkeiten der Welt zugelassen, hast zugelassen, daß Männer sich besaufen und ihre Frauen verprügeln, du hast zugelassen –" Und dann zählte er alles mögliche auf und schloß mit den Worten: „... und dann will ich sagen: ‚Hinweg mit dir, Gott!'"

Als er soweit gekommen war, brüllte ich wacker mit: „Ja, hinweg mit diesem Gott!"

„Nanu", sagte er, „Sie sind doch Pfarrer?!"

„Ja", antwortete ich.

„Aber dann können Sie doch nicht sagen: ‚Hinweg mit diesem Gott!'"

„Doch, doch! Hinweg mit diesem Gott!"

„Das kann ich nicht verstehen!"

Ich antwortete ihm: „Hör mal her, Mensch! Geh runter von der Kiste und laß mich mal rauf!" Er stieg tatsächlich herunter und ich hinauf. Dann erklärte ich ihm: „Stell dir doch mal vor, Mann: einen Gott, vor den du hintrittst und die Schnauze aufreißt und am Schluß sagst: ‚Hau ab!', einen solchen Gott gibt es nicht. Den gibt es bloß in deinem Köpfchen. Den hast du dir eingebildet! Das ist ein Götze! Alle selbstgemachten Götter sind nämlich Götzen! Einen Gott, den du anklagst und den du richten willst, den gibt es nicht! Aber", sagte ich von der Seifenkiste herab, „aber, es gibt einen wirklichen, lebendigen Gott. Und eines Tages wirst du vor ihm stehen. Und dann fragt er: ‚Wie konntest du?' – Ich kenne dein Leben nicht, aber Gott wird dich fragen. Dann wirst du von tausend Fragen keine einzige beantworten können! Und danach könnte es sein, daß Gott sagt: ‚Hinweg mit dir!' Diesen Gott gibt es, einen Gott, der uns fragt und der uns anklagt und der uns wegjagen kann, einen solchen Gott gibt es sehr wohl!"

Es ist überhaupt Albernheit, wenn wir anfangen zu fragen: „Wie kann Gott das zulassen?" Darin äußert sich die ganze Verrücktheit unserer Zeit, daß man Gott so harmlos gemacht hat! Vielleicht ist die Kirche mit daran schuld – ich weiß es nicht –, daß man immer vom „lieben Gott" redet. Wir sollten uns wieder fürchten vor Gott, denn er ist ein heiliger Gott. Wir werden einmal alle vor ihm stehen. Dann werden die heimlichen Sünden in Ihrem Leben offenbar werden. Und dann kann es sein, daß Sie in der Hölle landen. Vor diesem Gott sollten wir uns fürchten! Vor ihm bleibt uns die Anklage im Halse stecken.

c) Ich muß noch weitermachen mit den Aufräumungsarbeiten. Jetzt, bei „c", müssen Sie Ihren Geist in den vierten Gang schalten. Jetzt wird die Sache beinahe ein bißchen schwierig. Ich habe mir lange überlegt, ob ich Ihnen das sagen soll in einer so großen Versammlung.

Sehen Sie, zu den Aufräumungsarbeiten für diesen ganzen Fragenkomplex gehört folgendes:

Die Frage: „Wie kann Gott das zulassen?" ist noch viel zu harmlos. Es ist nämlich so, daß Gott die Dinge nicht nur zuläßt, sondern *tut*! Gott *tut* schreckliche Dinge. Wissen Sie das? Ich möchte geradezu sagen: „Gott ist an allem schuld!"

Es war am 5. März 1943, als der erste große, schreckliche Fliegerangriff auf Essen kam. Wir kommen ganz erschüttert aus dem Keller, alles brennt. Ich sage: „Frau, man kann nicht mehr atmen! Nimm die Kinder und flüchte auf einen freien Platz!"

Ich versuche zu löschen, stürze ins Haus, alles brennt. Ringsum brennen alle Häuser. Die Bewohner sind geflohen. Ich bin in dem Flammenmeer allein. Ich möchte doch so gern noch etwas retten: meine Bücher, ein paar Andenken von den Kindern oder sonst etwas. Ich stürze ins Haus, drehe die Wasserleitung auf – kaputt, es kommt kein Wasser mehr! Und da stehe ich dann in meinem geliebten Haus und habe eine fürchterliche Wut! Ich weiß nicht recht, auf wen. Auf die Amerikaner, auf Hitler oder – oder auf Gott?

Plötzlich fällt mir etwas ein. Sie kennen vielleicht das Losungsbüchlein von der Herrnhuter Brüdergemeine, wo es für jeden Tag einen Spruch gibt – einen aus dem Alten und einen aus dem Neuen Testament. An diesem Morgen hatten wir bei der Morgenandacht – wir halten nämlich in der Familie eine Morgenandacht – die Losung gelesen. Und wissen Sie, wie die hieß? Ein Wort aus dem Propheten Amos: „Ist auch ein Unglück in der Stadt, das der Herr nicht tue?"

„Herr", sage ich, „du hast mein Haus angesteckt. Das ist zwar schrecklich, aber auch beruhigend. *Du darfst es!*"

Das habe ich einmal einem jungen Mann erzählt. „Gott ist gar nicht so harmlos, Gott tut schreckliche Dinge." Und er erwiderte: „Mensch, wenn Gott an allem schuld ist – das ist ja fein! Dann ist er ja auch schuld, wenn ich sündige. Das ist ja herrlich! Dann kann ich lustig drauflos sündigen, wenn Gott an allem schuld ist!"

Ich habe ihm geantwortet: „Ja, mein Lieber, daß du so schrecklich sündigst, daran ist auch Gott schuld. Denn in der Bibel steht: „Weil die Menschen Gott nicht die Ehre gaben, hat Gott sie dahingegeben, zu tun, was nicht taugt" (Römer 1) – in Lüge und Streit in den Familien, in Unzucht und in Krieg.

Daß wir sündigen müssen, ist schon Gottes Gericht! Wenn hier sündengebundene Leute sitzen, die im Streit leben mit den Nachbarn – Sie stehen unter Gottes Gericht. Sie *müssen* hassen, weil Sie ihm nicht die Ehre gegeben haben! Daß wir sündigen, ist schon Gottes Gericht. Man sollte erschrecken darüber. „Gott hat sie dahingegeben!" Und wenn man sich das klarmacht, ist das Problem noch viel, viel schrecklicher. „O Gott, du gibst uns dahin in unsere Gottlosigkeit und schweigst! Du läßt die Welt in Katastrophen versinken – und schweigst! Und der Mensch lästert dich und lebt ohne dich – und du schweigst! O Herr, welch eine Finsternis!"

Es ist schon eine bedrückende Frage: „Wie kann Gott das alles zulassen?" Wenn man ihr nachgeht, begreift man, daß Gott zu fürchten ist. Ich fürchte nichts so sehr wie den lebendigen Gott.

Eines Tages sprach ich mit einem Journalisten. Er hat mit mir diskutiert, bis ich ihm schlichtweg erklärte: „Wissen Sie, ich diskutiere nicht gern. Das ist so langweilig, da kommt ja nichts bei raus. Sagen Sie einmal – ja oder nein – haben Sie schon einmal Angst gehabt vor Gott?"

„Nee!" sagt er. „Angst vor dem lieben Gott? Wie käme ich dazu!"

Ich habe ihm geantwortet: „Dann brauchen wir gar nicht weiterzureden, denn Sie kennen die Wirklichkeit nicht!"

Es ist die Katastrophe unseres Jahrhunderts, daß wir Gott nicht mehr fürchten. Und statt daß es in der

Kirche von allen Kanzeln gerufen wird: „Vorsicht, Gott ist zu fürchten!", helfen wir mit, daß alles verharmlost wird.

Wir sterben alle eines Tages. Wir haben nur ein Leben. Und dann stehen wir vor diesem Gott, ganz alleine. Dann wird es uns aufgehen, was das heißt: „... er hat sie dahingegeben."

So, jetzt muß ich weiter auf unsere Frage eingehen: „Wie kann Gott das zulassen?"

d) Um eine echte Antwort geben zu können, möchte ich wieder ein persönliches Erlebnis einflechten. Ich muß vorausschicken: Wenn ich die Welt überblicke, sehe ich nirgendwo Zeichen der Liebe Gottes. Da ist eine glückliche Familie – und plötzlich wird ein Kind überfahren. Schluß. Aus. Warum?

Verstehen Sie: alles, was die Welt Glück nennt, steht auf so tönernen Füßen. Hat uns Gott denn überhaupt noch lieb?

So, und jetzt erzähle ich Ihnen meine Geschichte. Es war gegen Ende des Krieges, da ging noch einmal ein fürchterlicher Bombenhagel über Essen nieder. Drei Tage später gehe ich über die Straße – es war gegen Abend – weil ich irgendwo in einem Keller eine Bibelstunde halten wollte. Plötzlich stolpere ich über ein Mauerstück, und als ich näher hinsehe, ist es gar kein Mauerstück, sondern ein Toter. Eine Leiche, die drei Tage später noch daliegt. Da fiel mir das Wort der Bibel ein: „Eure Leichen werden auf den Straßen liegen wie Kot." Und ich entsetze mich noch und denke: „Wie hat Gott uns dahingegeben!", als aus einem Keller ein Mann auf mich zukommt. Er sagt: „Finden Sie das schrecklich? Ich will Ihnen noch etwas anderes zeigen. Kommen Sie mal mit!" Er führte mich in den Hof eines Verwaltungsgebäudes, wo ein Bunker gewesen war. Der war durch eine Luftmine verschüttet worden, und alle waren tot. An jenem Tag hatte man die Leichen herausgeholt. Sie lagen im Hof. Siebzig Leichen. Frauen, verhärmte Frauen. Ach, die hatten nicht das geringste Interesse an Großdeutschland gehabt. Die wollten nur leben. Und Kinder, Kinder! Es gibt ein Bild von Hans Thoma, das sah ich immer vor mir, wo Kinder auf einer blühenden Wiese um einen Baum tanzen. Und jetzt lagen sie da: magere Ärmchen, erstickt, mit blauen Gesichtern. Der Mann war weggegangen, die Dunkelheit brach herein. Ich hörte bloß eine Dachrinne klappern. Auf einmal packte mich die Verzweiflung – können Sie das verstehen? Ich sagte: „O Gott, wie kannst du das zulassen? Mein Gott, du tust es ja sogar! Warum tust du das? Warum schweigst du?" Ich kann nur sagen, wie es war. In dem Augenblick leuchtet vor meinem Geist ein Wort der Bibel auf, das heißt: „So sehr hat Gott die Welt geliebt, daß er seinen eigenen Sohn gab, auf daß alle, die an ihn glauben, nicht verloren werden, sondern das ewige Leben haben!" Und auf einmal ging mir auf: Gott schweigt, Gott hüllt sich in Dunkel. Es gibt so viele Geheimnisse, die ich nicht verstehen kann. Aber es gibt ein Fanal, einen Leuchtturm der Liebe Gottes. Einen hellen Punkt, wo ich Licht bekomme – das Kreuz Jesu Christi. „So sehr hat Gott die Welt geliebt" – diese schreckliche Welt, die einen Dreck nach ihm fragt –, „daß er seinen Sohn gab!"

Wenn einer sagt: „Ich will vom Christentum nichts wissen!", kann ich ihm nur antworten: „Und für dich starb der Sohn Gottes!" Da lebt einer bis über die

Ohren im Schmutz – doch auch er darf wissen: Gott hat mich so geliebt, daß er seinen Sohn für mich in den Tod gab!

Wenn Sie gar nichts wissen, nichts verstehen, dann können Sie wenigstens begreifen: „Wie muß ich von Gott geliebt sein, daß er seinen Sohn, den heiligen Sohn Gottes, den Herrn Jesus, für mich in den Tod gab!" Die Liebe Gottes finde ich im Kreuz Jesu! Da stirbt der Sohn Gottes für mich. Da öffnet er die Quelle, die mich reinigt von aller Schuld. Er ist das Opfer, das mich mit dem heiligen Gott versöhnt. Da ist eine Tür in den Himmel hinein! Unter Jesu Kreuz findet der Zweifler, der Sünder und der Selbstgerechte die Liebe Gottes. Darum hat es keinen Sinn, daß wir kritisieren: „Warum tut Gott das und das?" Auf diese Frage bekommen wir keine Antwort. Wir sind nicht Gottes Geheimräte. Aber ich möchte Sie mitnehmen zu dem gekreuzigten Heiland. Wer den gefunden hat, der fragt nicht mehr: „Warum tust du das?"

Wer durch Jesus Christus Frieden mit Gott hat, der fragt nicht mehr, sondern ist geborgen in der Liebe Gottes.

Ich diskutiere nicht mehr mit Leuten darüber, warum Gott das und das tut, ich sage ihnen: „Bekehre dich zum Herrn Jesus! Suche ihn, bis du ihn findest, und dann gib ihm dein Leben. Dann findest du Frieden, Vergebung, Gnade, Glück und Hoffnung, und du bist ein Kind Gottes. Dann brauchst du nicht mehr zu fragen, warum Gott das alles tut. Kinder wissen und verstehen nicht alles, was ihr Vater tut.

Hoffentlich haben Sie mich alle verstanden. Man kann ein solches Thema in dieser Kürze eigentlich nicht ausschöpfen. Es ist ja ein schwieriges Problem. Aber ich möchte Ihnen doch noch zwei Dinge sagen.

Sie spüren mir ab, daß diese Ansprache sehr persönlich gefärbt ist. Ich bin von Gott so geführt worden, daß ich manchmal in schreckliche Dunkelheiten kam und nirgendwo Licht fand – bis ich in das Angesicht Jesu sah und von seinem Kreuz her die Worte hörte: „Fürchte dich nicht, ich habe dich erlöst, ich habe dich bei deinem Namen gerufen, du bist mein!"

Es gibt Menschen hier, die stehen zur Zeit gerade im Leid. Heute sagte mir ein junges Mädchen ganz verzweifelt: „Ich kann nicht weiterleben, ich kann nicht mehr! Ich kann nicht mehr!" Das war keine alte Frau. Die Worte kamen so aus der Tiefe ihrer Seele, daß ich erschüttert war. Ich war ganz krank. Vielleicht sind Menschen hier, die so in der Dunkelheit stehen: „Ich kann nicht weiterleben."

Wissen Sie, daß es in Westdeutschland mehr Selbstmorde als Verkehrstote gibt? Und daß über fünfzig Prozent dieser Selbstmörder Jugendliche unter zwanzig Jahren sind? Welch eine Verzweiflung ist unter uns! Ach, ich möchte Ihnen zeigen, welch ein Licht vom Kreuz Jesu ausgeht. Und wenn Sie jetzt in der Dunkelheit sind, möchte ich Ihnen sagen: Es kommt nicht darauf an, daß Sie begreifen, *warum* Sie dieses Elend durchmachen müssen. Fragen Sie sich lieber: *Wozu?*

Auch diesen Punkt kann ich nur an einer Geschichte deutlich machen. Ich habe sie schon tausendmal erzählt, auf sämtlichen Tonbändern ist sie aufgenommen, aber ich muß sie einfach nochmals wiederholen. Sie gehört hierher. Es ist eine meiner schönsten Erfahrungen als Pfarrer. Ich war als ganz junger Mann in einen Bergarbeiterbezirk gekommen. Es war schrecklich dort, einfach schrecklich! Die Leute waren alle Atheisten! Doch allmählich sammelte sich ein Kreis von Männern, die gläubig wurden. Alles so junge Kerle zwischen zwanzig und dreißig. Gott holte sie heraus! Als ich die Kreuzesfahne hißte, kamen die Menschen zum Glauben. Und eines Tages sagen meine Männer: „Du, Busch" – wir sagten alle du zueinander – „da ist in der und der Straße einer verunglückt auf'm Pütt" – also im Bergwerk. „Dem ist ein Stein auf die Wirbelsäule gefallen. Und jetzt ist er querschnittgelähmt." Es braucht oft nur einen kleinen Schlag auf die Wirbelsäule, dann ist man von der Gürtellinie an gelähmt. „Er heißt Amsel, und der Kerl ist so verzweifelt. Er ist aus dem Krankenhaus entlassen, gelähmt. Geh mal hin zu ihm!"

Also besuchte ich den Amsel. Ein lustiger Name, nicht wahr! Er ist jetzt im Himmel, deshalb darf ich ruhig von ihm erzählen. Als ich in die Bude reinkomme, ist dort die Hölle los. Der Kranke sitzt in einem Rollstuhl, um ihn herum seine Kumpels mit Karten, Fluchen, Lärm und Schnaps! Als sie mich sehen, ist einen Moment lang alles still. Aber dann geht es los: „Die schwarze Drossel!" (Dabei hatte ich einen hellen Regenmantel an – aber das war egal. Außerdem hatte ich blonde Haare. Trotzdem war ich die schwarze Drossel!)

Und dann legte der Verunglückte los. Ich sehe ihn noch vor mir: ein großer, starker Mann. „Du verdammter Pfaffe! Wo war denn dein Gott, als mir der Stein in den Rücken fiel? Wenn es einen Gott gäbe – wie kann er dann so etwas zulassen? Warum hat er mich so zugerichtet?"

Es war so schrecklich, daß ich kein Wort herausbekam. Manchmal sieht man deutlich, daß die Hölle hier schon beginnt. Die Hölle ist eine Welt ohne Gott, voller Verzweiflung. Mir liefen die Tränen übers Gesicht, daß ich wieder rausging und am nächsten Tag zu meinen Kumpels sagte: „Kinder, da kann man nichts machen. Da schlägt mir eine solche Feindschaft entgegen, daß ich nicht dagegen ankomme!"

Aber die Kumpels, die haben so eine rauhe, herzliche Art. Wir hatten ein kleines Sälchen, wo ich meine Bibelstunden hielt. Als ich dann am folgenden Montag in die Bibelstunde komme – das Sälchen war rappelvoll –, da steht der Rollstuhl mit Amsel direkt vor meiner Nase! Die Kumpels hatten ihn einfach geholt. Ich weiß nicht, ob sie ihn gefragt hatten. Und nun sitzt er vor mir, mit einem Gesicht, als ob er mich fressen wollte. Und an jenem Abend lautete der Text: „So sehr hat Gott die Welt geliebt" – nicht daß er uns Schweres erspart, nicht daß er uns nicht die Früchte unserer Sünde essen läßt, sondern, ‚daß er seinen Sohn gab!'

Wenn ihr in der Dunkelheit Licht sucht, geht zu Jesus, dem Sohn Gottes! Da hängt er am Kreuz für uns, macht Sünder zu Gotteskindern, versöhnt mit Gott, kauft uns los von der Welt, von Teufel und Hölle. ‚Wenn eure Sünde gleich blutrot ist' – hier ist Vergebung! Bei Jesus gibt es Vergebung für Berge von Sünden. Und er ist auferstanden von den Toten, er lebt und ist jetzt hier bei uns in unserem dreckigen Sälchen."

Und Montag für Montag saß der Amsel in seinem armseligen Rollstuhl vor mir. Und es war einfach erstaunlich, wie sich von Mal zu Mal sein Gesicht veränderte, wie aus dem Gesicht voll Haß allmählich ein horchendes und eines Tages ein friedevolles Gesicht wurde. Es ist eine lange Geschichte, wie er mit einem Freund – nicht mit mir – zusammen unter Jesu Kreuz ging und betete und seine Sünden bekannte und glaubte: Ich bin angenommen von Jesus!

> Jesus nimmt die Sünder an,
> mich hat er auch angenommen,
> mir den Himmel aufgetan,
> daß ich selig zu ihm kommen
> und auf den Trost sterben kann:
> Jesus nimmt die Sünder an!

Kurz bevor er von West-Essen wegging – er bekam ein Siedlungshäuschen und ist dann bald in die Ewigkeit gegangen –, besuchte ich ihn noch einmal. Dieser Besuch ist mir unvergeßlich. Amsel saß in seinem Rollstuhl auf der Straße im Sonnenschein. An dem Haus, wo er wohnte, war ein Treppchen, und da setzte ich mich hin und fragte: „Amsel, wie geht's?"

„Oh", sagte er, „wunderbar! Mensch, seit Jesus in meiner Familie ist, ist jeder Tag ... ist jeder Tag" – er suchte etwas – „ist jeder Tag wie ein Tag vor Weihnachten! Seit ich Frieden mit Gott habe, da lacht mich die ganze Welt an!" Und dann kam der schöne Satz: „... da lachen mich sogar die Pflastersteine an!" Dann fuhr er fort: „Weißt du, ich fühle, ich lebe nicht mehr lange. Der Tod sitzt in mir. Aber wenn ich dann in die Ewigkeit komme, werde ich Gott sehen. Dann will ich vor seinem Throne niederfallen und anbeten und sagen: ‚Ich danke dir, daß du mir die Wirbelsäule kaputtgeschlagen hast!'"

„Amsel", sage ich, „bist du wahnsinnig? Wie kannst du so etwas sagen!"

Er antwortete: „Ich bin nicht verrückt. Ich bin ganz nüchtern. Mein lieber Mann, mich hat Gott oft gerufen, aber ich habe nicht gehört. Ich wäre weitergelaufen bis in die Hölle, ohne Gott. Aber da hat er eingegriffen und mich gelähmt. Und so fand ich Jesus und die Liebe Gottes, die Vergebung meiner Schuld und Frieden mit Gott. Ohne meinen Unfall wäre ich schnurstracks in die Hölle gelaufen!" Und dann kam ein Satz, den ich nie vergessen werde: „Busch", sagte er, „lieber gelähmt in den Himmel gehen, als mit zwei gesunden Beinen in die Hölle springen."

Das war nicht theoretisch – da saß der gelähmte Mann vor mir. „Lieber gelähmt in den Himmel gehen, als mit zwei gesunden Beinen in die Hölle springen."

Ich war erschüttert. Dort auf der lärmenden Straße saß ich neben ihm und sagte: „Amsel, Amsel, Gott hat dich in die Schule genommen, und du hast gelernt." Solange einer bloß fragt: „Wie kann Gott das zulassen?" hat er noch nichts gelernt. „Amsel, du hast in Gottes Schule gelernt, wozu du das Leid brauchtest. Es hat dich zum Sohn gezogen." Der Vater zog ihn zum Sohne, zu Jesus, und so wurde er ein gerettetes Kind Gottes.

> Bald mit Lieben, bald mit Leiden
> kamst du, Herr, mein Gott, zu mir,
> dir mein Herze zu bereiten,
> ganz mich zu ergeben dir.

Sie sind alle irgendwie in der Schule Gottes. Lernen Sie auch? Lassen Sie sich zum Sohne ziehen, zu Jesus, zu Ihrem Heiland! Das ist der Sinn alles Dunklen.

Und nun schließe ich damit: Wenn Sie ein Kind

Gottes geworden sind, drückt Sie alles nicht mehr so sehr, weil Sie eine lebendige Hoffnung auf das ewige Leben haben. Wenn es also knüppeldick kommt, sage ich: „Mensch, ich bleibe ja nicht hier! Ich gehe dem Himmel zu!"

Sobald ich das sage, steht jemand auf und sagt: „Ach, da kommt es raus! Die Pfarrer wollen die Leute doch nur auf den Himmel vertrösten!"

Eines Tages betrat ich wieder mal eine Bude in meinem Bezirk. Da waren die Leute am Saufen. Einer von ihnen begrüßte mich mit den Worten: „Herr Pastor, den Himmel überlassen wir Ihnen und den Spatzen!" Dieser schöne Satz stammt aus dem „Wintermärchen" von Heinrich Heine. Ich entgegnete ihm: „Das ist nett von Ihnen, aber – wieso können Sie mir etwas überlassen, was Ihnen gar nicht gehört? Meines Wissens haben Sie gar keinen Platz im Himmel, den Sie mir überlassen könnten. Wenn ich recht sehe, sind Sie auf dem Weg zur Hölle. Wie wollen Sie mir da den Himmel überlassen?"

Er antwortete: „Ja, die Pfarrer vertrösten doch die Leute auf den Himmel!"

„So? Tun die Kerle das? Ich aber nicht! Ich will euch sagen: Solange ihr so fern von Gott lebt, geht euer Weg dahin, wo Gott nicht mehr hinsieht. Das ist die Verlorenheit. Ich bitte euch, kehrt um! Gott hat euch lieb. Er hat seinen Sohn gesandt." Und dann erklärte ich ihnen die Erlösung durch Jesus Christus.

Nein, ich möchte nicht unbekehrte Leute auf den Himmel vertrösten. Ich denke nicht daran! Aber die, die Jesus angehören, haben die gewisse Hoffnung des ewigen Lebens, und sie fragen nicht mehr lang: „Herr, wie kannst du das alles zulassen? Warum hast du mir meine Söhne genommen?" Ich warte es ab. In ein paar Jahren, wenn ich vor ihm stehe, wird er mir sagen, warum er es getan hat.

Ich schließe mit den Worten von Paul Gerhardt, und ich wünschte, Sie könnten sie nachsprechen:

> So will ich zwar nun treiben
> mein Leben durch die Welt,
> doch denk ich nicht zu bleiben
> in diesem fremden Zelt.
> Ich wandre meine Straße,
> die zu der Heimat führt,
> wo mich ohn alle Maßen
> mein Vater trösten wird.

Drei Stimmen zur Buße

Der Geist Gottes, der Heilige Geist, der seit Pfingsten in der Welt ist, hat die Macht, Menschen aufzuwecken. Das ist eine große Sache!

Wenn nun ein Mensch zu sich kommt und aufwacht aus seinem Weltrausch und seiner Verliebtheit in sich selbst, aus der Verachtung Gottes und der Gleichgültigkeit, aus Sünde und Selbstgerechtigkeit, dann ist gewöhnlich das erste, daß er nach der Bibel greift und anfängt, darin zu lesen. Das geschieht ganz von selbst.

Und hier taucht nun für viele ein großes Problem auf: sie kommen mit der Bibel nicht zurecht. „So ein dickes Buch!" seufzen sie. „Wo soll ich bloß anfangen zu lesen? Und da ist so vieles unverständlich!"

Als ich noch ein Anfänger im Glauben war, hat ein lieber alter Bruder mir einmal einen guten Rat gegeben. Er sagte: „Wenn ich die Bibel lese, dann lasse ich gleichsam den Anker meiner Seele auf dem Grund schleifen, bis er sich festhakt. Also, ich schlage die Psalmen auf oder das Johannes-Evangelium und fange an zu lesen. Ich lese und lese, doch die Worte sagen mir nichts. Aber auf einmal stoße ich auf ein Wort, da hakt der Anker ein. Und hier gehe ich dann vor Anker", sagte er. „Bei diesem Wort bleibe ich stehen."

Das ist ein guter Rat. Den möchte ich an Sie weitergeben. Machen Sie es auch so, wenn Sie in der Bibel lesen! Ich muß bekennen, mir ist es heute morgen auch so ergangen. Ich las den 6. Psalm. Das ist einer von den großen und gewaltigen Bußpsalmen Davids. Wenn man sie liest, kann man sich des Eindrucks nicht erwehren, daß wir entsetzlich oberflächlich sind. Das Leben dieser Menschen, die die Psalmen geschrieben haben, hatte Tiefgang!

Ich las diesen Psalm und ließ den Anker meiner Seele schleifen. Auf einmal blieb er hängen an diesem Wort: „Wende dich, Herr, und errette meine Seele!" Das sind nur sieben Worte, und in diesen sieben Worten tut sich eine ganze Welt auf, eine Welt voll innerer Not, voll Verzweiflung: „Errette meine Seele!"

Und als ich über diese Worte nachdachte, an ihnen vor Anker ging, da war mir auf einmal, als ob eine unsichtbare Hand sie ein wenig umstellte. Plötzlich hatte ich die Antwort Gottes auf die Bitte: „Rette meine Seele!" Doch noch einmal griff diese unsichtbare Hand ein und jonglierte scheinbar mit diesen Worten, veränderte sie ein weiteres Mal ein ganz klein wenig, bis ich wieder die Stimme Davids hörte, die Stimme des Glaubens. Das möchte ich Ihnen jetzt ausführlicher erklären. Ich möchte diese Predigt unter die Überschrift stellen „Drei Stimmen zur Buße".

1. Die Stimme der inneren Not

„Wende dich, Herr, und errette meine Seele!" Ich weiß nicht, ob Sie in Ihrem Leben schon einmal so oder ähnlich gebetet haben. Es ist das Gebet eines Gewissens, das aufgewacht und erschrocken ist vor der Heiligkeit Gottes.

Der Herr Jesus hat einmal gesagt: „Fürchtet euch vor dem, der Leib und Seele verderben kann in der Hölle!" So ein Wort kann uns eines Tages treffen, und dann erschrecken wir.

In der Bibel ist öfter die Rede vom Schrecken Gottes. Als die Ägypter durchs Rote Meer jagten, hinter Israel her, lesen wir: „Da sah der Herr auf sie, und der Schrecken Gottes kam auf sie." Der Schrecken Gottes kommt auf Menschen, wenn sie merken: Er ist da! Dann fängt man an zu beten: „Wende dich, Herr, zu mir und errette meine Seele!"

Im Grunde ist die ganze Bibel voll von diesem Gebet, das einer tiefen inneren Not entspringt. Ich möchte Ihnen dazu ein paar Beispiele erzählen. Im Lukas-Evangelium lesen wir von einem reichen Mann, einem Geschäftsmann. Er hatte das Wort Gottes nie ernst genommen. Er war nicht dagegen, aber es berührte ihn nicht. Und eines Tages kommt die Stunde in seinem Leben, wo er mit Tausenden aus der Stadt hinausgeht, um Jesus zu sehen. Und weil so ein Gedränge herrscht und er nichts sehen kann, steigt er schließlich auf einen Baum. Der Mann hieß Zachäus. Die Bibel zeigt uns diesen vornehmen, reichen Mann, wie er auf einem Baum sitzt, um über die Köpfe der Menschen weg Jesus sehen zu können. Sein Mund ist stumm, er sagt nichts, kein Wort. Aber sein Herz schreit, als Jesus näher kommt. „Wende dich, Herr, und errette meine Seele." Er war alt geworden, und es hatte Jahre gedauert, bis er so betete. Auch ein junges Mädchen fällt mir ein, das in der Bibel vorkommt. Sie hatte sich mit ganzem Herzen dem bunten Leben der Sünde hingegeben. Dabei war sie Stufe um Stufe gesunken, bis sie eine stadtbekannte Dirne geworden war. Und dann geschieht es eines Tages, daß sie in einen Saal hineinstürmt, wo Jesus ist. Ich kann das jetzt nicht so ausführlich erzählen, wie sie zu Jesu Füßen niederfällt und nur noch weinen kann über ihr beschmutztes Leben, das man nicht wiederholen kann. Jede Träne schreit: „Wende dich, Herr, und errette meine Seele!"

Oder ich denke an einen Mann am See Genezareth, von dem es heißt, daß er besessen war. Sein Herz war ein Tummelplatz der Dämonen geworden. Das kennen wir. Manch einer sitzt hier, der von sich sagen könnte: „So ist auch mein Herz – ein Tummelplatz der Dämonen!" Dieser Mann steht eines Tages vor Jesus und brüllt ihn an: „Geh weg!", und dieses „Geh weg" versteht Jesus richtig: „Wende dich und errette meine Seele!"

Oder ich denke an einen anderen jungen Mann, der am Kreuz hängt. Ein Raubmörder. Er hat den Tod verdient und leidet jetzt schrecklich. Im Angesicht des Todes sieht das Leben so ganz anders aus als früher. Da heißt es: „O Ewigkeit, du Donnerwort, o Schwert, das durch die Seele bohrt!" Das kalte Entsetzen packt ihn. Nicht nur vor dem, was ist, sondern vor dem, was kommt! Und in diesem Augenblick fällt sein Blick auf den Mann neben ihm – auf Jesus, der neben ihm gekreuzigt wird. Und nun sagt er ein paar einfache Worte: „Wende dich, du Gekreuzigter, zu mir und errette meine Seele!"

Weiter denke ich an einen klugen, gebildeten, vornehmen Mann, dem das Evangelium ärgerlich war. Saulus hieß er. Er wurde ein Verfolger der Christen. Diese Sklavenlehre war ihm zuwider. Darum wurde er ein Feind des Evangeliums und verfolgte die Christen. Und eines Tages begegnet diesem Saulus Jesus bei Damaskus. Sie kennen die Geschichte. Saulus ist drei Tage blind in Damaskus, und dann heißt es von ihm: „Siehe, er betet!" Wissen Sie, was Saulus gebetet hat? „Wende dich, Herr, und errette meine Seele!"

Überall in der Bibel finden wir solche Gebete. Und ich weiß, daß auch hier Leute sind, die so oder ähnlich beten, deren Herz vielleicht schon lange schreit: „Wende dich zu mir, Herr, und errette meine Seele!" Denen, die dieses Gebet kennen, die sich nach Errettung sehnen, denen möchte ich sagen: dieses Gebet ist noch immer erhört worden! Der Herr Jesus hat sich des Zachäus angenommen. Er hat dem Schächer den Himmel versprochen, der großen Sünderin ihre Sünden vergeben, Saulus zu dem Apostel Paulus und seinem gewaltigen Zeugen gemacht, den Besessenen aus der Macht der Dämonen befreit. Dieses Gebet ist noch immer erhört worden! Jeder, der es gebetet hat, wurde zu einem lebendigen Zeugen seiner Gnade. „Wende dich und errette meine Seele!"

Aber zweifellos sitzen auch Menschen hier, die nicht verstehen, wovon ich rede. Doch wer einmal anfängt, dieses Gebet zu sprechen, wer erweckt ist, dem geht es eigentümlich: er hat vorher eine Menge Sorgen gehabt – Krankheiten, Familienprobleme und alles mögliche. Doch auf einmal treten alle diese Probleme merkwürdigerweise zurück. Sie verblassen vor der einen großen Sorge: „Wende dich, Herr, und errette meine Seele!"

Ich muß Ihnen übrigens sagen, daß dieses Gebet uns überhaupt erst zu Menschen macht. Das klingt vielleicht übertrieben, aber es ist so.

Solange wir dieses Gebet nicht gebetet haben, sind wir im Grunde immer Herdenmenschen. Wir werden von der großen Masse getrieben, je nachdem, wie der Wind weht. Aber in dem Moment, da das Herz aufwacht und zu Gott schreit: „Wende dich, Herr, und errette meine Seele", stehe ich allein vor Gott! Erst dann fange ich an, eine Persönlichkeit zu werden. Ich stehe allein vor ihm. Aber davor haben die meisten Menschen Angst, weil sie diesen Moment, in dem sie allein vor Gott stehen, fürchten.

Doch das muß ich auch noch sagen – dieser Augenblick, in dem ein verlorener Mensch, der unter dem Zorn Gottes steht, ein Kind der Hölle, verwandelt wird in ein Kind des lebendigen Gottes, ist der Anfang einer großen Lebenswende. Und diese Wende beginnt mit der Bitte: „Wende dich, Herr, und errette meine Seele!"

Doch nun will ich weitergehen. Jetzt kommt nämlich jene unsichtbare Hand, die mit diesen sieben Wörtern jongliert, und sie stellt sie ein klein wenig um, so daß sie auf einmal zur Stimme Gottes werden.

2. Die Stimme Gottes

Sie fordert uns auf: „Wende dich, Mensch, und errette deine Seele!" Es ist nur eine kleine Umstellung, und darüber möchte ich jetzt sprechen. Diese Worte ruft der lebendige Gott uns allen zu: „Wende dich, dreh dich um, Mensch, und errette deine Seele!" Das steht fast wörtlich in einer alttestamentlichen Geschichte, ziemlich am Anfang der Bibel.

Da war die Stadt Sodom. Die war reif geworden für

das furchtbare Gericht Gottes. Gottes Richterspruch lautete: „Untergang!"

Nun lebt in dieser schrecklichen Stadt Sodom ein Mann – Lot –, den Gott erwählt hat, den er für gerecht ansieht und den er retten möchte. Deshalb schickt er zwei seiner himmlischen Boten zu Lot. Und die sagen ihm: „Flieh aus Sodom! Ehe der Tag anbricht, geht die Stadt unter. Sie wird vernichtet werden!" Das ist der Sturm des Gerichtes Gottes. Ja, Gott kann sehr hart sein!

Lot macht sich fertig. Er packt und packt und räumt und räumt. Aber im Grunde kann er sich nicht trennen. Er glaubt, was Gott gesagt hat, aber er kommt nicht los. Schließlich packen ihn die beiden Boten Gottes und zerren ihn förmlich aus der Stadt hinaus. Und vor der Stadt sagen sie: „Weg von Sodom! Eile!" – so heißt es wörtlich, „Eile, und rette deine Seele!" „Nicht mehr zurück! Sieh nicht hinter dich!" Da haben wir diesen Satz, den Gott uns heute sagt, ein klein wenig umgedreht: „Wende dich, Mensch, und errette deine Seele!"

Liebe Freunde, auch wir leben heute in einer gerichtsreifen Welt. Darüber sind wir uns doch alle einig. Stellen Sie sich vor: ein Volk, das so viel durchgemacht hat wie wir und doch so gottlos geblieben ist! Da ist nicht viel Hoffnung, nicht, wenn Gott wirklich lebt. Ich muß offen sagen, daß ich keine habe. Wir stehen in einer gerichtsreifen Welt. Und darum bekommt so ein Bußtag ein ganz neues Gesicht. Wir sind Leute auf dem heißen Boden Sodoms. Aber nun kommt Gott in seiner Barmherzigkeit und sagt: „Wende dich und errette deine Seele!"

Wir nennen so etwas „Bekehrung", eine Umkehr

zum lebendigen Gott. Ich weiß, daß man dieses Wort heute nicht gern hört. Daher zucken Christen und Heiden die Achseln! Wir fangen an, ein Christentum zu konstruieren, das keine Bekehrung braucht. Ein Christentum, wo Gott und der Teufel friedlich nebeneinander wohnen. Wo man am Sonntagmorgen unter Gottes Wort geht und am Sonntagabend frischfröhlich, mit gutem Gewissen, sündigt. Oder, mit anderen Worten, wo Sodom und sein Richter in friedlicher Koexistenz leben.

Wir versuchen, ein Christentum aufzubauen, in dem die Kirche die bösen Werke der Welt gutheißt. Vom Karneval bis zur Atombombe – alles unter dem Segen der Kirche! Ein Christentum, in dem die Welt mit ihrem Geist in der Kirche regiert!

Wir versuchen, ein Christentum zu schaffen, in dem man sich Christ nennt und dabei vom Geist dieser Welt regiert wird. Als ob der Sohn Gottes nicht auf qualvolle Weise zu unserer Erlösung gestorben wäre und als ob nicht in der Bibel stände: „Ich bin der Welt gekreuzigt und mir die Welt!"

Ich muß oft an eine Predigt denken, die mein Freund Friedrich Gräber gehalten hat. Die Alten unter uns werden ihn noch kennen. Er war ein großer Prediger. Gott hat in der Vergangenheit unserer Stadt Essen gewaltige Prediger geschenkt! Ich vergesse nie, wie Friedrich Gräber in einer Predigt sagte: „Wenn du in einer Kutsche fährst, bei der der Teufel auf dem Bock sitzt, kannst du getrost eine christliche Fahne raushängen, du kannst eine ganze Bücherladung Bibeln einladen, du kannst sogar Bischöfe mit hineinladen in die Kutsche – sie fährt doch in die Hölle!"

Verstehen Sie, was er meinte? Du mußt aussteigen

aus der Kutsche! „Wende dich, Mensch", ruft Gott, „und errette deine Seele!"

Sehen Sie, wer nur ein wenig ins Neue Testament hineinsieht, dem wird bald aufgehen, daß dies ein unheimliches Buch ist. Es ist kein Buch, in dem religiöse Probleme diskutiert werden, wie das heute so üblich ist. Es ist kein Buch, in dem Trostpülverchen für unbekehrte Herzen verabreicht werden. Nein, die ganze Bibel ist von vorn bis hinten gleichsam voll von einem Geschrei, einem Ruf, wie er etwa über ein untergehendes Schiff schallt: „Rette sich, wer kann!" Dieser Ruf geht durch die ganze Bibel: „Rettet euch!" „Wende dich, Mensch, und errette deine Seele!"

Denken wir zum Beispiel an den ersten Pfingsttag. Es war ein großer Festtag, Tausende hörten zu. Hätte da Petrus nicht ein bißchen konziliant reden können, um die Fernstehenden zu interessieren? Hätte er sie nicht an die Sache heranführen können, um sie so langsam an die Wahrheiten Gottes zu gewöhnen? Nichts dergleichen tut Petrus! Wissen Sie, was er sagt? „Laßt euch erretten von diesem verkehrten Geschlecht!" Es war dieselbe Aufforderung, die auch an Lot erging.

Ihr lieben Freunde, das ist das zweite. Es geht um die Stimme des lebendigen Gottes an diesem Bußtag: „Wende dich, Mensch!" Es geht um eine ganze Umkehr: „Wende dich, Mensch, und errette deine Seele!"

Noch kurz ein Drittes. Noch einmal kommt die unsichtbare Hand, die mit diesen sieben Wörtern jongliert und sie ein klein wenig verändert. Und daraus wird nun das dritte: die Stimme des Glaubens.

3. Die Stimme des Glaubens

„Du wendest dich, Herr, zu mir und errettest meine Seele!" So sagt der Glaube, der richtige, lebendige, geistgewirkte Glaube, und schaut dabei auf Jesu Kreuz: „Du wendest dich zu mir und errettest meine Seele!"

Und damit bin ich bei dem größten Wunder der Weltgeschichte überhaupt. Ich werde es nie verstehen können. Es ist einfach unbegreiflich, daß der lebendige Gott, dem unser Wesen ein Greuel ist, uns nicht unserem Schicksal überläßt. Der moralisch hochstehende Mensch in seinem Hochmut ist ihm ebenso ein Greuel wie der schmutzige Sünder. Vor diesem heiligen Gott kann ich einfach nicht bestehen. Ich kann tun, was ich will, ich bin ein gefallener Mensch. Doch dieser heilige Gott schlägt nicht die Tür hinter sich zu. Im Gegenteil: er macht sie weit auf. Er wendet sich uns zu – „Du wendest dich, Herr" – und breitet die Arme aus.

Eines der ergreifendsten Worte aus der Bibel – ich höre noch, in welchem Tonfall es meine Mutter auszusprechen pflegte – ist ein Wort Gottes, das der Prophet Hosea weitergibt. Da spricht der Herr von zwei Städten, die damals in die Mahlsteine der Politik geraten waren und heute völlig zerstört sind, „Adama und Zeboim". Die sahen aus wie Köln oder Essen am Ende des 2. Weltkriegs. Und da sagt der Herr: „Was soll ich mit dir machen?" Das sagt er jetzt zu uns. „Was soll ich mit dir machen? Ich sollte billig ein Adama aus dir machen und dich wie Zeboim zurichten. Aber mein Herz" – sagt der lebendige Gott, dem wir ein Greuel sind – „ist anderen Sinnes, meine

Barmherzigkeit ist zu groß!" Und deshalb zerreißt er die Himmel und schenkt uns seinen Sohn.

Meine Freunde, gehen wir nach Golgatha, da ist das Kreuz, an dem Jesus angenagelt ist. Hier ist uns Gottes Herz aufgetan – das ist ein Wunder! Wenn ich Menschen habe, die mir zuwider sind, mache ich mein Herz zu – Gott aber macht es auf. Das ist unfaßbar!

Lassen Sie uns im Geist nach Golgatha gehen. Das ist ein Schritt, den jeder für sich persönlich tun muß. Wir wollen unsererseits ihm unser Herz auftun und alles Durcheinander, alle Sünde, die wir festhalten wollen, offen hinlegen und aufdecken. „Wende dich zum Kreuz und rette deine Seele!"

Ein Mann, der unter dem Kreuz gestanden hat, hat bekannt, wie er die Errettung fand. Er schrieb die wunderschönen Worte:

> Du hast meine Seele vom Tode gerissen,
> mein Auge von den Tränen
> (daß ich jetzt lachen kann)
> und meinen Fuß vom Gleiten
> (daß ich weiß, ich stehe auf Felsengrund)!

So spricht die Stimme des Glaubens: „Du wendest dich zu mir und rettest meine Seele!"

Ich wünsche uns, daß diese drei Stimmen unser Herz bewegen, daß unser erschrockenes Gewissen rufen muß: „Wende dich, Herr, und errette meine Seele!", daß wir Gottes Ruf hören: „Wende dich, Mensch, und rette deine Seele!" Und daß wir nicht ruhen, bis wir unter Jesu Kreuz errettet sind: „Du wendest dich und errettest meine Seele!"

Herr, sende dein Licht!

Ich lese ein Wort aus Psalm 43,3: „Herr, sende dein Licht und deine Wahrheit!"

Unser Spielplatz vor dem Weigle-Haus, der sonntags morgens in einen Parkplatz verwandelt wird, ist nach der Straße hin abgeschlossen von kleinen Steinsäulen, die durch eiserne Querstangen verbunden sind. Alle Autofahrer schimpfen darüber, aber es mußte gemacht werden, weil früher alle Lastwagen den Platz zum Wenden benutzten, so daß er stark beschädigt wurde. Diese eisernen Querstangen sind natürlich ideale Turnstangen für kleine Jungen, um darauf herumzuklettern. (Ehrlich gestanden, bei Nacht und Nebel möchte ich es am liebsten auch mal probieren!) Neulich habe ich einmal eine Schar ganz kleiner Bengels beobachtet – so drei-, vier-, fünfjährige –, die versuchten, auf dieser Eisenstange zu laufen. Das war ein Geschrei und eine Angeberei! „Sieh mal, wie ich das kann!" brüllte einer. Dabei purzelte er auch schon herunter. Dann versuchte es einer, der ein bißchen älter war: „Ich kann das viel besser!" Der wurde dann heruntergezerrt. Und da dachte ich: Sieh mal einer an! Genau wie bei den Großen, den Erwachsenen: „Ich kann mir einen Volkswagen leisten!" – „Ich aber einen Mercedes! Ätsch!" Nicht wahr, so geht das doch. „Wir können uns leisten, unseren Urlaub in Italien zu verbringen." „Aber wir können Ansichtskarten aus Ägypten schicken!"

So ist die Welt mit Lärm erfüllt! „Ich kann, ich kann!" Was können wir nicht alles! Überall herrscht Angeberei, daß keiner mehr auf den anderen achtet.

Wenn Sie jedoch die Bibel aufschlagen, werden Sie sofort merken: die schiebt das alles auf die Seite. Und sie fängt an zu fragen: So, du kannst? Jetzt will ich dich einmal fragen: Kannst du zum Beispiel glauben? Glauben wie Abraham, der nicht auf das sah, was vor Augen war? Kannst du Buße tun? Kannst du das, du Angeber? Kannst du Buße tun wie der verlorene Sohn, der um 180 Grad kehrtmacht und sagt: „Ich habe gesündigt!" und nach Hause geht?

Die Bibel stellt lauter solche peinlichen Fragen. „Kannst du zum Beispiel beten?" – Das wäre viel wichtiger als deine Angeberei. So fragt nun unser heutiger Text: „Kannst du beten?"

Ich lese so gern die Gebete der Bibel. Es gibt eine ganze Menge davon. In den Psalmen, im Buch Daniel, Nehemia und im Neuen Testament!

Wenn ich dann diese Gebete in der Bibel lese, fragt sie mich: „Du, Pastor Busch, kannst du beten?" Daraufhin werde ich ganz klein und muß bekennen: „So kann ich nicht beten!" Ich wollte, ich lernte es noch.

Unser Textwort, dieses kurze Sätzchen, können Sie sicher auswendig behalten: „Sende dein Licht und deine Wahrheit!" Das ist ein Gebet, ein Satz aus einem Gebetspsalm. Und als ich die Psalmen so fortlaufend las, aufmerksam, horchend, da bin ich an diesem Wort hängengeblieben, weil ich merkte, das ist ein besonders beachtenswerter, tiefgründiger Gebetssatz: „Sende dein Licht und deine Wahrheit!" Ich will versuchen, ihn auszulegen. Wir überschreiben den Text und die Predigt mit: „Ein beachtenswertes Gebet!"

1. Wie rührend, wie ergreifend ist dieses Gebet!

Wenn Sie einmal den ganzen Psalm lesen, spüren Sie, wie der Psalmist unablässig sagt: „Ich kann nicht mehr! Ich weiß keinen Weg für mich!" Und das war vor 3000 Jahren. Genau diesen Satz höre ich so oft: „Ich kann nicht mehr! Ich sehe keinen Weg für mich!" Das höre ich von Menschen, die in ihrer Ehe nicht zurechtkommen, von jungen Leuten, die mit sich selbst nicht fertig werden, die die Bindungen ihres Lebens spüren: „Ich kann nicht mehr!"

Ich höre den Satz von Menschen, die in schwierigen Verhältnissen leben – große Familien in zu kleinen Wohnungen zum Beispiel. Sie klagen: „Ich kann nicht mehr! Ich seh' keinen Weg!" Diesen Satz höre ich von Menschen, die die Friedlosigkeit ihres Herzens nicht mehr ertragen: „Ich kann nicht mehr!"

Und sehen Sie, genau das ist die Atmosphäre dieses Psalms, der mit dem vorausgehenden zusammengehört. Psalm 42 und 43 sind eigentlich *ein* Psalm. „Ich kann nicht mehr! Meine Tränen sind meine Speise Tag und Nacht! Gott, warum hast du mich verstoßen?" So lesen wir da.

Sooft ich diesen Psalm 43 lese, fällt mir eine Begebenheit ein: es war im Bombenkrieg. Eines Nachts heulte die Sirene. Die ganze Familie – bei uns war niemand evakuiert, wir waren alle in Essen geblieben – rannte los zum Bunker in der Moltkestraße. Jeder lief, so schnell er konnte. Weil ich jedoch so entsetzlich nachtblind bin, kam ich nicht so rasch mit. Und so geschah es, daß ich auf einmal auf der Straße stehe – es war eine mondlose finstere Nacht – und einfach nicht mehr weiter weiß. Dabei „brummelte" die Gefahr heran, das heißt, die Flugzeuge dröhnten immer lauter. Und ich stand da und wußte nicht mehr, wohin. Welche Richtung mußte ich einschlagen? Wo war Schutz? Ich wußte nicht weiter.

So kann man sich in der Dunkelheit dieser Welt verlaufen. Auf einmal ist man am Ende. Die Probleme sind zu groß geworden, die Nöte des Lebens, die Schuld. Dann steht man da wie ich in jener Bombennacht.

Und so geht es dem Psalmsänger. Er sieht keinen Ausweg. Er kann nicht weiter. Doch das ist so wundervoll zu lesen: Er bleibt stehen und ruft einfach: „Herr! Es ist dunkel, sende jetzt dein Licht! Herr, ich sehe keinen Weg mehr, sende deine Wahrheit! Sende dein Licht und deine Wahrheit!"

Das ruft der Psalmist in der Verwirrung seines Lebens, aber in der ganz großen Gewißheit: Gott ist da, direkt neben mir! Ein ergreifendes Gebet. Er ist am Ende und schreit einfach: „Herr, jetzt mußt du etwas tun in meinem Leben!"

Meine Freunde, in der vergangenen Woche bekam ich eine wundervolle Auslegung dieses Bibelwortes. Ich muß dazu sagen, daß ich mir am Sonntagabend den Text für den nächsten Sonntag vornehme – vielleicht schon eine Auslegung lese – und dann im Herzen mit mir herumtrage. Unterwegs und im Bett beschäftigte ich mich dann damit. Und eines Morgens wache ich auf – ich hatte mich sogar im Schlaf mit dem Textwort beschäftigt: „Sende dein Licht und deine Wahrheit!" –, und da fällt mein Blick als erstes auf ein Bild, das an der gegenüberliegenden Wand hängt. Es ist ein Bild von dem Maler Wilhelm Steinhausen, den ich persönlich kannte und dessen Bilder ich so liebe.

Es sind wundervolle tiefe Auslegungen der Bibel. Auf diesem Bild ist dargestellt – eigentlich nur skizzenhaft –, wie Jesus dem blinden Mann die Hände auflegt und ihn heilt. Oh, das zerquälte Gesicht dieses Blinden! So emporgereckt! Diesem Gesicht sieht man förmlich die Qual an, mit der Misere seines Lebens fertig zu werden. Er hält die Hände so, als ob er die schreckliche Finsternis zurückdrücken wollte, als ob er sich gegen die ungelösten Fragen seines Lebens stemmen wollte. Aber als ich das Bild eingehender betrachtete, dachte ich: „Ach, nein, er hält die Hände eher hoch wie ein Soldat, der sich gefangennehmen läßt, der seine Waffen weggeworfen hat und sich jetzt ergibt.

Und der Mann tut gut, sich so zu ergeben, denn neben ihm steht der Sohn Gottes, der Herr Jesus, und legt ihm die Hand auf die Augen und auf sein zerquältes Gesicht. Wundervoll – diese Jesushand über dem Gesicht voller Qual!

Als ich an jenem Morgen das Bild ansah, da war mir, als ob dieser Mann sagte: „Herr, ich bin so fertig, ich kann nicht mehr. Sende dein Licht und deine Wahrheit!" Und sein Gebet wurde erhört.

Neben ihm steht Jesus, der gesagt hat: „Ich bin das Licht der Welt", „Ich bin die Wahrheit und das Leben!" Jesus, der gesagt hat, daß der Vater ihn gesandt habe.

„Sende dein Licht und deine Wahrheit!" Jawohl – hier ist Jesus – Licht und Wahrheit, vom Vater gesandt – und legt ihm die Hände auf. Und plötzlich gehen ihm die Augen auf, und er sieht nur Jesus allein. Er sieht dem in die Augen, der Licht und Wahrheit ist.

Und, meine Freunde, dieses Gebet wird auch erhört werden, wenn wir beten. Ich wollte, wir beteten es in jeder dunklen Stunde unseres Lebens: „Sende dein Licht und deine Wahrheit!" Gott wird es erhören, und wir dürfen innewerden: „Es ist ja alles gut, weil ich einen Heiland habe!"

> ... der vom Kripplein bis zum Grabe,
> bis zum Thron, da man ihn ehret,
> mir, dem Sünder, zugehöret!

Aber nun lassen Sie mich ein Zweites sagen.

2. Es ist ein gefährliches Gebet!

Gibt es das – ein gefährliches Gebet? Jawohl! Und ich möchte diejenigen, die gar nicht ernst machen wollen, sondern sich heute morgen zufällig hier hereinverirrt haben, warnen, so zu beten: „Sende dein Licht und deine Wahrheit!" Denn, wenn Gott es erhört und sein Licht sendet, daß es hell wird, und seine Wahrheit, daß wir sehen, was los ist, dann sehen wir uns selbst! Und nichts ist schrecklicher, als sich selbst einmal im Licht Gottes zu sehen. Nichts fürchtet der natürliche Mensch mehr, als sich im Licht zu sehen. Lieber diskutiert er zwanzig Stunden über die Bibel, als daß er riskierte, sich dem Lichte der Wahrheit auszusetzen, in dem er sich selbst sieht.

Ich denke da an den späteren Apostel Paulus. Er war ein echter Israelit, jeden Samstag in der Synagoge. Dort hat er zweifellos diesen Psalm oft mitgebetet und mitgesungen, denn die Psalmen wurden gesungen. Ich sehe also diesen jungen, eifrigen, ernsthaften, gottesfürchtigen Pharisäer, wie er mitsingt und mitbetet: „Sende dein Licht und deine Wahrheit!" Und dann geschieht es: auf dem Weg nach Damaskus sind Gottes Licht und Gottes Wahrheit auf einmal da! In diesem Licht sieht Paulus nichts anderes als sich selbst.

In seinem Leben waren keine groben Sünden zu finden wie bei uns. Und doch sieht er auf einmal: „Mein ganzes Leben ist völlig verkehrt! Da mag manches Gute sein, aber ich bin auf dem falschen Dampfer. Und somit läuft alles schief. Ich schäme mich über das, was ich getan habe. Ich habe Gott verfolgt und die, die an ihn glauben, getötet. Es war alles falsch, es war alles böse, es war alles gottlos!"

„Sende dein Licht und deine Wahrheit" ist ein gefährliches Gebet. Doch in Klammern sei gesagt: Sie können nicht anders ein Kind Gottes werden, als daß Sie durch dieses Feuer hindurchgehen. Noch nie ist ein selbstgerechter Mensch in den Himmel gekommen!

Ich blätterte neulich einmal in den Katechismen. Dabei ging mir auf: die Männer, die unsere Katechismen geschrieben haben, standen im Licht und in der Wahrheit. Zum Beispiel schrieb Luther in der Erklärung zum zweiten Artikel: „... der mich verlorenen und verdammten Menschen ..."

Ich bitte Sie: „verloren und verdammt!" Das ist doch lächerlich in den Augen eines modernen Menschen. Stellen Sie sich vor, ich gehe in eine Fußgängerzone und sage zu einem Passanten: „Wissen Sie, daß Sie ein verlorener und verdammter Mensch sind?" Der greift sich doch höchstens an den Kopf, nicht wahr?

Und im Heidelberger Katechismus heißt es: „Meine Natur ist vergiftet!" Oder: „Ich bin von Natur geneigt, Gott und meinen Nächsten zu hassen!" „Ach", sagt der Mensch, „das ist doch übertrieben!" Aber so redet nur jemand, der noch nie im Lichte Gottes gestanden hat.

Solange man nicht betet: „Sende dein Licht und deine Wahrheit!", kann man sich für den besten Menschen halten. Da kann man stundenlang erzählen, wie vorzüglich man ist. Man kann den Leuten den Wahlspruch erzählen: „Ich tue recht und scheue niemand!" Und man kann sich bis zur Stunde des Todes dem Eindruck hingeben, daß Gott mit einem zufrieden wäre. Dann aber treten Sie – ob Sie wollen oder nicht – in das Licht und die Wahrheit Gottes, und alle Sünde wird offenbar! Dann kommt das Gericht Gottes!

Deshalb ist es ein gefährlicher Satz: „Sende dein Licht und deine Wahrheit!"

Ich vergesse nicht, wie ich einmal in der S-Bahn in Berlin mit einem Freund von einer gesegneten Versammlung kam. Er schwieg lange Zeit. Schließlich sagte er ganz erschüttert: „Ich bin mir selbst begegnet!" Bis dahin war er glänzend durchs Leben gekommen.

Paul Gerhardt singt in einem Lied: „An mir und meinem Leben ist nichts auf dieser Erd'!" Das singen Sie wahrscheinlich freudig mit, wenn ich das Lied hier ansage. Aber Sie glauben es nicht – bis zu dem Augenblick, in dem Sie sich im Lichte Gottes erkennen. Dann glauben Sie es.

Diese Einsicht: „An mir und meinem Leben ist nichts auf dieser Erd'" ist nicht einfach Pessimismus oder ein moralischer Katzenjammer. Das sagt ein Mann, dem Gott Licht und Wahrheit gesandt hat!

Ich bin noch nicht am Ende. Jetzt kommt etwas, was vielleicht ebenso wichtig ist: In dem Maß, wie Gott uns die Verlorenheit unseres eigenen Herzens zeigt, in demselben Maß zeigt uns sein Licht das Kreuz des Sohnes Gottes. Merkwürdig, wie das, wie kommunizierende Röhren, zusammengehört. In dem Maß, wie er uns unsere Verlorenheit zeigt, zeigt er uns das Kreuz Jesu. Und weil man sich dann selbst nicht mehr ansehen mag, sieht man auf Jesu Kreuz. Und dann entdeckt man: da sind auch Licht und Wahrheit. Ja, da ist mehr als Licht und Wahrheit, da sind Heil und Leben für einen verlorenen und verdammten Sünder wie mich, dessen Natur vergiftet ist!

Darum werden Christen Menschen, deren Blick einfach auf das Kreuz Jesu gerichtet ist, wo immer sie auch sind.

Je mehr wir uns im Lichte Gottes zeigen lassen, daß wir Grund haben, an uns selbst zu verzweifeln, um so mehr dürfen wir lernen, auf das Kreuz Jesu zu sehen. „... der du dich für mich gegeben in die tiefste Seelennot, in das äußerste Verderben, nur daß ich nicht möchte sterben. Tausend-, tausendmal sei dir, liebster Jesu, Dank dafür!"

Ich bekam in dieser Woche einen Brief von einem intelligenten jungen Mann aus Oldenburg. Ich weiß nicht, was er von Beruf ist. Letzten Sonntag habe ich in einer großen Halle geredet, und daraufhin kam also am Dienstag ein Brief von diesem jungen Mann. Ein empörter Brief. Der Inhalt lautete ungefähr so: „Pastor Busch, wie können Sie es wagen, uns, der jungen Generation" – es waren viele jungen Leute da – „diese alte Mythologie zu predigen!" Theologen wissen, woher der Wind weht.

„Jesus, Sohn Gottes, ein Opfer für uns – Pastor Busch, das sind unchristliche Vorstellungen. Das sind heidnische Begriffe, die sich in die Bibel eingeschlichen haben, die wir einfach nicht mehr annehmen, vor allem, weil sie uns zuwider sind! Und Sie halten die Menschheit auf mit solchen törichten Predigten! Sie vermehren die geistliche Verwirrung ...!" und so weiter in dieser Preislage.

Ich habe ihm geschrieben: „Lieber Bruder, ich will mit Ihnen nicht zanken. Aber es könnte ja die Stunde kommen, in der der lebendige Gott Ihnen sein Licht und seine Wahrheit schenkt, daß Sie sich selbst erkennen und ein erschrockenes und gequältes Gewissen bekommen. Und da werden Sie dankbar sein für diese schrecklich unmoderne Botschaft, daß Jesus, der Sohn Gottes, gekommen und am Kreuz gestorben ist, um Sünder selig zu machen. Dann werden Sie sich dankbar zum Kreuz Jesu begeben, weil Sie sonst nirgends in der ganzen Welt – weder im Himmel noch auf Erden – die Vergebung Ihrer Sünden, Gnade und Frieden mit Gott finden. Ich wünsche Ihnen, daß diese Stunde in Ihrem Leben bald kommt!"

Und ich wünsche auch Ihnen, daß diese Stunde in Ihrem Leben bald kommt!

Lassen Sie mich noch kurz ein Letztes sagen:

3. Es ist ein notwendiges Gebet!

„Sende dein Licht und deine Wahrheit!" Ich hätte beinahe als Überschrift gewählt: Es ist ein unverschämtes Gebet. Aber das klingt so böse. Trotzdem muß ich es mal sagen. Denn damit spricht der Psalmsänger das Unerhörte aus – und er redet in der Kraft des Heiligen Geistes. Damit spricht er aus, daß diese Welt eine Welt der Finsternis und der Lüge ist!

Der tiefste Schock im Leben eines jungen Menschen ist, wenn sein Idealismus zerbricht, wenn er die Wirklichkeit erkennt, wenn er begreift, daß diese Welt eine Welt der Finsternis und der Lüge ist. Und an diesem Punkt beginnt für viele Menschen die Kurve, von der an ihnen alles gleichgültig wird und sie nur noch raffen und genießen wollen. Oder aber sie lernen zu beten: Sende dein Licht und deine Wahrheit!

Das ist eine unheimlich wichtige Entscheidung. Irgendwann muß sie jeder treffen. Es ist eine erschütternde Behauptung, die der Psalmist macht: diese Welt ist eine Welt der Finsternis und der Lüge.

Ist es eine Welt der Finsternis? Ja! Das Kennzeichen der Nacht ist, daß alles verzerrt ist. Das haben Sie doch sicher alle schon erlebt, daß man in der Dunkelheit irgendeinen alten Baumstumpf für einen unheimlichen Mann hält, der auf dem Boden kauert, nicht wahr? Da erscheint alles verzerrt.

Und in dieser Welt ist tatsächlich alles verzerrt. Ich empfehle Ihnen, einmal einen Bericht über irgendeine Bundestagssitzung zu lesen oder im Radio anzuhören – dieses hoffnungslose, hilflose Aneinandervorbeireden, die Beschimpfungen und darüber das mephistophelische Lächeln. Das muß man einmal gelesen haben, um zu wissen: es ist Nacht, Nacht, wo alles verzerrt ist und wo man verzweifelt fragt: „Ja, was ist denn nun wirklich los?"

Aber das wissen Sie ja aus Ihrem eigenen Leben. Und das Kennzeichen der Nacht ist, daß man in der

Nacht Angst hat. Die Nacht ist erfüllt mit Furcht. Es ist merkwürdig, wie tapfere Leute in der Nacht auf einmal so ein Gruseln kriegen. Es ist ihnen unheimlich. Nicht in der Großstadtstraße, wo die Laternen stehen, sondern in einer richtig dunklen Nacht!

In der Bibel heißt es von Judas, der Jesus verraten hat: „Als Judas den Bissen genommen hatte, ging er hinaus, und es war Nacht!"

Und in dieser Nacht leben wir. Und darum ist es notwendig, daß wir beten lernen: „Sende dein Licht und deine Wahrheit!" Das heißt: „Herr, ich halte es nicht mehr aus in der Nacht dieser Welt! Ich halte es auch nicht mehr aus in der Furcht dieser Welt! Ich halte es nicht mehr aus in der Verzerrung dieser Welt! Ich möchte auf eine andere Ebene kommen! Sende dein Licht und deine Wahrheit!"

Sehen Sie, das macht den Christenstand aus, daß ich in einer völlig anderen Situation lebe. Die Bibel sagt von den Christen, sie seien Kinder des Tages. Gott hat ihnen Licht und Wahrheit gesandt. Aber in der Welt ist es noch Nacht.

Man könnte einem Menschen, der ernsthaft betet: „Sende dein Licht und deine Wahrheit!", sagen: „Mensch, weißt du auch, was du tust?" Die Welt liebt ja die Nacht so, wie die Fledermäuse sie lieben. Und sie liebt die Lüge. „Willst du wirklich in den Tag? Ins Licht? Und in die Wahrheit? Mensch, dann kommst du in Konflikt, dann stehst du vielleicht ganz allein!"

Und da sagt der Psalmist: „Ich weiß. Das will ich aber auf mich nehmen, denn ich halte es nicht mehr aus in der Finsternis und in der Welt der Verlogenheit! Herr, sende dein Licht und deine Wahrheit, sonst halte ich es nicht mehr aus!"

Halten Sie es noch aus in der Finsternis mit christlichem Anstrich? Oder haben Sie nicht längst das Gefühl, es müßte in Ihrem Leben anders werden? Dann beten Sie mit diesen Worten: „Sende dein Licht und deine Wahrheit – ich will und muß jetzt ins Licht kommen, in die Welt der Wahrheit!"

Es gibt einen Liedvers, der fängt so an:

> Lehre mich im Lichte wandeln,
> wie du selbst im Lichte bist!

Wir wollen beten: „Herr, was sollen wir tun? Wir können dich jetzt nur ernsthaft bitten: Sende dein Licht und deine Wahrheit in unser Leben! Amen."

Wie komme ich zum Frieden meiner Seele?

"Ich wandle nicht in großen Dingen, die mir zu hoch sind. Ja, ich habe meine Seele gesetzt und gestillt. So ist meine Seele in mir wie ein entwöhntes Kind bei seiner Mutter. Israel, hoffe auf den Herrn!"
(Psalm 131,1b-3a)

Vor ein paar Wochen ist in einem deutschen Verlag ein amerikanischer Roman erschienen, ein sogenannter Pfarrerroman. Das ist augenblicklich die große Mode, über Priester oder Pfarrer Romane zu schreiben. Dieses Buch heißt „Die Karriere". Das ist der deutsche Titel. Es leuchtet tief hinein in das Leben der Pfarrer und der Gemeinden. Und darin kommt ein Gespräch vor, das mich sehr bewegt hat:

Da sitzen zwei völlig ungläubige, gebildete Herren, ein älterer und ein jüngerer, beieinander, trinken Wein und unterhalten sich. Und dann schimpft einer über die Pfarrer. Das ist ein unerschöpfliches Gesprächsthema. Der andere entgegnet – und das hat mich bewegt –: „Sei nicht so streng mit ihnen! Es ist ja schließlich nicht so einfach, wenn jemand einen überholten Glauben hat und dennoch ein modernes Publikum zufriedenstellen soll!"

Stellen Sie sich meine Lage vor! „Wenn jemand einen überholten Glauben hat und dennoch ein modernes Publikum zufriedenstellen soll."

Als ich das las, mußte ich lachen. Ich dachte: „So denken bestimmt die meisten Leute, todsicher! Die armen Kerle, die mit einem überholten Glauben ein modernes Publikum zufriedenstellen müssen!"

Liebe Freunde, wer so spricht, hat keine Ahnung von der Bibel! Von wegen „überholter Glaube"! In demselben Gespräch kommt nämlich noch ein merkwürdiger Satz vor. Da sagt der jüngere Mann: „Ja, in der letzten Zeit habe ich einmal einige Abschnitte der Bibel durchgelesen" – ein völlig ungläubiger Mann –, „und ich bin erstaunt, wie wesentlich die Bibel ist! Wenn ihre Aussagen glaubhaft wären" – sie sind es also nicht, denkt der Mann –, „so böte sie die Lösung für das ganze hoffnungslose Durcheinander, in dem die Welt sich jetzt befindet!"

Anscheinend ist dem Mann ja doch ein kleines Lichtchen aufgegangen, wie wesentlich die Bibel ist. „Wenn die Aussagen der Bibel glaubhaft wären, dann hätten wir hier wirklich ein Rezept, die Welt zu heilen", sagt er. Ich möchte Ihnen sagen: „Gott sei Dank ist die Bibel glaubhaft!"

Ich habe laut gelacht, als ich gestern den Leitartikel in der „Welt" las, einer großen Zeitung. Er fängt an, es gäbe so eine biblische Legende ... Da wird ganz einfach die Bibel als Mythos und Legende abgetan! Im Leitartikel einer Tageszeitung.

Ich möchte Ihnen aus tiefster Überzeugung sagen: Gott sei Dank ist die Bibel glaubhaft! Denn hier spricht der lebendige Gott, und darum ist das wirklich kein überholter Glaube. Nein, ich bin nicht in der mißlichen Lage, diesem hochachtbaren modernen Publikum einen überholten Glauben „andrehen" zu müssen!

Im Gegenteil, ich bin überzeugt, wir sind heute die einzigen, die überhaupt noch etwas zu sagen haben! Oder vielmehr: die Bibel ist die einzige, die heute noch etwas zu sagen hat. Dieses Buch ist unheimlich aktuell! Sie spricht von der ersten bis zur letzten Seite davon, was die Menschen heute umtreibt!

Nehmen Sie nur den heutigen Text: da ist davon die Rede, wie unsere friedlosen Seelen zum Frieden kommen. Ist das ein Thema, das uns beschäftigt oder nicht? Das ist keine überholte Frage! Wenn ich diese arme Menschheit um mich herum ansehe, dann sage ich: es gibt überhaupt keine wichtigere Frage als die: wie kommen unsere friedlosen Seelen zum Frieden?

Ich will den Text noch einmal lesen: „Ich wandle nicht in großen Dingen, die mir zu hoch sind. Ja, ich habe meine Seele gesetzt und gestillt. So ist meine Seele in mir wie ein entwöhntes Kind bei seiner Mutter. Israel, hoffe auf den Herrn!"

Ich möchte so vorgehen, daß ich drei Worte aus unserem Text unterstreiche. Erstens die zwei Wörtlein *„der Herr"*.

Wir wollen zunächst einmal darauf achten, daß der König David, der den Psalm gedichtet hat, den Frieden rühmt, den er gefunden hat. Den Frieden seiner Seele. Er sagt: „Ich habe meine Seele gesetzt und gestillt."

Wo Luther „gesetzt" übersetzt, steht im Hebräischen ein Wörtlein, das zum Beispiel gebraucht wird, wenn ein Bauer mit der Egge über den Acker geht. Dadurch wird der Acker planiert. Da werden die kleinen Unebenheiten eingeebnet. Wenn es uns möglich wäre, ein stürmisches Meer zu beruhigen, dann würde dieses Wörtlein dastehen. Das ist gemeint. Ich habe die wilden Wogen meiner Seele zur Ruhe gebracht!

Das wäre schön, wenn man das könnte, nicht wahr? Die wilden Wogen – Leidenschaften, Sorgen und was alles da ist – zur Ruhe bringen. Kann man das denn? David, wie hast du das gemacht? Und David antwortet: „Israel, hoffe auf den Herrn!"

Ohne den Herrn haben wir keinen Frieden in unserer Seele. Keine Urlaubsreise, kein Nervenstärkungsmittel kann diesen Frieden ersetzen. Nur der Herr kann ihn geben! Und sehen Sie, das ist die Katastrophe unserer Zeit, daß man Gott gelten läßt – man will ja schließlich kein Atheist sein –, aber daß man ihn bei allem und jedem ausklammert.

Und darum sind wir friedlose Leute! Wir leben in unserem Beruf ohne den Herrn. Wir leben in unseren Familien ohne den Herrn, in unserem persönlichen Leben ohne den Herrn, in unserer Ehe ohne den Herrn.

Ich möchte Ihnen ein Beispiel sagen, das mich gerade in den letzten Tagen sehr bewegt hat. Irgendwo fand eine große öffentliche Diskussion statt, die sehr interessant war. Es fing so an, daß die Vertriebenenverbände große Tagungen hatten, wo lauthals das Recht auf Heimat gefordert wurde. Diese Forderung wurde dann von Pastoren theologisch, von Philosophen philosophisch und von Großmüttern sentimental begründet: der Mensch hat ein Recht auf Heimat! Und das ist ja sicher auch richtig. Aber daraus ergaben sich politische Konsequenzen.

Daraufhin hatte ein Professor Iwand, ein wackerer Mann, den Mut, an die Zeitung „Die Welt" einen Leserbrief zu schreiben. Darin hieß es etwa so: Überlegt einmal, wie das deutsche Gebrüll vom Recht auf Heimat auf die östlichen Völker wirken muß. Wir haben diese Völker im Krieg überfallen und haben Millionen Menschen ihrer Heimat beraubt. Wir haben 6 Millionen Juden, die unter uns wohnten, die ein Recht auf Heimat hatten, aus ihren Häusern verjagt und umgebracht.

Wir haben Hunderttausende von Fremdarbeitern weggeführt aus ihrer Heimat – wir Deutschen – und haben sie in der Fremde umkommen lassen. Und da sagt Professor Iwand: Überlegt einmal, wie das wirkt, wenn wir, die wir Millionen von Menschen die Heimat geraubt haben, vom Recht auf Heimat schreien. Wir sollten vielmehr – so schreibt Professor Iwand in dem Leserbrief – einmal überlegen, ob die Heimatlosigkeit von Millionen Menschen nicht ein Zeugnis davon ist: „Irret euch nicht, Gott läßt sich nicht spotten!" Gottes Mühlen mahlen langsam, mahlen aber trefflich fein! Er sucht die Sünden der Völker heim.

In einem anderen Blatt der „Jungen Kirche" schreibt Professor Iwand, er habe daraufhin eine Flut von Briefen bekommen, zum Teil unerträgliche Briefe. Davon veröffentlicht er den Brief einer Studentin. Schade, daß ich Ihnen die ganzen Brieftexte nicht vorlesen kann, das wären allein schon drei Predigten.

Diese Studentin schrieb: „Lieber Herr Professor, wir müssen uns regen ... Lassen Sie doch bitte in dieser Sache einmal Gott aus dem Spiel! Mir ist die Gerechtigkeit Gottes im Geschichtsablauf sehr zweifelhaft", schreibt sie. Und dann kommt immer wieder der Satz: „Nun wollen wir mal den alten Herrn aus dem Spiel lassen." *„Den alten Herrn"* – das ist also Gott – aus dem Spiel lassen!

Und ich bin überzeugt, daß Millionen ihr zustimmen: „Wir wollen den alten Herrn aus dem Spiel lassen, das ist doch eine politische Frage!"

Und nun ist interessant zu lesen, was Iwand weiter schreibt. Er antwortete dieser Studentin: Verehrtes Fräulein, Sie wollen Gott aus dem Spiel lassen – da, wo es Ihnen unbequem ist, von ihm zu reden. Das ist die Situation in Westdeutschland, daß wir, wenn es darauf ankommt, Gott aus dem Spiel lassen! Und wir maßen uns an, wir wollten die östlichen Gebiete von der Herrschaft der Gottlosigkeit befreien? Wir sind ja genauso gottlos! Nur sagen wir es nicht! Wir tarnen das! Aber wenn es darauf ankommt, lassen wir Gott aus dem Spiel! Und dann fährt Professor Iwand fort: Sie wollen Gott aus dem Spiel lassen. Verehrtes Fräulein, das ist ja gerade das Unheimliche, daß man das nicht kann! Gott spielt nämlich immer mit!

Und sehen Sie, weil wir so irrsinnig handeln, daß wir in Wirtschaft, Politik und überall Gott aus dem Spiel lassen, darum kann kein Friede werden in der Welt. Und weil Sie in Ihrem persönlichen Leben genau dasselbe tun, zwar glauben, daß ein Gott ist, aber ihn aus dem Spiel lassen, deshalb haben Sie keinen Frieden in Ihrem Herzen. Nicht wahr, ihr Mädchen, in eurem Verhältnis mit Jungen hat doch Gott nichts zu sagen, oder? Im Sexualleben hat Gott nichts zu sagen. Lassen wir ihn aus dem Spiel! Im Geschäftsleben lassen wir Gott aus dem Spiel. Und sehen Sie, das ist unser Unglück. Weil es so ist, darum haben wir keinen Frieden.

Frieden im Herzen hängt mit dem lebendigen Gott zusammen. Wir sollten Gott in das Spiel unseres Lebens einbeziehen!

Nun sagen mir viele: „Komisch, mir geht's so, wenn ich mich um Gott gar nicht kümmere, bin ich ganz ruhig. Aber sobald ich an Gott denke, werde ich unruhig! Gott macht mich nicht ruhig, sondern unruhig!" Darauf antworte ich: „Richtig, so muß es sein!" Denn wenn du mit Gott nur leise anfängst, kommst du in die Welt der Wirklichkeit! Dann wird auch die Wirklichkeit in deinem Leben offenbar, auch deine Sünde.

Jawohl, wenn wir es mit Gott zu tun kriegen, ist von der Sünde die Rede, und da wird man sehr unruhig. Deshalb sage ich Ihnen: Gehen Sie schleunigst mit all Ihrer Unruhe, Schuld und Sorge dorthin, wo unser Herr uns am allerfreundlichsten erscheint, nämlich an seinem Kreuz!

Lassen Sie uns unter Jesu Kreuz gehen. Dort darf man die Schuld der Vergangenheit und Gegenwart abladen. Dort gibt es Vergebung unserer Sünden, Frieden im Herzen! Da ist Befreiung von der Vergangenheit.

Israel, hoffe auf den Herrn! Auf *den* Herrn, der am Kreuz für mich starb!

> Es ist eine Ruh gefunden
> für alle, fern und nah,
> in des Gotteslammes Wunden
> am Kreuze auf Golgatha!

Das ist die Antwort auf die Frage: „Wie finde ich Frieden für meine Seele?"

Und nun will ich ein zweites Wörtlein unterstreichen: *entwöhnt!*

Ich will den Text noch einmal lesen: „Ja, ich habe meine Seele gesetzt und gestillt, so ist meine Seele in mir wie ein entwöhntes Kind bei seiner Mutter!"

Wir wollen David fragen: „David, du behauptest, du hättest Frieden im Herzen. Zeige mir den Weg dazu!"

Und David antwortet uns. Dabei finde ich es einfach großartig, daß er uns jetzt nicht eine philosophische Rede hält oder Atemübungen empfiehlt, vielleicht Yoga – so lange nach innen schauen, bis alles abgestorben ist, oder irgend so etwas Komisches.

Nein, David ist viel nüchterner. Er sagt: „Ich will euch den Weg zum Frieden zeigen durch ein Beispiel." Dann nimmt er ein Bild aus der Kinderstube.

Nun habt ihr, meine lieben Jungen, davon wohl wenig Ahnung, obwohl ihr selbst einmal Babys gewesen seid. Ihr erinnert euch nicht daran. Aber Mütter und Väter, die verstehen das gut!

David führt uns also in ein Kinderzimmer und sagt: „Da ist ein Baby, das lange Zeit an der Brust der Mutter genährt und gestillt wurde. Nun soll dieses Kind entwöhnt werden. Das ist ein Kampf. Das ist der erste Schock im Leben eines Säuglings. Es verlangt nach einer Nahrung, die es nicht mehr kriegen soll! Das ist nicht einfach!" Und nun sagt David: „Ehe ich Frieden fand, mußte meine Seele auch entwöhnt werden. Und du findest im Leben keinen Frieden und bleibst ein friedloser Mensch, wenn du keine solche Entwöhnung erlebst."

Nun möchte ich Ihnen einmal ganz kurz skizzieren, wovon wir entwöhnt werden müssen, wenn wir Frieden finden wollen.

David nennt hier als erstes: „Ich wandle nicht in

großen Dingen, die mir zu hoch sind!" Man muß also von großen Dingen, die einem zu hoch sind, entwöhnt werden. Aber was heißt das nun? Vielleicht treffen diese Worte einen Menschen, dem von Gott ein kleiner Lebenskreis zugewiesen wurde, der aber das Gefühl hat: „Ich könnte mindestens Minister sein!" Oder eine Hausfrau: „Nur am Herd stehen? Ich habe mir das anders gedacht!"

Aber ich will hier nicht weitermachen. Als Jugendpfarrer möchte ich jetzt nicht allzuviel gegen Ehrgeiz sagen. Denn ich könnte mir denken, daß dann ein Pennäler in der Mathematikstunde, wenn's schwierig wird, sagen könnte: „Ich schalte ab, ich wandle nicht in großen Dingen, die mir zu hoch sind!" Und so ist das bestimmt nicht gemeint.

Ich will Ihnen sagen, was nach meiner Überzeugung mit den großen Dingen, die uns zu hoch sind, gemeint ist: es sind die hohen Dinge, daß wir Gott mit dem Intellekt verstehen, begreifen und erfassen wollen! Daß wir über Gott diskutieren und reden und reden und reden. Oder gar, daß wir den lebendigen Gott kritisieren: Wie kann Gott dies zulassen, wie kann Gott jenes zulassen?

Das sind Dinge, die Ihnen zu hoch sind und mir auch!

Wir finden erst Frieden, wenn wir von diesem hochmütigen Tun, als ob wir Gott gleichgestellt wären, entwöhnt sind. Wir müssen ganz einfach schlichte Kinder des lebendigen Gottes werden, die ihm gehorsam sind und ihm vertrauen.

Und ein anderes, wovon wir entwöhnt werden müssen, um Frieden der Seele zu bekommen, ist unsere eigene Gerechtigkeit. Es ist eigentümlich, wie wir alle miteinander in uns selbst verliebt sind. Wie Narziß, der in den Spiegel des Baches schaut und alles darüber vergißt, weil er sich selbst sieht.

Wir sind alle in uns verliebt. Und wir können es einfach schwer fassen, was die Bibel sagt: Wenn in uns nur ein klein wenig Gutes wäre, hätte der Sohn Gottes nicht für uns zu sterben brauchen.

Ich sage immer: wir sind wie Schornsteinfeger. Was die anfassen, wird dreckig. Unser bestes Werk ist befleckt! Es ist Hochmut dran, nicht wahr? Wir lieben uns selbst dabei.

Wenn ein Fetzchen Gutes in uns wäre, hätte Jesus nicht für uns sterben müssen! Das können wir schwer fassen. Und da sagen wir Christen: „Nein, so ist es nun doch nicht. So schlimm steht es nicht. Natürlich sind wir allzumal Sünder. Natürlich haben wir manches zu bereuen. Natürlich haben wir unsere Fehler, wir sind schließlich nur Menschen, aber …!"

Und sehen Sie, mit diesem Aber beginnt der Lobgesang auf die eigene Gerechtigkeit, nicht wahr?

Es ist unerhört, wie die Bibel zu uns spricht. Sie sagt: Du mußt Gott so ernst nehmen, daß du sagen kannst: „Es ist doch unser Tun umsonst, auch in dem besten Leben!" Oder: „An mir und meinem Leben ist nichts auf dieser Erd'!"

Ach, daß wir doch einmal vor Gott unser Verlorensein zugeben wollten, damit er uns endlich begnadigen könnte! Denn dann finden wir Frieden. Solange wir in unserer eigenen Gerechtigkeit dastehen, herrscht immer Friedlosigkeit. Immer! Erst wenn ich vor Gott zugebe, daß ich die Hölle verdiene, kann er mich erretten. Nur so können die Gnade Gottes in Jesu und der Friede in mein Leben kommen. Dazu brauche ich nichts mehr zu beschönigen. Auf ein bißchen mehr oder weniger Sünde kommt es dann nicht mehr an! „Herr, ich brauche nur Gnade!" – Und so bekommen wir Frieden.

Um noch einen weiteren Punkt zu nennen: wir müssen auch von unserer elenden Liebe zu unserer Sünde entwöhnt werden. Ich bekomme immer wieder gesagt: „Der moderne Mensch weiß nicht, was Sünde ist". Aber Sie wissen alle ganz genau um Ihre Sünde, die Sie friedlos macht und die Sie nicht lassen wollen.

Eigentlich sollte ich jetzt Zettel und Bleistifte austeilen und sagen: „Wir machen drei Minuten Pause. Schreiben Sie Ihre Sünde auf! Und danach stecken Sie den Zettel ein. Überlegen Sie dann eine Woche, ob Sie wirklich hier entwöhnt werden wollen. Ob es Ihnen ernst ist."

Es kann nicht Friede werden, solange wir nicht den Schlüssel auch von der letzten Kammer unseres Herzens dem lebendigen Gott ausgehändigt haben. Lassen Sie uns doch unseren Heiland bitten, daß er uns entwöhnt von unserer Sünde!

Entwöhnt werden müssen wir auch – um noch eins zu nennen – von unserem eigenen Ich. Es ist schrecklich, wie sich bei uns alles um unser eigenes Ich dreht! Was ist das für ein weiter Weg, bis wir dahin kommen zu sagen: ich bin mit Christus gestorben! Eine solche Entwöhnung von der eigenen Gerechtigkeit, von den hohen Dingen, dem Stolz Gott gegenüber, von unserer Lieblingssünde und unserem Egoismus – das ist kein leichtes Ding. Die Bibel nennt an anderer Stelle dieses Entwöhntwerden Sterben mit Jesus. Und das ist kein Kinderspiel!

Aber dieses Sterben ist das Tor zum Frieden. Anders geht es nicht. Billiger kriegen Sie ihn nicht. Und wenn Ihnen jemand das Christentum billiger verkaufen will, glauben Sie ihm nicht! Ohne diese Entwöhnung fahren wir in die Hölle.

Auch wenn wir nur noch eine kleine Sünde festhalten wollen, fahren wir in die Hölle! Sie muß zum Feind werden. Es kann sein, daß ich damit fertig werde, aber sie muß zum Feind werden.

O daß wir entwöhnte Kinder würden!

Nun lassen Sie mich noch ein Drittes unterstreichen: die Worte *bei seiner Mutter.*

David soll uns den Weg zum Frieden zeigen, und er sagt uns: „Ich bin voll Frieden, ich bin wie ein entwöhntes Kind bei seiner Mutter."

Ist das nicht ein schönes Bild, daß Gott mit einer Mutter verglichen wird? Ich fürchte zwar, daß viele das gar nicht verstehen, weil es heute keine Mütter mehr gibt, jedenfalls keine richtigen Mütter. Was sind das für Mütter, die in eine Scheidung einwilligen, ganz egal, ob die Kinder dabei kaputtgehen! O was für eine Not erlebe ich als Jugendpfarrer bei vielen Jungen! Da sind Jungen, die ohne die Liebe des Vaters oder ohne die Liebe der Mutter aufwachsen mußten. Vor Gott ist jede Ehescheidung Sünde! Das sollen Sie wissen! Ohne Ausnahme Sünde. Was sind das für Mütter, die ihre Kinder auf die Straße schicken und arbeiten gehen, damit sie ein Fernsehgerät oder ein Auto ersparen! Als ob die Kinder nicht tausendmal wertvoller wären als so ein elendes Auto oder eine Fernsehtruhe! Ich bin froh, daß Gott besser ist als die beste Mutter!

Und jetzt schildert David so schön, daß er wie ein

Kind im Schoß der Mutter sitzt. Er sagt: „So bin ich nun bei meinem Gott – wie ein entwöhntes Kind bei seiner Mutter." Ein Kind sitzt auf dem Schoß der Mutter, völlig geborgen. Es ist eigentlich komisch, denn im Grunde genommen müßte das Kind der Mutter böse sein, weil es entwöhnt ist. Es müßte sagen: „Mutter, du gibst mir nicht mehr, was ich will, nämlich die Milch, die du hast!" Und merkwürdig, das Kind ist der Mutter nicht böse! Da geht in so einem Baby eine große Veränderung vor. Früher wollte es etwas von der Mutter, jetzt geht es ihm nur noch um die Mutter selbst.

Und sehen Sie, das ist die große Veränderung, die den Weg zum Frieden bedeutet. Zuerst wollte ich etwas von Gott. Oh, die vielen unerfüllbaren und unerfüllten Wünsche! Ich will was von Gott – er tut's nicht, deshalb bin ich ihm böse!

Das ist die große Wandlung, daß ich nicht mehr etwas von ihm will, sondern ihn selbst!

Neulich sah ich einmal auf einem Grabstein geschrieben: „Hier ruht in Gott..." Da dachte ich: „Das möchte ich von mir schon zu Lebzeiten sagen können. Das möchte ich auf mein Haus geschrieben haben: „Hier ruht jeden Tag Wilhelm Busch in Gott!" Das soll nicht auf meinem Grabstein stehen, über meinem Leben möchte ich das stehen haben: er ruht in Gott. Danach sehnt sich meine Seele. ·

„Ach", sagst du, „ruhen in Gott, was wäre das schön! Aber Gott ist so fern!"

Deshalb sage ich es jetzt noch einmal: Gott ist in Jesus zu uns gekommen und uns ganz nahe geworden. In diesem Jesus, in diesem Heiland, darf unsere Seele nun ruhen wie ein entwöhntes Kind bei seiner Mutter.

Ich singe so gern das Lied, das von allen Kirchenmusikern verworfen wird:

> Sicher in Jesu Armen,
> sicher an seiner Brust,
> ruhend in seiner Liebe,
> da find' ich Himmelslust!

Ich wünsche Ihnen diesen herrlichen Frieden.

Wir wollen beten: „Herr, unser Heiland, wir danken dir, daß du uns arme Menschen nicht einfach laufen läßt, sondern daß du uns in Jesus den vollen, ganzen, himmlischen Frieden anbietest! Hilf uns, daß wir Ernst damit machen! Amen."

Der Herr ist König

„Der Herr ist König und herrlich geschmückt; der Herr ist geschmückt und hat ein Reich angefangen, soweit die Welt ist, und zugerichtet, daß es bleiben soll." (Psalm 93,1)

Die Epiphaniaszeit zwischen Neujahr und der Passionszeit ist bestimmt und geprägt von dem Bericht über die Weisen aus dem Morgenland. Von heiligen drei Königen steht nämlich nichts in der Bibel. Es heißt in Matthäus 2 nur: „Weise aus dem Morgenland". Das ist eine wundervolle Geschichte, wie da aus der Völkerwelt des Ostens, diesen für uns immer etwas unheimlichen Menschenmassen des Orients, plötzlich eine Gruppe kluger und reicher Männer auftaucht. Über Land und Meer, an Königen vorbei, ziehen sie unaufhaltsam vorwärts und lassen sich durch nichts aufhalten, bis sie Jesus gefunden haben.

Diese Geschichte bestimmt die Epiphaniaszeit. Sie sagt zweierlei aus, und zwar ganz deutlich. Erstens: Jesus ist der Heiland *aller* Völker, Nationen, Kontinente und Rassen. Er ist der Heiland für *alle*. Und zweitens: In der Völkerwelt ist eine Sehnsucht nach Jesus festzustellen, eine zwar unklare, dumpfe, aber starke Sehnsucht nach Ihm, dem Heiland der Welt. Auf diese merkwürdige Tatsache möchte ich nun etwas näher eingehen. Den ersten Teil meiner Predigt möchte ich deshalb überschreiben:

Jesus – die Sehnsucht der Völker

Es gibt eine seltsame Erscheinung in der Massengesellschaft. Es ist noch gar nicht lange her, daß ein Deutscher sagte: „Das höchste Glück der Menschenkinder ist doch die Persönlichkeit." Der Mensch von heute jedoch wird geradezu in die Masse eingestampft: Massenmedien, Massenveranstaltungen, Massenmeinung, Massenproduktion, Massenbetrieb. Wir sind eine Massengesellschaft geworden. Dabei zeigt sich eine eigenartige Erscheinung: Der Mensch bekommt eine unwiderstehliche Sehnsucht, sich selbst aufzugeben und sich ganz an einen Menschen zu hängen, an jemanden, dem man seine ganze Liebe, sein ganzes Vertrauen schenken und alle seine Gefühle und Gedanken anvertrauen kann. Es ist die Sehnsucht nach dem Einen. Das ist mir zum ersten Mal aufgefallen, als ich junger Hilfsprediger in Bielefeld war.

Eines Tages lud mich ein Arbeiter zu einer Versammlung der Neuapostolischen Kirche ein. Vielleicht kennen Sie diese Gruppe. Die haben angeblich das Apostolat wieder erneuert und haben einen Oberapostel. Ich kam also in einen großen Saal, und nach einiger Zeit erschien der Oberapostel – ein Metzgermeister. Na ja, warum auch nicht. Schließlich waren die anderen Apostel auch Fischer. In dem Augenblick, wo dieser Mann den Saal betrat, fielen die meisten auf die Knie. Frauen schrien auf, schluchzten, Männer stammelten, und neben mir sagte der Arbeiter, der in die Knie gesunken war: „Man will doch auch sehen, was man anbetet!"

Das ist es: Man will sehen, was man anbetet. Und nun werde ich viele da und dort verletzen – ich kann es nicht ändern. Vor meiner Seele tauchen nämlich die Menschen auf, die zu Ersatzgöttern geworden sind, an die sich die Menschen unserer Tage verlieren. Vor ein paar Tagen stand in einer Essener Lokalzeitung ein geradezu hysterischer Bericht über einen neuen Bischof: Er kommt, bleibt stehen und beugt sich hinab zu einem Kind. Am nächsten Tag sucht man ihn wegen einer wichtigen Frage. Aber er ist nicht da. Man sucht ihn – wo ist er? Schließlich findet man ihn im Kolpinghaus unter den Arbeitern.

Mir verwischt sich das Bild. Ich sehe plötzlich einen modernen Wunderheiler. Er kommt, bleibt stehen, beugt sich hinab zu einem süßen, kleinen Kind, und dann drückt er einem Arbeiter die schwielige Hand.

Wieder verwischt sich das Bild, und ich sehe plötzlich den Mann mit der Stirnlocke und dem Bärtchen vor mir – Adolf Hitler. Heilgebrüll! „Er kommt – er kommt!" Na, Ihre Herzen haben doch damals auch höher geschlagen! Wie war das denn? Er bleibt stehen – erinnern Sie sich an die Photographien? –, beugt sich hinab zu einem Kind, das ihm Blumen geben will, und dann drückt er einem Arbeiter die schwielige Hand.

Auch dieses Bild verwischt sich, und ich sehe plötzlich einen Mann mit Bart und glitzernden, kalten Augen – es ist Lenin. Er kommt, bleibt stehen, Arbeiter umdrängen ihn. Er beugt sich hinab zu einem Kind ... Ob es Marx ist oder Hitler oder Perron oder sonst einer – das ist das Kennzeichen unserer Zeit!

Die Demokratien wehren sich dagegen. Vergeblich. Sehen Sie nicht, wie alle unsere modernen Demokratien auf den Kult des Einen zusteuern? Wie wird er uns gezeigt? Umgeben von Kindern, einem Arbeiter drückt er die schwielige Hand. Wo ist denn da noch Demokratie? Es gibt schlichte Gemüter. Für sie braucht es gar kein Politiker zu sein. Für einen 16jährigen tut es auch Romy Schneider oder eine andere Schauspielerin.

Neulich mußte ich in Nürnberg vor vielen Tausenden von jungen Leuten Vorträge halten. Da wird mir ein Zettel zugeschoben von einer

Gruppe Halbstarker. Darauf steht: „Unser Gott heißt Elvis Presley." Nicht: „Ich liebe ihn, ich verehre ihn", sondern meiner Verkündigung von dem lebendigen Gott wird ihr Gott, Elvis Presley, gegenübergestellt. Wenn eine von den Großmüttern nicht wissen sollte, wer das ist: das ist ein amerikanischer Schlagersänger mit heiserer Stimme. „Unser Gott ..." Das heißt: „Hör auf mit deinen Worten! Wir haben einen, an den wir uns verloren haben!"

Die Bibel spricht davon, daß sich die Menschen hoffnungslos an einen einzelnen verlieren können. Es ist ein Zeichen der Endzeit, daß je mehr die Weltzeit ihrem Ende entgegengeht, die Menschheit zu einer Massengesellschaft wird und sich an einzelne Menschen verliert. Und das wird sich steigern, so sagt die Bibel, bis zum Antichristen, zu dem letzten großen Weltenherrscher, der aus dem Völkermeer aufsteht, und der neben sich einen falschen Propheten hat, die falsche Kirche. Sie werden Wunder tun, und die Menschen fallen auf sie herein. „Das Tier aus dem Abgrund" nennt ihn die Bibel. Diese Ereignisse gehen der Wiederkunft Christi voraus. Das müssen Sie wissen, weil die apokalyptischen Linien heute schon deutlich sichtbar werden. An den Antichristen wird sich die Welt verlieren, an seine Macht und seine Erfolge. Und die Kinder werden ihm entgegeneilen und Blumen bringen. Den Arbeitern wird er die schwielige Hand drücken. Achten Sie einmal darauf! Warum drückt man mir nicht meine nichtschwielige Hand? Das gehört eben dazu, weil das Volk nicht sehen will, daß hinter ihren Idolen der kalte Wille zur Macht steht.

Doch das Ende dieses Sich-Verlierens an Menschen ist immer Enttäuschung, Pleite, Leere. Was meinen Sie, warum junge Menschen so um 25 herum schon so ausgebrannt sind? Sie haben einmal an den einen Großen geglaubt, bis sie bitter enttäuscht wurden und resignierten. „Wir wollen nichts mehr wissen! Laßt uns in Ruhe!" Pleite! Leere! Enttäuschung! Es könnte einem das große Erbarmen mit dieser Welt ankommen, wenn man nicht selbst dazugehörte, wenn man nicht auch um diese Sehnsucht wüßte, sich in der Masse hinzugeben an den Einen. Und ich bin sehr froh, daß der lebendige Gott Erbarmen mit uns hat.

Und nun bin ich beim zweiten Punkt. Dieser unserer Sehnsucht, jemandem zu gehören, uns an einen, irgendeinen, zu verlieren, kommt Gott entgegen. Wie antwortet Er? Ganz einfach so, daß Er der Welt einen gibt, an den man sich verlieren kann und darf, ohne daran zugrunde zu gehen. *„Der Herr ist König"* – und sein Sohn Jesus ist herrlich geschmückt. *„Der Herr ist geschmückt und hat ein Reich angefangen, so weit* *die Welt ist, und zugerichtet, daß es bleiben soll."* Gott antwortet auf die Sehnsucht der Welt, indem Er sagt: Ich gebe euch einen, an den ihr euch verlieren dürft, den ihr lieben dürft, dem ihr zujauchzen dürft. Und darüber sollt ihr nicht kaputtgehen. Euer Menschentum soll nicht in den Schmutz gezogen werden! Er schenkt uns den Einen. Sehen Sie, das meine ich: *Jesus, die Sehnsucht der Völker.* In allen Ecken der Welt ist augenblicklich Verlangen nach diesem Einen. Im Grunde geht es um Jesus.

Ich möchte gern, daß Sie herauskommen aus dem Massengrab und begreifen, was der lebendige Gott mit Ihnen vorhat. Er will, daß Sie Ihm gehören. Deshalb wollen wir jetzt hören, was hier über Jesus, den Sohn Gottes, gesagt wird. Ich rede nicht von Jesus, dem Religionsstifter. Ich darf das zum hundertsten Male sagen: Wenn ich einen gebildeten Studienrat treffe und von Jesus rede, lautet sein Kommentar: „Ja, ja, ich glaube an ihn! Jesus ist ein Religionsstifter wie Mohammed oder Buddha auch." Darauf entgegne ich: „Dann meinen Sie einen anderen!" Ich habe keinen Bedarf an Religionsstiftern, aber ich habe einen großen Bedarf an dem Einen, den Gott uns aus der anderen Dimension geschickt hat, damit unsere Sehnsucht endlich gestillt würde: Jesus, den Sohn Gottes.

Hören wir, was dieses Wort über ihn sagt:

„Der Herr ist König." Gott sei Dank! Die Welt hat einen König, sie ist nicht herrenlos. Und warum ist der Herr König? Weil Er die Macht nicht für sich in Anspruch nehmen will! Jesus will nichts für sich, sondern alles für den Vater. Es heißt in der Bibel einmal ganz gewaltig: *„Am Ende wird Gott Ihm alles zu Füßen legen, auf daß Gott sei alles in allem."* Auf dieses Ende der Weltgeschichte hin arbeitet der unsichtbare Sohn Gottes. Wie kann man Vertrauen fassen zu diesem König, der die Macht nicht für sich haben will, der mich nicht dumm machen will, der mich nicht unterwerfen will, sondern der mich für den lebendigen Gott, die Quelle allen Lebens gewinnen will? Wie kann ich Vertrauen fassen zu diesem Jesus? Hier steht: *„Der Herr ist König und herrlich geschmückt."*

Ja, mein Herr Jesus ist herrlich geschmückt. Aber nicht so, wie die Großen der Welt sich schmücken, um Bewunderung zu erlangen. Mein Heiland ist nicht geschmückt mit Uniformlametta, Ordensblech oder mit schönen Gewändern und auffallendem Gefolge. Nein, mein Herr ist ganz anders geschmückt. Sein Schmuck sind die Nägelmale in seinen Händen, die davon sprechen, daß Er für mich in des Todes Rachen gesprungen ist. Sein Schmuck ist die Dornenkrone, die Krone des Spotts. Das ist Jesu Schmuck! Und dieser Schmuck spricht davon: Er hat sich meiner Seele herzlich angenommen, daß sie nicht verdürbe. Er wirft alle meine Sünden hinter sich zurück. Dieser Schmuck Jesu spricht davon, daß Er alle meine Schmerzen, meine Probleme, meine Nöte, meine Schuld, mein Unvermögen auf sich genommen und ans Kreuz getragen hat, damit ich Frieden hätte.

Wenn ich die Nägelmale meines Heilands und die Dornenkrone ansehe, dann weiß ich, an wen ich mich verlieren darf. *„Wem anders sollt' ich mich ergeben, o König, der am Kreuz verblich? Hier opfre ich dir mein Gut und Leben, mein ganzes Herz ergießet sich."* Oder wie ein anderer Liederdichter sagt: *„Sollt' ich dem nicht angehören, der sein Leben für mich gab? Sollt' ich ihm nicht Treue schwören, Treue bis zum Tod und Grab?"* Gehören Sie Ihm an? Wo schwirren Sie herum? Sie müssen Jesus kennenlernen! *„Der Herr ist König und ist herrlich geschmückt. Der Herr hat ein Reich angefangen, so weit die Welt ist."* Das ist etwas sehr Wichtiges. Dieser Jesus, den Gott uns gibt, damit wir einen haben, an den wir uns verlieren können, der hat ein Reich angefangen, so weit die Welt ist, das heißt Er ist der Mann für alle Länder und Zeiten. Wir sind sehr verschieden von den Chinesen. Oder unterhalten Sie sich einmal mit einem Basuto-Neger! Wir haben so unterschiedliche Erziehungen, so verschiedene Gedanken. Und doch – die Chinesen dort im Osten und wir hier im

Westen –, wir brauchen dieselbe Erlösung und denselben Erlöser. Denn der Chinese, der Basuto-Neger, der Mitteleuropäer braucht nichts so nötig wie die Vergebung seiner Schuld. Wollen Sie weiterleben ohne Vergebung Ihrer Sünden? Nur einer gibt sie Ihnen: Jesus. Er gibt sie dem Chinesen, dem Basuto-Neger, allen. Kein anderer kann Ihnen Ihre Sünden vergeben. Nur Er kann Frieden schenken. Darum ist Er es, der ein Reich gegründet hat, das so weit wie die Welt ist. Das ist aber nicht nur räumlich gemeint, sondern auch zeitlich.

Wir sind ganz andere Leute als die Apostel. Die hatten zum Beispiel kein Auto. Ich sah eben draußen ein paar von unseren Jungen, wie sie immer um einen Mercedes 300 herumschlichen. Sie kamen gar nicht weg von ihm. Der Apostel Paulus hat so ein Ding überhaupt nie gesehen! Wir leben in einer ganz anderen Zeit als er. Und doch, meine Freunde, unser Herz schlägt wie das Herz der Apostel. Und unsere Sünde ist dieselbe Sünde wie die der Apostel. Und dieselbe Hölle wartet auf uns, die auf die Menschen der damaligen Zeit wartete. Und es gibt damals wie heute keinen anderen Erretter und Seligmacher als den, den Gott geschickt hat, der am Kreuz hing und auferstanden ist: den Sohn Gottes.

Deshalb ist Er der Heiland für alle Länder und Zeiten. *„Er hat ein Reich angefangen, das so* *weit wie die Welt ist, und zugerichtet, daß es bleiben soll."* Bei Jesus erleben Sie kein 1945! Bei Jesus erleben Sie keinen Bankrott, keine Pleite! *„Zugerichtet, daß es bleiben soll."* Wenn einem jemand leid tun kann, dann sind es alle die Leute, die gegen Jesu Herrschaft kämpfen. Wir haben alle nur *ein* Leben. Ich denke an den Osten, wo man Jesu Herrschaft bekämpft. Das muß doch schrecklich sein, wenn man mit dem einen Leben, das man hat, etwas tut, das von vornherein zum Scheitern verurteilt ist! *„Er hat ein Reich zugerichtet, daß es bleiben soll."* Sehen Sie, darum ist Jesus der Eine. Alle Sehnsucht der Menschen nach dem Einen, an den man sich verlieren kann, richtet sich im Grunde auf Jesus. Sie suchen auch diesen Einen, ob sie sich dessen bewußt sind oder nicht. Sie fragen: An wen kann ich mich hängen? Nur an Jesus! Alles andere geht bankrott. Unsere Väter sagten: *„Er ist es wert, daß man ihn ehrt und in seinem Dienst verzehrt."*

Ich las in den letzten Tagen einen interessanten Aufsatz von Professor Heim. Lassen Sie mich ein paar Sätze daraus zitieren. Er sagt: „Es ist das Kennzeichen der Menschen in der Bibel, daß ihnen in einer entscheidenden Stunde ihres Lebens Jesus begegnete. Und von da an waren sie Ihm verfallen. Und nun (das ist ein biblisches Wort) folgen sie dem Lamme nach, wo es hingeht. Sie versöhnen sich mit ihren Feinden, sie lieben Ihn, sie haben ihr Leben und Denken unter die Leitung dieses Führers Jesus gestellt, den sie nicht selbst erwählt haben, sondern den Gott ihnen gegeben hat." Gehören wir dazu? „In einer entscheidenden Stunde begegnete ihnen Jesus. Und nun sind sie Ihm verfallen." Das ist Christentum. Ich wünsche Ihnen, daß Ihnen das auch geschieht.

Ich komme jetzt zum dritten Teil. Hoffentlich können Sie mir den noch abnehmen, denn er ist außerordentlich wichtig. Diese Botschaft: ‚Jesus, die Sehnsucht der Völker!' hat eine harte und eine herrliche Seite. Lassen Sie mich zunächst einmal von der harten sprechen. Wenn die Menschen sich an Menschen verlieren, sei es Mao Tse-tung oder sonst jemand, ist das Massenschwärmerei. Bei Jesus ist das anders. Bei Jesus wird man nüchtern gemacht. Wenn Sie in die Nähe Jesu kommen, sagt Er: „Komm, mein Kind, ich muß jetzt mit dir über deine Sünden reden. Mein Blut wäscht dich rein. Aber zunächst mußt du deine Sünden sehen und bekennen. Siehe, ich will dich freimachen. Nur mußt du zunächst einmal sehen, daß du gebunden bist. Und das ist hart. Das heißt nämlich, in den Tod gehen, der Natur und den eigenen Wünschen sterben. Aber dann wirst du frei sein!" So sagt Jesus.

Wenn ein Mensch in die Nähe Jesu kommt, ist er zunächst begeistert, aber dann fährt er auf: „Was? Sünde? In den Tod gehen? Ich habe einen gesucht, an den ich mich verlieren kann. Und jetzt kommst du an und sagst, daß ich mich erst einmal in meiner Verlorenheit richtig entdecken soll! Nein, Herr Jesus!"

Doch dann antwortet Jesus: „Du darfst auch gehen. Ich zwinge niemanden. Du darfst auch in die Hölle laufen. Du darfst auch den Massen folgen. Du darfst dein Herz an Menschen verlieren. Du darfst tun, was du willst." Das Reich Gottes ist das einzige Reich, in dem es keine Polizei gibt. Und wenn Pfarrer sich ab und zu so aufspielen, tun sie es zu Unrecht. Du darfst gehen, du darfst ohne Jesus leben, du darfst weiter ein armer Mensch bleiben. „Du darfst ...!" sagt Jesus.

Aber dann muß ein Christenmensch immer überlegen: „Herr, wohin sollen wir gehen?" Und nun kann ich nur noch persönlich sagen: Ich habe mich in den Krisenstunden meines Lebens immer wieder für Jesus entschieden. Warum? „Der Herr ist König und herrlich geschmückt. Der Herr ist geschmückt und hat ein Reich angefangen, so weit die Welt ist, und zugerichtet, daß es bleiben soll." Wem anders sollte ich mich ergeben?

Tun Sie, was Sie wollen. Suchen Sie Ihr Leben aus und tun Sie, was Ihnen gefällt. Aber das eine weiß ich hundertprozentig: Es lohnt sich nur, diesem einen, von Gott gegebenen Heiland und Erlöser zu gehören.

Ich muß schließen. Aber lassen Sie mich diese Sache noch einmal von einer anderen Seite beleuchten. Jesus hat einmal so treffend über unsere Situation gesagt: *„In der Welt habt ihr Angst."* Ich glaube, das ist der Grund, warum sich die Menschen einen suchen, an den sie sich hängen können. „In der Welt habt ihr Angst." Darum suchet den Einen. Aber es gibt keinen einzigen neben Jesus Christus, der fortfahren kann: „In der Welt habt ihr Angst, *aber seid getrost, ich habe die Welt überwunden."* Jesus befreit und rettet in der Angst der Welt. Und darum zielt alle Sehnsucht der Völker im Grunde auf Ihn.

Und nun wünsche ich Ihnen und mir, daß Sie Ihn wirklich finden, daß Sie Ihn wirklich hören und Menschen werden, die es anderen bezeugen können: Was ihr sucht, ist nur in Ihm zu finden. Dort, in dem Mann von Golgatha!

Heimweh nach Gott

„Die Inseln harren auf mich und warten auf meinen Arm." (Jesaja 51,5)

Meine Freunde, wie Sie sicher wissen, lehrt die Bibel, daß alle Völker der Erde auf einen Stammvater zurückgehen – auf Adam. Das heißt, daß alle Völker und Rassen im Grunde miteinander verwandt sind. Paulus drückt das so aus: *„Gott hat gemacht, daß von einem Blut aller Menschen Geschlechter auf dem Erdboden wohnen"* (Apg. 17,26). Demnach ist jeder Krieg ein Bruderkrieg. Und jeder Rassenhaß ein Bruderhaß.

Daraus folgt zum Beispiel, daß die Schuld eines Volkes die Schuld aller wird. Wenn einer in der Familie Schulden macht, muß schließlich die ganze Familie dafür geradestehen. Damit hängt auch zusammen, daß der eine aus dem Menschengeschlecht – Jesus – für alle sterben konnte. Weil alle Völker miteinander verwandt sind, haben sie sehr viel gemeinsam. Und zwar nicht nur das Menschenantlitz, sondern auch – und darum geht es mir jetzt – ein dumpfes Verlangen nach der Offenbarung des lebendigen Gottes.

Die Offenbarung Gottes heißt Jesus. Und Jesus ist im Grunde die Sehnsucht aller Völker. Das will ich als Überschrift über diesen Text und diese Predigt schreiben. Ich lese den Text noch einmal: *„Die Inseln harren auf mich und warten auf meinen Arm."* Jesus – die Sehnsucht der Völker. Ich habe meine Predigt wie üblich in drei Abschnitte unterteilt.

Erstens: *Die Welt hat Heimweh nach Gott.* Das wird hier gesagt. Ein armer Kuli in Shanghai sehnt sich genauso nach Gott wie Sie auch. Um das Wort hier in unserem Text zu verstehen, müssen wir einmal die biblische, die alttestamentliche Weltanschauung befragen. Im Alten Testament war Jerusalem die Zentrale des Volkes Israel. Hier war der Tempel Gottes, das Gesetz Gottes. Da war die Bundeslade, die Erkenntnis Gottes. In Jerusalem war der Altar der Versöhnung, der Hohepriester. Das alles war in Jerusalem. Und je näher die Menschen bei Jerusalem wohnten, desto mehr Erkenntnis hatten sie. Und je weiter von Jerusalem weg, desto weniger Licht. „Die Inseln" bedeuten in der alttestamentlichen Bildersprache die äußersten Enden der Erde, wo die Menschen so wenig wußten, daß sie nicht einmal eine leise Ahnung hatten von einem Tempel des Herrn und einem Altar Gottes zur Versöhnung. Und nun sagt der Herr selbst: Diese fernsten Völker haben Heimweh nach mir. Sie hungern nach mir, harren auf mich und meinen Arm.

In den zwanziger Jahren war in Ostfriesland eine Erweckung, wo Hunderte und Aberhunderte zum Glauben kamen, Buße taten, umkehrten. Es gab Dörfer, wo die Kneipenwirte bankrott machten, weil das junge Volk statt auf dem Tanzboden auf den Dielen zusammenkam, um die Bibel zu lesen. Und da kam einmal ein bekannter Pfarrer in ein kleines Dorf, das noch nicht von der Erweckung erreicht war, und fand dort eine merkwürdige Unruhe. Er fragte die Bauern: „Warum seht ihr denn so schlecht aus? Warum seid ihr so bleich? Warum ist so eine merkwürdige Unruhe im Dorf?" Da antwortete der älteste Bauer: „Herr Pastor, wir haben Heimweh nach Gott!" Und daher stammt dieses Wort. Dieser wunderbare Satz jenes alten ostfriesischen Bauern drückt das aus, was unser Text sagt. *„Die Inseln* (die fernsten Völker) *harren auf mich"*, sagt Gott. Aber nicht nur die Inseln, auch die Stadt Essen.

Glauben Sie mir, ich hätte in Essen längst den Mut verloren, Pfarrer zu sein, wenn ich nicht überzeugt wäre, daß ein schreiender Hunger nach Gott im Lande ist. Das, was man uns zeigt, ist nur eine lächerliche Fassade. Wissen Sie, was Heimweh ist? Haben Sie schon einmal Heimweh gehabt? Die heutige Jugend hat merkwürdigerweise kein Heimweh mehr. Ich habe als kleiner Junge mal in den Ferien Heimweh gehabt. Tagsüber war ich ganz vergnügt, da bin ich gewandert, und es ging mir gut. Aber wenn dann der Abend kam, war ich krank vor Heimweh. Ich habe geheult und konnte es fast nicht mehr aushalten. So ist das mit dem Heimweh.

Die Völker können eine Zeitlang Allotria treiben, aber dann bricht auf einmal – völlig unerklärlich – das Heimweh nach Gott auf. Warum gibt es denn so viele Religionen, so viele Tempel? Warum so viele Altäre? Darin kommt das Heimweh nach Gott zum Ausdruck.

Ich war vor einiger Zeit mal in einer größeren Gesellschaft. Dort erwähnte ich: „Die Religionen der Welt beweisen, daß die Völker Heimweh haben nach Gott!" Da unterbrach mich ein Herr, der lange Zeit in Ostasien gelebt hatte, und sagte: „Sie irren, Pastor Busch! Die Religionen sind nicht Ausdruck von Heimweh nach Gott, sondern sie sind ein Stück Flucht vor Gott. Die Menschen flüchten in die Religionen. Da werden ein paar religiöse Übungen gemacht, und dann ist alles gut. Man will Gott nicht begegnen, man hat ja seine Religion. Die Religionen sind also ein Stück Flucht vor Gott." Und ich muß sagen, er hat recht. Mögen die Religionen der Völker Heimweh nach Gott sein oder Flucht vor Ihm, ich möchte sagen: Und wenn der Mensch noch so weit vor Gott flieht, er wird Ihn nicht los! Die Bibel erzählt dazu eine ergreifende Geschichte:

Da kommt der Apostel Paulus nach Athen. Athen war ja der geistige Mittelpunkt der damaligen Welt. Der Apostel geht durch die Stadt. Dabei fallen ihm eine Menge von Altären für alle möglichen Götter und Göttinnen auf. Er ergrimmt über diesen Götzendienst. Doch auf einmal stößt er auf einen Altar, der ihn erschüttert. Darauf stehen die Worte: „Dem unbekannten Gott"! Da wird ihm plötzlich deutlich, wie in dem ganzen religiösen Wirrwarr das Heimweh nach einem lebendigen Gott, der so ganz und gar unbekannt ist, aufbricht.

Ich bleibe dabei: die Welt hat immer wieder Heimweh nach Gott. *Die Inseln harren auf ihn,* so sagt Er es. Ja, die Welt hat Heimweh nach Gott. Meine Freunde, ich habe das in unserem Sonntagsblatt „Der Weg" kürzlich einmal behauptet und geschrieben: „Unter uns ist ein Hunger nach Gott." Da wurde mir in einer der folgenden Nummern aufs heftigste widersprochen. Und bitte, hören Sie jetzt genau zu, damit es nicht zu Mißverständnissen kommt. Da schrieb einer: „Mensch, was ist das für ein Unsinn! Sehen Sie sich doch die leeren Kirchen an! Sehen Sie, wie wenig Leute in den Bibelstunden sind! Das ist doch kein Hunger nach Gott! Das ist doch genau das Gegenteil!" Meine Freunde, ich hatte nicht den Mut, die schreckliche Antwort, die man jetzt geben müßte, zu veröffentlichen. Aber ich will es jetzt sagen: Allem äußeren Schein zum Trotz ist Gott in der Welt, nur haben die Menschen weithin das Vertrauen verloren, daß der Hunger in unseren Kirchen gestillt wird. Menschenweisheit, Kultus, Feierlichkeit, Kirchenmusik stillen nicht den Hunger nach Gott. Ich bleibe dabei: es ist ein Hunger nach Gott in der Welt – Heimweh nach Gott! Der Herr Jesus, wohl der größte Meister auch der geistlichen Rede, hat dieses Heimweh nach Gott unter den Völkern einmal wunderbar dargestellt in der Gestalt eines jungen Mannes, der gleichsam die gesamte Menschheit repräsentiert: in der Gestalt des sogenannten „verlorenen Sohnes". Darf ich einmal diese Geschichte als bekannt voraussetzen? Ich tue das normalerweise nicht, aber ich glaube, hier kann ich es tun. Wenn Sie sie nicht kennen sollten, lesen Sie sie zu Hause nach. Sie steht in Lukas 15. Und wenn Sie keine Bibel haben, kommen Sie zu mir, ich schenke Ihnen eine.

In dieser Gestalt des verlorenen Sohnes hat der Herr Jesus gleichsam das Heimweh der Völker nach Gott dargestellt. Dieser verlorene Sohn ist fern vom Vater. Aber das macht er sich zunächst nicht klar. Auch die Völker machen es sich noch nicht klar. Der junge Mann ist sehr, sehr elend – und die Völker sind es auch. Er begehrte, seinen Bauch zu füllen mit den Trebern der Schweine. Der Mensch füllt seine Seele mit den Trebern der Schweine. Oder können Sie

Karneval anders ansehen? Oder meinetwegen edlere Dinge? Der Mensch muß seine Seele mit Ersatz füllen. Aber satt macht nur Gott allein! Und es geht den Völkern wie dem verlorenen Sohn, der sich fragte, wo er steht. „Mein Vater hat Brot in Fülle, und ich verderbe im Hunger." So ist es auch manchmal zwischen den Völkern: Mein Vater hat Brot in Fülle, und ich verderbe im Hunger. Unsere Seelen hungern! Was bieten denn unsere Zeitungen, das Radio? Was bietet das Fernsehen oder unsere Illustrierten? Davon kann doch kein Mensch leben! Sie vegetieren, verderben vor Hunger. Da bricht auf einmal das Heimweh auf und nimmt Gestalt an: „Mein Vater hat Brot in Fülle. Gott macht satt, und ich verderbe im Hunger."

Ich bleibe dabei, die Völker haben Heimweh nach Gott. Auch wenn ich es nicht sehen könnte, wenn ich nur leere Tempel und Gottesdienste sähe, würde ich es glauben, weil Gott sagt: *„Die Inseln harren auf mich und warten auf meinen Arm!"*

Und nun das zweite: Die Antwort auf alle Sehnsucht der Völker heißt: Gott ist in Christus. Das sagt Paulus: *„Gott war in Christus und versöhnte die Welt mit sich selber!"*

Gott ist in Christus

Auf diesem Hintergrund, den ich Ihnen eben gezeigt habe, muß man jetzt das Jubelgeschrei aus dem Neuen Testament hören. Ich kann nur sagen, es ist ein „Jubelschrei". Während der Nazizeit hatte einer meiner jungen Freunde seine Bibel mit ins Arbeitslager genommen. Sie wurde ihm aus dem Spind geklaut und dem Oberfeldwebel gebracht. Der rief ihn am Abend zu sich und sagte: „Hören Sie mal, gehört die Bibel Ihnen?" – „Ja!" – „Das ist ein gefährliches Buch! Das gibt Unruhe!" Da sagte der junge Mann: „Allerdings. Die Bibel bringt sogar Unruhe, wenn sie im Schrank eingeschlossen ist!"

Ja, es ist ein wunderbares Buch. Man hört förmlich das Jubelgeschrei auf die Sehnsucht der Völker, und dieses Geschrei heißt *Jesus! Jesus!* Was ihr sucht, ist in Jesus da! In Ihm ist der lebendige Gott zu uns gekommen. Sie denken vielleicht, ich hätte einen Spleen, wenn ich dauernd von Jesus rede. Aber es stimmt: In Jesus ist der lebendige Gott zu uns gekommen. In Jesus ist Gott da. Wagen Sie noch, an Ihm vorüberzugehen? In Jesus begegnen wir dem lebendigen Gott. Das ist kein Dogma! Ich bekomme oft gesagt, das sei „Kirche" und „Dogma". Aber das stimmt nicht. Es geht mir wie Petrus, der einmal sagte: *„Wir haben ge-*

glaubt und erkannt, daß du bist Christus, der Sohn des lebendigen Gottes." Oder wie dem Apostel Thomas, der eines Tages vor dem Auferstandenen niedersinkt und ausruft: *„Mein Herr und mein Gott!"* Wir können mit dem Mann des Alten Bundes sagen: *„Bei dir ist die Quelle des Lebens! In deinem Licht sehen wir das Licht!"* Denn wir haben erlebt, daß wir niedersanken, erkannten und glaubten: *Du bist Christus, der Sohn des lebendigen Gottes.*

Ich rede von dem Jesus, der in der Fülle der Zeit Fleisch und Blut annahm und in der Krippe in Bethlehem lag. Der aus einer anderen Welt kam und in die Weltgeschichte eintrat. Ich rede von dem Jesus, der an das schauerliche Kreuz angenagelt wurde und dort unter qualvollen Schmerzen starb, um für Ihre und meine und aller Welt Schuld zu bezahlen. Er trug das Gericht Gottes, auf daß wir Frieden hätten. Ich rede von dem Jesus, der am dritten Tage aus dem Grab glorreich auferstanden ist und jetzt lebt und regiert bis in Ewigkeit. Wem für diesen Jesus die Augen aufgehen, der weiß: Hier wird mein Heimweh gestillt.

Ich habe in den letzten 14 Monaten zwei gebildete Männer getroffen, die mir erklärten: „Ich suche Gott!" Darauf sagte ich ihnen: „Kommen Sie mal in den Gottesdienst. Da kriegen Sie Auskunft!" Aber sie wollten lieber beim Suchen bleiben. Solche Leute suchen einen Weg, bis sie sich schließlich völlig verlaufen haben. In Jesus wird die Sehnsucht, das Heimweh der Seele nach Gott gestillt. Der Apostel Johannes sagt: *„Wir sahen seine Herrlichkeit, eine Herrlichkeit als des eingeborenen Sohnes vom Vater, voller Gnade und Wahrheit."* Aber bitte, es geht nicht nur ums Erkennen, es geht auch ums Nehmen. *„Von seiner Fülle haben wir genommen Gnade um Gnade."* Ich könnte nicht leben, wenn ich nicht Tag für Tag von Jesus Gnade um Gnade nehmen dürfte. Das ist ein herrliches Nehmen!

Ach, meine Freunde, wie klingt dieses gestillte Heimweh nach Gott aus unseren Liedern! Sie haben das eben gesungen, vielleicht ein bißchen gedankenlos: „Ich lief verwirrt und war verblendet, ich suchte dich und fand dich nicht. Ich hatte mich von dir gewendet und liebte das geschaffne Licht. Nun aber ist's durch dich geschehn, daß ich dich hab' ersehn." Jesus ist die Antwort Gottes auf das Heimweh der Völker nach Gott. In Ihm darfst du finden, haben, zu Hause sein.

Es gibt eine große Zeitung, „Die Welt". Die hat vor einiger Zeit angefangen, eine Artikelreihe zu veröffentlichen unter der Überschrift: „Was ist das Christentum noch wert?" Ich finde diese Fragestellung ja eine beachtliche Unverschämtheit, nicht gegen mich, sondern gegen Gott. Aber das ist deren Sache. „Was ist das

Christentum noch wert?" Auf diese Frage haben dann ein Dutzend Intellektuelle geantwortet: "Es ist nichts wert!" Daraufhin begann eine große Diskussion, und in der gestrigen Nummer hat "Die Welt" wiederum eine ganze Seite Antworten auf die Frage gebracht, was das Christentum noch wert ist. Wenn Sie das lesen, genieren Sie sich, daß Sie noch in die Kirche kommen.

Ich bin seit 35 Jahren Pfarrer und mache viele Hausbesuche. Und alles, was ich an Phrasen bei Hausbesuchen je serviert bekommen habe, ist da auf einer Seite der "Welt" von intellektuellen Leuten zusammengetragen. Es wird einem schlecht, wenn man das liest, und der Respekt vor der Intelligenz des deutschen Volkes geht dabei ziemlich in die Binsen. Eine ganze Seite lang wird kommentiert, daß das Christentum für unsere Zeit mehr oder weniger überholt sei. Man erklärt Jesus für Albert Schweitzer und schreibt, das Ewige müsse man schweigend verehren oder ähnlichen Blödsinn. Es lohnte sich nicht, darauf einzugehen, auf diese Projektion der deutschen Denker, wenn nicht eines interessant wäre: mit welcher Leidenschaft diese Frage, was das Christentum noch wert ist, erörtert wird. Diese Leidenschaft beweist, daß wir von Gott nicht loskommen! Wenn ein alter Seekapitän sagt, das Christentum sei nichts mehr wert, dann zeigt das, daß er nicht davon loskommt. Denn warum regt er sich sonst so auf, der Heini? Man kommt von Gott nicht los! Selbst aus diesen negativen Urteilen spüre ich das Heimweh nach Gott. Als ich diese Seite gelesen hatte, kam ich mir vor wie, na – ich will es Ihnen an einem Beispiel deutlich machen:

Bei einem Tagesangriff im Krieg wurde ein Keller, in dem viele Unterschlupf gesucht hatten, verschüttet. Der Eingang war zu. Panik brach aus. Die Leute liefen da unten herum, schimpften und beteten. Doch einer, der gelassen war, fand einen Spalt, durch den er sich hindurchquetschen konnte. Auf einmal stand er draußen im Freien, im Leben, im Licht. Beglückt zog er die frische Luft ein. Hinter sich im Keller hörte er die Verschütteten schreien, rumoren, beten und schimpfen. Doch er stand im Licht. Und meine Freunde, Sie haben alle, ob Sie nun beten oder fluchen, Sehnsucht nach dem Licht. Aber Sie sind verschüttet. Und einer steht draußen im Licht. Wer Jesus gefunden hat, der gleicht diesem einen Mann. Er steht im Licht, er hat Frieden mit Gott.

Jene Zuschriften aus der „Welt" gleichen dem Geschwätz der Leute im Keller, dem Fluchen und Beten der Verschütteten, die vom Licht keine Ahnung haben und nicht wissen, wie sie herauskommen sollen! Aber wer Jesus gefunden hat, steht im Licht. Der wird sich auch aufmachen und die Eingeschlossenen herausholen. Ich würde all den Leuten, die geschrieben haben, am liebsten ein Neues Testament schicken und sagen: „Lesen Sie mal! Schweigen Sie und lesen Sie erst mal! Dann reden wir weiter." Ich möchte jenen Schreibern sagen: Die Welt hat Heimweh nach Gott! Auch in Ihren besten Stunden haben Sie Heimweh nach Ihm. Bitte hören Sie, verstehen Sie doch! Es geht nicht darum, daß es religiöse Menschen gibt, die religiöse Bedürfnisse haben.

Als Jesus auf der Erde war, hatten die Pharisäer und Schriftgelehrten eigentlich am wenigsten Heimweh nach Gott. Aber die Zöllner und Dirnen und Schächer, die hatten unbändiges Heimweh – nach Gott, nicht nach einem Tempel, nicht nach einem Priester, nicht nach einem Pastor, nicht nach Religion, nicht nach dem Christentum, sondern nach dem lebendigen Gott. Jesus ist Gottes Antwort. In Ihm wird das Heimweh nach Gott gestillt. Ist das deutlich?

Und jetzt möchte ich noch kurz ein Drittes sagen. Sie fragen sich vielleicht: „Was habe ich nun zu tun?" Es sitzen ja Menschen hier, die noch nicht im Licht, noch nicht Kinder Gottes sind und die sich überlegen: „Was muß oder soll ich jetzt praktisch tun?" Ich meine jetzt die, die etwas wissen von dem Heimweh nach Gott, die mit dem Psalmisten sagen können: „Wie der

Hirsch schreit nach frischem Wasser, so schreit meine Seele, Gott, nach dir!" Zu denen möchte ich sprechen. Jesus selbst gibt ihnen die Antwort, und zwar in der Geschichte von dem jungen Mann, der die ganze Menschheit repräsentiert, dem verlorenen Sohn! Als dieser verlorene Sohn das brennende Heimweh bekam, sagte er: *„Mein Vater hat Brot in Fülle, und ich verderbe hier im Hunger!"* Das ist das erste. Er macht sich seine erbärmliche Situation klar. Wenn junge Menschen mir heute entgegnen, was sie alles zu tun haben, könnte ich heulen.

Damit fängt's an, daß ich sehe, wie arm ich bin, und daß nur Gott reich und satt machen kann. Und dann sagt der verlorene Sohn weiter: *„Ich will mich aufmachen!"* Liebe Freunde, so geht es weiter. Ich muß mich aufmachen! Fühlst du dich noch gebunden? Mach doch endlich Schluß mit deinen Lieblingssünden! Schluß mit dem Verlorensein an die Welt! Mach mal Schluß mit deinem lächerlichen Intellektualismus! Mach Schluß mit deinem Weglaufen vor Gott! Das imponiert keinem! *„Ich will mich aufmachen!"* Man kann sitzenbleiben bei den Schweinen und geht dann schließlich verloren. *„Ich will mich aufmachen und zu meinem Vater gehen!"* Das kann ich Ihnen nicht abnehmen. Der Vater ist in Jesus da, das haben wir eben gehört. Gehen Sie in die Stille! Gehen Sie zu Jesus! Er ist da, auch wenn Sie Ihn nicht sehen.

Ihr Herz sagt es Ihnen, daß Er da ist. *„Kommet her zu mir alle"*, ruft Er, *„die ihr mühselig und beladen seid!"* Und wie sagt der verlorene Sohn weiter? *„Ich will mich aufmachen und zu meinem Vater gehen und will ihm sagen: Ich habe gesündigt!"* Ohne dieses Bekenntnis geht es nicht. Unsere Sünde hat uns so weit weggebracht von Gott, daß wir Heimweh haben müssen. *„Ich habe gesündigt!"* Haben Sie das schon einmal zu Ihm gesagt? Wenn nicht, gehen Sie jetzt in die Stille und sagen Sie: „Herr Jesus, ich habe gesündigt!"

Neulich traf ich einen, der fragte: „Sünde? Herr Pastor, was ist denn eigentlich Sünde? Darüber kann man doch streiten!" Nein, meine Freunde, darüber kann man nicht streiten! Ich bin überzeugt, daß der verkommenste Mensch weiß, was Sünde ist. Auch Sie wissen ganz genau, was Ihre Sünde ist. Das braucht Ihnen kein Mensch zu erklären, das wissen Sie selbst. Vielleicht ist es etwas, was die Welt gutheißt. Aber jeder weiß, was seine Sünden sind. Da gibt es nichts zu diskutieren. Der verlorene Sohn sagte: *„Ich will zu meinem Vater sagen: Ich habe gesündigt!"* Tun Sie das mal! Gehen Sie zu Jesus und sagen Sie: „Ich habe gesündigt!" Probieren Sie es aus! Das ist das Tor zum Leben! Das ist das Tor zur Freiheit und zum Licht. Tun Sie es! Und Sie werden erfahren, daß Jesus die Erfüllung Ihrer tiefsten Sehnsucht ist.

Freiheit, die Jesus schenkt

„So bestehet nun in der Freiheit, zu der Christus uns befreit hat." (Galater 5,1)

Es ist eine alte Sitte, daß wir am Neujahrstag das Wort betrachten, das die evangelische Christenheit als Jahreslosung hat. Diesmal ist es ein Wort aus Galater 5, Vers 1, ein Brief, den Paulus an die Gemeinde in Kleinasien schreibt: *„So besteht nun in der Freiheit, zu der Christus uns befreit hat."*

Wörtlich heißt es im Griechischen: „Christus hat uns zur Freiheit befreit, so steht nun."

Wer überhaupt ein Gefühl hat für Einschnitte im Fluß der Zeit, der geht, glaube ich, mit einem beklommenen Gefühl über die Schwelle eines neuen Jahres. Wir erleben diesen Jahresanfang ja in einer Welt, die schwankt, die einem Vulkan gleicht, der jeden Augenblick ausbrechen kann, einer Welt, bei der man nicht den Eindruck hat, daß sie mit einem Übermaß an Weisheit regiert wird. Ich muß immer an mich halten, daß ich an so einer Stelle keine politische Rede halte. Aber das ist nicht meine Aufgabe. Meine Aufgabe ist es, Ihnen zu sagen und zu bezeugen, daß ich sehr glücklich bin, daß ich in dieses Jahr hineingehen darf mit dem Lied auf den Lippen: „Jesus soll die Losung sein."

Das ist nicht ein bißchen christliche Weltanschauung, sondern darin wird der Name genannt, vor dem die Hölle zittern und schweigen muß – und vor dem alle Trauergeister fliehen. „Weicht, ihr Trauergeister, denn mein Freudenmeister Jesus tritt herein." Auch in unserem heutigen Text wird uns Jesus vor die Augen gestellt. Es ist doch wohl ganz klar: Nicht Religion, nicht Kirche, nicht Pastor, nicht Christentum, nicht ein Herrgott – das sind alles billige Münzen, mit denen man nicht viel anfangen kann –, nein, Jesus Christus wird uns vor die Augen gestellt, der geoffenbarte Gott. Und zwar sehen wir Ihn heute von einer besonderen Seite: als Freiheitskämpfer. „So besteht nun in der Freiheit, zu der euch Christus befreit hat." Jesus, der Freiheitskämpfer. Wenn ich dieses Wort *Freiheitskämpfer* höre, stellen sich sofort Assoziationen ein. Da sehen wir Barrikaden, flatternde Fahnen, heroische Posen, Menschenmassen und Geschrei. Oder ich sehe Lastwagen, auf deren Trittbrettern ein paar Kerls stehen und „Freiheit" brüllen. Das war meine erste Begegnung mit sogenannten „Freiheitskämpfern". Wir haben ja mehrere „Befreiungen" erlebt, so daß wir fast froh sind, wenn wir nichts damit zu tun haben! Unser Bedarf ist gedeckt.

Meine Freunde, bei Jesus geht es sehr viel nüchterner zu. Da sind keine Barrikaden, keine flatternden Fahnen und keine großen Parolen. Wenn wir nach Jesus als dem Freiheitskämpfer fragen, dann wird uns ein Kreuz gezeigt, ein Galgen, der hoch hinausragt über das Meer von Menschen, über die Römer und über den brüllenden Pöbel. An diesem Galgen hängt ein einsamer Mann mit einer Dornenkrone. Dort hat uns Jesus die Freiheit erkämpft. Wenn wir dieses Kreuz sehen, geht uns sofort auf, daß diese Freiheit prinzipiell etwas anderes sein muß als das, was in der Welt so unter dem Namen Freiheit läuft, nicht wahr? Das macht Luther in seiner Übersetzung so schön deutlich: *„So bestehet nun in der Freiheit."* Damit ist nicht die gemeint, die ihr euch einbildet und die ihr euch ausdenkt, sondern die *„Freiheit, zu der Christus euch befreit hat."*

Das ist also offenbar eine andere Freiheit, als sie sich ein Halbstarker vorstellt, der randaliert. Und unsere Aufgabe wäre, einmal nachzufragen: „Was ist das für eine Freiheit, zu der Christus befreit? Welche Sorte von Freiheit ist damit gemeint?" Es hat keinen Sinn, daß ich jetzt über Freiheit rede. Die Antwort lautet: Was hier mit Freiheit gemeint ist, können wir nur verstehen, wenn wir den ganzen Galaterbrief lesen, diesen großartigen Brief, den Paulus an die Gemeinden in Galatien schreibt. Ich habe ihn durchgelesen und festgestellt, daß es da um heiße innere Kämpfe geht. Und im Kernstück dieses Briefes steht: *„Besteht in der Freiheit, zu der Christus euch befreit hat"*, oder *„Christus hat euch befreit, so steht nun."*

Ich möchte deshalb diese Predigt mit dem Satz überschreiben:

Die Freiheit, die Jesus schenkt

Und ich darf vorausschicken: Dabei geht es um die ernste Frage, ob diese Freiheit für uns etwas Erstrebenswertes ist. Es könnte ja sein, daß jemand von Ihnen sagt, daß er diese Freiheit gar nicht haben will, die Jesus schenkt.

Im Galaterbrief ist von einer dreifachen Freiheit die Rede. Zunächst und am eindrücklichsten geht es um die *Freiheit von Schuld.* Das ist das erste. Freiheit von – ich hätte fast gesagt, von der Vergangenheit. Freiheit, die Jesus schenkt, ist erstens Freiheit von Schuld. Ich habe neulich in einer alten Predigt, die vor hundertfünfzig Jahren gehalten wurde, den interessanten Satz gelesen, man könnte die Menschen einteilen in solche, die wissen, was in ihrem Leben Sünde ist, und solche, die das nicht wissen. Millionen von Menschen sagen: „Sünde – ich nicht! Ich tue recht und scheue niemand!" Da hört jedes Gespräch auf. Mit solchen Leuten hat selbst Jesus nichts anfangen können. Er läßt die 99 gerechten Schafe in der Wüste ihrer Selbstgerechtigkeit.

Es kann Ihnen nichts Schlimmeres passieren, als daß Sie kein Gewissen mehr haben über Ihre Schuld, daß Sie keine Angst mehr haben vor der Hölle und dem Gericht Gottes. Das ist das Schrecklichste, was Ihnen passieren kann!

Freiheit von Schuld. Wir, die wir hier sitzen, wissen wohl, daß Gott lebt. Und je ernster wir Gott nehmen, desto mehr ist es uns ein Anliegen, Seinen Willen zu tun. Und je ernster wir Seinen Willen tun wollen – und ich möchte es wirklich –, desto mehr geht es uns auf, wie sehr wir damit im Rückstand bleiben. Man möchte Liebe schenken, aber man kriegt es nicht hin. Man möchte rein sein, aber der Schmutz klebt an uns. Wieviel Dreck ist hier in der Kirche! Man möchte wahrhaftig sein, und doch lügen wir, daß es bald unheimlich ist. Man möchte die Wirklichkeit Gottes sehen und vor Seinen Augen leben und lebt dauernd so, als wenn Er gar nicht da wäre. Je entschlossener wir den Willen Gottes tun wollen, um so deutlicher merken wir unser Versagen.

Der Herr Jesus hat einmal ein Gleichnis erzählt, das fing so an: „Das Himmelreich ist gleich einem König, der mit seinen Knechten abrechnen wollte. Und als er anfing abzurechnen, da kam einer vor ihn, der war ihm 10 000 Pfund schuldig. Und da er es nicht hatte zu bezahlen ..." Sehen Sie, das ist meine und Ihre Lage. Was meinen Sie, warum so viele Menschen auf der Flucht vor Gott sind? Weil sie Angst davor haben, einmal sagen zu müssen: „Ich habe gesündigt, ich bin des Todes schuldig." So war der Mensch zur Zeit des Apostels Paulus in Galatien. Und so sind wir heute noch. Die Zeit ändert sich – der Mensch bleibt immer derselbe.

Nun waren also in die Gemeinden von Galatien Leute gekommen, die sagten: „So, nun paßt mal auf: Ihr müßt endlich mal euer Schuldkonto bei Gott ausgleichen. Ihr müßt jetzt dies und das und jenes tun!" Und da hinein spricht der Galaterbrief. Es ist sehr wichtig, daß Sie das verstehen. Paulus will zunächst sagen: Du kannst deine Sünde nicht kompensieren. Das ist es, was der Mensch nicht verstehen will. Selbst in der evangelischen Kirche habe ich das vor kurzem erlebt. Da war ein Mann, der im Nazireich viel Schuld auf sich geladen hatte. Er war verblendet und hatte eine große Sünde getan. Nach dem Krieg hatte er sich um Kriegsgefangene gekümmert. Und da wurde mir neulich gesagt: „Er hat doch seine Schuld abgegolten durch das, was er an den Kriegsgefangenen getan hat!" Aber das ist nicht wahr! Wir können keine einzige Sünde wiedergutmachen. Sie können keine Lüge, keine Gottlosigkeit, keine Unreinigkeit aus Ihrem Leben jemals ausradieren. Es geht nicht. Wir haben im letzten Jahr erlebt, wie eine Reihe von Leuten vor Gericht kamen, wobei auf einmal alte Dinge aus der Vergangenheit wieder auftauchten. Da ist mir so deutlich geworden, wie real die Schuld ist.

Paulus sagt diesen Leuten: „Da wird nichts kompensiert! Du kannst nichts mehr gutmachen!" Aber dann weist er gewaltig auf den Mann am Kreuz hin, auf den Freiheitskämpfer, und sagt: „Es gibt nur eine Möglichkeit: Er hat für dich bezahlt! Sein Blut macht rein von aller Sünde." Entweder wir bleiben in unserer Schuld, dann zieht sie uns in die Hölle hinein, oder wir kommen zum Kreuz Jesu, bekennen sie dort und erfahren im Gewissen Vergebung unserer Sünden. Eine andere Möglichkeit haben wir nicht. Wenn Sie es nicht glauben, werden Sie am Jüngsten Tag sehen, daß ich recht habe. Paulus sagt: „Nichts wird gutgemacht! Freiheit von Schuld gibt es nur durch den Freiheitskämpfer vom Kreuz. Lege ihm deine Schuld hin, dann erfährst du Freiheit von Schuld!" Unerhört ist das!

Darf ich es einmal ganz persönlich sagen? Ich habe mich in meinem 18. Lebensjahr bekehrt aus einem Leben in Schuld und Sünde. Als ich in diesem Sommer in einem badischen Ort evangelisierte, stellte mich eines Tages auf der Straße ein Mann, der ein Zeuge meiner Jugend war. Wir waren zusammen Offiziere in einem

Regiment. Er fragte erstaunt: „Was? Du evangelisierst?" Da stand auf einmal die Vergangenheit auf, und es war für mich erschütternd groß, daß ich ihm sagen konnte: „Mann, ich habe den gefunden, der Vergebung der Sünden schenkt, wirklich und real, nämlich Jesus Christus! Und ich bitte dich, such du ihn auch!"

Der Liederdichter Woltersdorf sagt in einem seiner Lieder, was die Freiheit von Schuld bedeutet: „Die Handschrift ist zerrissen (die gegen mich stand). Die Zahlung ist vollbracht. Er hat mich's wissen lassen, daß er mich frei gemacht." Sehen Sie, da ist von Freiheit die Rede – in diesem Zusammenhang Freiheit von Schuld. „Er hat mich's lassen wissen, daß Er mich frei gemacht. Er, der versank im bittern Tod und der für meine Seele sein Blut zum Opfer gab."

Vergebung der Sünden im Gewissen zu erfahren, ist die größte Befreiung, die man sich denken kann. „Die Sünden sind vergeben", sagte Hiller, „das ist ein Wort zum Leben für den gequälten Geist!" Ein Paulus, dieser große Mann mit dem gewaltigen Aktionsradius und dem feurigen Temperament, sitzt in einem Kerker angekettet, so daß er kein Glied regen kann. Und da wird erzählt, daß er um Mitternacht mit seinem Freund Loblieder singt. Hier wird deutlich, daß ein Mann, der durch Jesus Vergebung seiner Sünden erfahren hat, freier ist als einer, der zwar in äußerer Freiheit lebt, aber in Ketten unvergebener Schuld umhergeht. Gott schenke Ihnen, daß Sie diese Freiheit finden, zu der Christus uns befreit hat, die Freiheit, die Vergebung von Sünden heißt, Freiheit von Schuld.

Und nun ein Zweites:

Freiheit von Menschen

Wer den Galaterbrief aufmerksam liest, meine Freunde, merkt, daß sich dieses Thema wie eine Melodie durch den ganzen Brief zieht: *Frei von Menschen.* Lassen Sie mich nur zwei Stellen lesen. Gleich im ersten Kapitel sagt Paulus: „Wenn ich den Menschen noch zu Willen wäre, dann wäre ich Christi Knecht nicht." Und dann erzählt er von sich: „Als es Gott gefiel, Seinen Sohn in mir zu offenbaren, da besprach ich mich nicht mit Fleisch und Blut ..." Also ich fragte nicht nach Tante Amalie und Onkel August, was sie von der Sache halten. Da fiel die Kette ab, die mich an die Menschen fesselte. Ich wurde frei von Menschen. *Freiheit von Menschen* – meine Freunde, das ist für uns Deutsche ein sehr aktuelles Thema. Wir haben eine verfluchte Neigung, Menschen hörig zu sein. Wir können nicht alleine stehen. Und wie stark ist die Furcht vor Menschen in uns! Wie oft erlebe ich das bei jungen Leuten, die in irgendeinem Club von Freunden und Arbeitskollegen sind!

Neulich, als ich die Evangelisation in Eppingen hatte, von der ich schon sprach, haben wir auf dem Marktplatz eingeladen. Gegenüber am Kino stand eine Gruppe von 30 Halbstarken. Und die luden wir speziell ein – durch Lautsprecher. Dann unterhielten wir uns mit ihnen – mit einem Lautsprecher, der durch das ganze Städtchen dröhnte. Am zweiten Tag ging ich hin und begrüßte sie. Doch da brummte einer:

„Mir kommet net!"

Ich sagte zu ihm: „Du kämst ja schrecklich gern, nicht? Wenn du nur nicht so viel Angst hättest vor dieser ganzen Bagage hier!"

„Du kämst also gern?" sagte ich zum zweiten.

„Ja, aber die lachen einen doch aus!"

Diese Burschen gaben glatt zu, im Angesicht ihrer Genossen: „Ich würde ja gern die Wahrheit hören, aber ich kann es nicht riskieren. Der Terror der dreißig anderen ist zu stark!"

Es gibt unter uns Leute, die selbst mit grauem Haar oder Glatze noch Menschenknechte sind. Das ist ein sehr aktuelles Thema. Und sehen Sie, das ist die Melodie des Galaterbriefes: *Jesus macht frei von Menschenfurcht.* Paulus erzählt gerade im Galaterbrief ein erschütterndes Beispiel von seinem Amtsbruder Petrus. Dieser Petrus war ein starker Mann, ein gewaltiger Mann, aber offenbar gerade als starker Mann anfällig für Menschenfurcht. Sie kennen alle die Geschichte, wie er in der Nacht vor Karfreitag von einem Mädchen angesprochen wird: „Du gehörst auch zu Jesus!" „Ich? Im Leben nicht! Ich denke da freier drüber!" So reden wir alle. Und Paulus erzählt hier im Galaterbrief folgende Geschichte:

Petrus war nach Antiochien gekommen, wo eine große Gemeinde aus Heidenchristen war. Und Petruß aß und trank mit ihnen. Sie waren eins in Jesus Christus. Auf einmal kommen ein paar Christen aus Jerusalem. Petrus hat Angst und denkt: „Wenn die in Jerusalem erzählen, daß ich hier mit Heiden zusammensitze – was für einen Juden ja fast unmöglich ist –, dann kann ich einpacken!" Da zieht er sich so langsam von den Heidenchristen zurück und richtet die alte Trennmauer wieder auf. Paulus stellt ihn darüber zur Rede und sagt: „Fürchtest du deine christlichen Brüder? Du bist Menschen gefällig, aber nicht mehr Christi Knecht."

Doch dieser selbe Petrus liefert uns ja auch ein Beispiel dafür, wie Jesus von Menschenfurcht frei macht. Ich habe die Geschichte schrecklich gern, wie Petrus und sein junger Freund Johannes eines Tages verhaftet und vor den Hohen Rat gestellt werden. Der Hohe Rat in Israel war sowohl politisch als auch kirchlich die oberste Behörde. Das waren die „Väter in

Israel". Vor denen hatte jeder Respekt, weil es ihnen von Jugend an eingeimpft wurde. Nun sagen also diese Väter in Israel: „Du darfst im Namen Jesu nicht mehr laut predigen! Das gibt nur Verwirrung und Durcheinander. Willst du klüger sein als wir?" Aber da richtet sich Petrus auf, blitzt sie an und sagt: „Richtet selbst! Man muß Gott mehr gehorchen als den Menschen!" Das ist Freiheit, die Jesus geschenkt hat.

Die Welt hat es nicht gern, wenn einer aus dem Herdentrott ausbricht. Ich bin jetzt ein alter Mann geworden und habe es immer wieder erlebt, daß, wenn ein Mensch seinem Gewissen folgt und vielleicht einen einsamen Weg geht, man keinen Respekt vor ihm hat, so daß alles über ihn herfällt. „Bitte, in Reih und Glied! In Viererreihen wollen wir in die Hölle marschieren! Meinetwegen mit christlichem Weihwasser drüber." Aber das gibt es nicht, daß einer sagt: „Ich habe ein Gewissen, das an Gott gebunden ist, und gehe meinen eigenen Weg."

Wir stehen vielleicht da und sagen: „Luther stand vor 400 Jahren auf dem Reichstag in Worms. Allerhand!" Aber wehe, wenn es heute einer wagt! Wahrscheinlich hätten wir damals alle gesagt: „Ja, das geht doch nicht! Ein Mensch kann doch nicht einfach meinen, er allein hätte die Weisheit für sich gepachtet!" Hinterher kann man gut sagen: Das war allerhand!

Jetzt kommt ein sehr wichtiger Punkt: Wer

Jesus im Glauben am Kreuz erblickt, bekommt eine ganz neue Richtung und wird frei von Menschenfurcht und Menschenknechtschaft. Zinzendorf drückt das in einem Vers aus, den ich so gern habe. Er sagt: „Christen sind so einfältig!" Das heißt nicht doof, sondern nicht so vielgestaltig, nicht so schizophren. Einfältig – eine Falte. Einfalt sieht nur auf das eine, in dem alles steht. Einfalt hängt sich ganz allein an den ewigen Magnet. Das ist Freiheit von Menschen.

Freiheit, die Jesus schenkt, ist *Freiheit von Schuld und Freiheit von Menschen*. Der Galaterbrief nennt noch ein Drittes:

Freiheit von der Macht der Sünde

Die Bibel sagt, daß der natürliche Mensch unter der Macht der Sünde steht. Wer das kapiert hat und sein eigenes Herz kennt, der lacht über das Geschwätz der Menschen, die sich selber für gut halten und rechtfertigen. Der natürliche Mensch steht unter der Macht der Sünde.

Eines Tages steht ein Mann vor mir und erklärt, wie gut er sei. Er ahnt nicht, daß es sozusagen seine Ursünde ist, daß er Gott in seinem Leben abgesetzt hat. Und nun bedeutet die Freiheit, die Jesus schenkt, daß die Macht der Sünde gebrochen wird. Ich möchte Ihnen einen

Satz aus dem Galaterbrief vorlesen. Da sagt Paulus:

„Ihr seid zur Freiheit berufen, zu der Christus euch befreit hat. Allein seht zu, daß ihr durch die Freiheit nicht dem Fleisch Raum gebt. Offenbar sind die Werke des Fleisches, als da sind Ehebruch, Hurerei, Unreinigkeit, Unzucht, Abgötterei, Zauberei und Aberglaube, Feindschaft, Hader, Neid, Zorn, Zank, Zwietracht, Haß, Mord, Saufen, Fressen und dergleichen."

Jesus, der Gekreuzigte, macht frei von der Macht der Sünde. Das geschieht so: Wenn ich mich zu Jesus bekehre – und billiger kriegen Sie es nicht –, dann zieht der Geist Gottes in mein Leben ein und gibt ihm eine neue Willensrichtung. Aber jetzt muß ich noch etwas sagen, damit keine Mißverständnisse aufkommen. Das bedeutet nicht, daß Menschen, die Jesus gehören, sündlos sind. Das werden sie einmal in der Ewigkeit sein. In ihren eigenen Augen werden sie immer kleiner und schlechter. Und doch sind sie befreit von der Macht der Sünde. Sie dienen ihr nicht – nicht mehr dem Geld, dem Mammon, den Trieben, dem Fleisch –, sie dienen der Sünde nicht mehr, sondern liegen mit ihr im Kampf.

Preußen hat sich unter Napoleon geduckt, hat ihm gedient. Doch eines Tages begannen die Freiheitskriege. Dann hörte die Herrschaft des

Franzosenkaisers auf. Es gab Niederlagen, es gab Kampf. Aber man diente ihm nicht mehr, man hatte den Kampf aufgenommen. So ist es mit der Freiheit, zu der Jesus befreit. Die Macht der Sünde wird gebrochen. Das, was ich früher liebte, wird mir zum Feind.

Es gibt eine eindrucksvolle Geschichte im AltenTestament, die ich sehr gern habe. Sie berichtet von dem großen, gesegneten, geisterfüllten Manne Simson, der ein Geweihter des Herrn war und den die Feinde des Volkes Gottes eines Tages gefangennehmen wollten. Man hatte ihn mit neun Stricken gefesselt und führte ihn aus einer Höhle ins Lager der Philister. Und als die Philister den gefesselten Knecht Gottes sehen, erheben sie ein Freudengeschrei. Die Welt freut sich immer, wenn sie Knechte Gottes in Sündenketten sieht. Doch in diesem Augenblick kommt Simson zu sich und überlegt: „Ich, Eigentum des Herrn, in schmählichen Fesseln!" Da gerät der Geist des Herrn über ihn, und mit einem Ruck zerreißt er die Fesseln.

Meine Freunde, das ist das Beste, was Ihnen geschehen kann. Wachen Sie auf und sehen Sie, mit welchen Fesseln die Sünde und der Teufel und dieWelt Sie gebunden haben. Hören Sie auf, sich über Ihr eigenes Leben Illusionen zu machen. Sehen Sie die schändlichen Fesseln an, mit denen jeder heimlich oder vielleicht auch ganz öffentlich gebunden ist. Es ändert nichts daran, wenn Sie die Fesseln mit Rosen umkränzen, es bleiben Fesseln der Sünde. Sehen Sie auf Jesus! Mit dem Blick auf Ihn kann man Fesseln zerreißen.

So bestehet nun in der Freiheit, zu der Jesus euch befreit hat.

Jesus hat dem Tod die Macht genommen

„Jesus Christus hat dem Tode die Macht genommen und unvergängliches Leben ans Licht gebracht durch das Evangelium."

(2. Timotheus 1,10)

„Unsere Hilfe steht im Namen des Herrn, der Himmel und Erde gemacht hat. Großen Frieden haben, die dein Gesetz lieben. Sie werden nicht straucheln."

Wir wollen beten: Herr, du kennst unser Herz und Leben, und du weißt, wie wenig wir dein Gesetz lieben und wie wir uns selber unsere Gesetze machen wollen, nach denen wir leben. O vergib uns doch! Wir legen alle unsere Sünden, womit wir dich betrübt haben, unter dein Kreuz. Deck sie zu mit deinem Blute, Herr! Und gib uns einen neuen, gewissen Geist, daß wir Freude haben an deinem Wort, Freude an deinen Wegen und eine ganz große Freude an deiner Gnade und an deinem Heil. Amen.

Ich lese ein Wort der Heiligen Schrift aus Lukas 8:

Und siehe, da kam ein Mann mit Namen Jairus, der ein Synagogenvorsteher war. Der fiel Jesus zu Füßen und bat ihn, daß er wollte in sein Haus kommen. Denn er hatte eine einzige Tochter bei zwölf Jahren, die lag in den letzten Zügen. Und da er in das Haus ging, drängte ihn das Volk. Und siehe, es kam einer vom Gesinde des Obersten der Schule und sprach zu ihm: „Deine Tochter ist gestorben. Bemühe den Meister nicht!" Da aber Jesus das hörte, antwortete er ihm und sprach: „Fürchte dich nicht! Glaube nur! So wird sie gesund!" Und da er in das Haus kam, ließ er niemanden hineingehen als Petrus und Jakobus und Johannes und des Kindes Eltern. Und sie weinten aber alle und klagten um sie. Er aber sprach: „Weint nicht! Sie ist nicht gestorben, sondern sie schläft." Und sie verlachten ihn, wußten wohl, daß sie gestorben war. Er aber trieb alle hinaus, nahm das Kind bei der Hand, rief und sprach: „Kind, stehe auf!" Und ihr Geist kam wieder, und sie stand alsbald auf.

Unser Heiland, Jesus Christus, hat dem Tod die Macht genommen.

Vorigen Sonntag ging ich hier über die Kettwiger Straße. Das passiert mir selten, weil ich ja sonst sonntagnachmittags im Weiglehaus bin. Ich war ganz erstaunt, wieviele Leute an einem Sonntagnachmittag in der Innenstadt sind. Und da hörte ich auf einmal Posaunenklang. Weil Posaunen mich immer anziehen, ging ich diesem Klang nach und fand am Handelshof ein Trüpplein Heilsarmeeleute. Die standen da und sangen Jesus-Lieder. Dabei war es interessant, die Reaktion der Menschen zu beobachten. Eine Reihe blieb stehen. Das waren die, die sagen: „Wir wollen uns nichts von dem entgehen lassen, was uns geboten wird!" Die meisten aber gingen völlig gleichgültig vorbei. Auf einmal kamen zwei junge Burschen – so etwa 18 bis 20 Jahre alt –, blieben einen Augenblick stehen und lachten dann brüllend los. „Ihr ahnt ja nicht", habe ich gedacht, „daß diese kleine verachtete Schar von Menschen die Antwort weiß auf die brennendsten Fragen aller Völker. Sie haben die Antwort auf die größte Sehnsucht der Menschheit, denn in den Völkern lebt ein dumpfes Verlangen, eine verzweifelte Sehnsucht, die nur durch Jesus Christus gestillt wird. Wir überschreiben also diese Predigt mit den Worten:

Jesus – die Sehnsucht der Völker

Die Völker haben verzweifelt kapituliert vor der Tyrannei des Todes. Welch riesige Unterschiede bestehen doch zwischen den Menschen, etwa zwischen einem Norweger und einem Italiener! In der Zeit, in der der Norweger „Guten Tag" sagt, hat der Italiener eine siebenstündige Rede gehalten. Oder welch ein Unterschied ist zwischen einem Amerikaner und einem Chinesen und so weiter. Und doch, in einem Punkt sind *alle* Völker und *alle* Menschen und *alle* Rassen gleich: in der Ohnmacht gegenüber dem Tod. Die Griechen haben diese Ohnmacht in einer wunderschönen Sage geschildert – in der Sage von Orpheus.

Orpheus ist ein begabter Sänger. Wenn er singt, bleiben die Tiere stehen und horchen. Die wilden Tiere werden zahm. Doch eines Tages wird ihm seine geliebte Frau Eurydike vom Tod geraubt. Und sein Schmerz ist so groß, daß er sich aufmacht und ins Totenreich geht. So sagt die griechische Sage. Mit seinem zauberhaften Gesang überwältigt er die Wächter an den Pforten des Totenreiches, so daß er eindringen kann. Sein Gesang macht sogar den grausamen Höllenhund still. Er kuscht. Selbst den schrecklichen Herrscher des Totenreiches rührt sein Gesang so, daß er zu Orpheus sagt: „Gut, du darfst deine Eurydike mitnehmen. Geh, sie wird dir folgen! Aber unter einer Bedingung: du darfst dich nicht umsehen!" Und nun geht er zurück auf dem schauerlichen Pfad des Totenreiches, und als er beinahe den Ausgang erreicht hat, packt ihn auf einmal die Angst, ob ihm Eurydike auch wirklich folge. Er hört nichts. Um ihn herum ist nichts als das grauenvolle Schweigen des Todes. Und da dreht er sich um. Eurydike schaut ihn schmerzvoll an und verschwindet wieder im Reich der Schatten. Das ist griechische Sage.

In dieser Gestalt des Orpheus, der schmerzerfüllt und erschüttert seiner Eurydike nachschaut, ist gleichsam die ganze Menschheit repräsentiert und dargestellt, eine Menschheit, die es immer neu schmerzhaft lernen muß, daß der Tod sich kein Opfer entreißen läßt. So haben die meisten von uns schon dagestanden und nachgeschaut. Dieser Orpheus ist eine erschütternde Darstellung aller Menschen, die vor dem Tode kapitulieren müssen.

In amerikanischen Zuchthäusern gibt es eine sogenannte Todeszelle. Da kommen die hin, die zum Tode verurteilt sind und auf die Hinrichtung warten. Sie bekommen eine rote Jacke an und leben in der Todeszelle. Sie wissen nicht, wieviele Stunden sie noch zu leben haben.

Meine Freunde, ist nicht die ganze Welt eine einzige Todeszelle? Tragen wir nicht alle unsichtbar die rote Jacke? Besinnen wir uns darauf, daß wir eine Sammlung von Leuten sind, die zum Tode verurteilt sind. Und nun ist es einfach erschütternd und ergreifend, einmal darüber nachzudenken, wie die Völker der Welt versucht haben, mit dieser schrecklichen Tatsache fertig zu werden, wie sie es sich gleichsam in der

Todeszelle der Welt eingerichtet haben. Das gäbe einen mehrstündigen Vortrag. Ich will nur ein paar Bilder herausgreifen.

Die Inder zum Beispiel sagen, um mit dem Tod fertig zu werden: Der Tod ist eine beständige Verwandlung in eine neue Lebensform. Wer hier brutal und gemein war, der kommt als Tiger wieder auf die Welt, und wer hier edel war, kommt in eine höhere Lebensform. Wir sind gebunden auf das Rad des Lebens, und das rollt unablässig mit uns weiter. Sterben, neue Verwandlungen, sterben, neue Existenzen. Und dieses Immer-wieder-neu-Werden macht so müde, daß es das höchste Ziel dieser Leute ist, ins Nichts einzugehen.

Die Ägypter sagen: Man wird mit der Tatsache des Todes nur fertig, indem man ihm einfach von Anfang an ins Auge schaut. Deshalb haben die Pharaonen, die ägyptischen Könige, ein Leben lang an ihrem Grab gebaut, an den Pyramiden. Sie haben gewissermaßen vom Tode her gelebt.

Die Deutschen, die öfter mal etwas Besonderes haben, haben im vorigen Jahrhundert eine neue Form gefunden, mit dem Tod fertig zu werden. Sie haben den Tod verklärt. Sie haben dem Gerippe gleichsam einen Rosenkranz aufs Haupt gesetzt. Goethes „Werther" ist eine ergreifende Verklärung des Todes. Im 19. Jahrhundert sprach man vom „Freund Hein". Vielleicht kennen manche das Blatt von dem Maler Rethel „Der Tod als Freund in der Turmstube". Und wie ist geschwärmt worden von dem „süßen Tod"! Und vom „süßen Tod für das Vaterland". Kein schönerer Tod sei in der Welt als der, von Feinden erschlagen zu werden. Da muß der Atomtod ja geradezu ein entzückender Tod sein, nicht wahr? Denn da findet man Gesellschaft in rauhen Scharen.

Alle diese Dinge spuken ja in der Gegenwart herum. Die Menschen unserer Zeit im Abendland – nein, überall auf der Welt – haben eine ganz neue Form gefunden, sich in der Todeszelle einzurichten, um mit dem Tod fertig zu werden, eine geradezu grausige Methode: Man ignoriert ihn. Man kümmert sich nicht um ihn. Man beachtet ihn nicht. Man betrachtet ihn wie eine Panne, über die man nicht gern spricht. Kann einem passieren – wie mit dem Wagen –, daß der Kotflügel eingebeult wird. Und es kann passieren, daß man stirbt. Aber bitte – man spricht nicht darüber! Das Leben geht weiter. Das ist unsere Methode. Sie ist verständlich in einem Jahrhundert, in dem *eine* Bombe, wie in Hiroshima, 60 000 Menschen umgebracht hat oder wo sechs Millionen Juden vergast wurden. Was soll da der Tod noch für eine Rolle spielen? Es lohnt nicht einmal mehr, ihn zu verklären. Gestorben! Das war früher eine feierliche Sache, wenn einer starb. Gestorben wird heute in Krankenhäusern, in stillen Zimmern, und mit einer Spritze wird dann dafür gesorgt, daß man nichts merkt. Und das Leben rauscht weiter! Das Geschäft wird nicht gestört!

Deshalb erschüttert es mich so, daß in der Kirche ein Satz umgeht, vor dem mir graust. Man hört ihn immer wieder, auf jedem Kirchentag. Früher hat man den Leuten gesagt, wie sie selig sterben können. Heute wollen wir sie lehren, wie sie richtig leben können. Das heißt, auch wir in der Kirche beteiligen uns daran, den Tod zu ignorieren. Ob das wohl geht? Ich meine, wir Leute in der Todeszelle der Welt sollten sehr wohl ernsthaft davon reden, wie man mit dem Tod fertig wird. Mir scheint diese Methode des Ignorierens die grausigste und schrecklichste zu sein.

Aber sehen Sie, hinter all diesen Versuchen, mit dem Tyrannen Tod fertig zu werden, steht im Grunde die verzweifelte Sehnsucht, der dumpfe Schrei nach dem Todesüberwinder.

Und nun komme ich zum zweiten Teil:

Jesus – der Todesüberwinder

Unser Heiland Jesus Christus hat dem Tode die Macht genommen. Als Händel, der große Musiker, starb, sagte er ein Wort: „Todesüberwinder!" Sonst nichts. Wir leben in einer Welt, die vor dem Tode kapituliert und diese Niederlage zu verbergen sucht, einer Völkerwelt, über die der Todesatem weht, die nicht nur grauenvoll stirbt, sondern wie berauscht diesem Henker Tod noch willig dient. Die subtilste Wissenschaft ist heute die Wissenschaft des Tötens en masse. Die größten Köpfe dienen der Kunst des Tötens. Und in diese Völkerwelt hinein ertönt der Ruf: *„Unser Heiland Jesus Christus hat dem Tode die Macht genommen."*

Da verstehen wir, daß das Evangelium eine aufregende Botschaft ist. Wenn wir doch mal Schluß machten mit der Vorstellung, das wäre eine langweilige Geschichte! Ich hatte jetzt eine Evangelisation in Schüttdorf. Da lud ich auch einen Hotelwirt ein. Er entgegnete: „Ja, ich schicke meine Frau. Das Evangelium ist so eine sanfte Sache, das ist was für eine Frau. Die hat ein ganz anderes Bedürfnis als wir Männer." Er trinkt den Cognac – die Frau geht in die Kirche.

Welch ein Wahnsinn, meine Freunde! Dabei haben wir eine so gewaltige Botschaft: „Jesus Christus hat dem Tode die Macht genommen." Sehen Sie, diese Bibel hier berichtet uns, daß aus der anderen Dimension, aus einer anderen Welt, der Sohn Gottes kam. Die zweite Person der Dreieinigkeit wurde Mensch. Er kam zu uns, nahm Fleisch und Blut an und wurde uns gleich. Er wurde Knecht wie wir. „Gott wird Mensch, dir Mensch zugute." Und wenn der Sohn Gottes Mensch wird, dann muß es ja bald zu einer Begegnung zwischen diesem menschgewordenen Gott und dem Tyrannen Tod kommen, zu einer geradezu atemberaubenden Begegnung. Denn Jesus sagt: „Mir ist gegeben alle Gewalt im Himmel und auf Erden", und der Tod brüllt: „Mir ist gegeben alle Gewalt." Welch eine Begegnung!

Es gibt eine Geschichte, die ich eben gelesen habe, da sieht diese erste Begegnung zwischen Jesus und dem Tod aus wie Spielerei. Jesus tritt in das Haus des Synagogenvorstehers Jairus, wo ein zwölfjähriges Mädchen gestorben ist. Welch ein großer Schmerz! Dennoch sage ich, das Ganze ist beinahe wie ein Spiel. Man hört sie sogar lachen und kichern im Sterbezimmer. Als Jesus sagt: „Sie schläft nur", da lachen sie ihn aus. „Du Narr!" Und einen Augenblick lang ist man selber unsicher. Schlief sie, oder war sie tot? Schließlich treibt Jesus alle hinaus, nimmt das Kind bei der Hand und sagt: „Mägdlein, ich sage dir, stehe auf!" Und sie steht auf. Ich sage es noch einmal: Das Ganze sieht aus wie ein leichtes Spiel – als Jesus zum ersten Mal dem Tod einfach die Beute wegnimmt.

Es steht aber noch eine andere Geschichte in der Bibel, die von der Begegnung zwischen Jesus und dem Tod berichtet. Da wird deutlich, daß dahinter ein grauenvoller Kampf wütet. Jesus steht vor einem Felsengrab, in dem ein junger Mann namens Lazarus liegt. Und um ihn herum steht eine große Volksmenge. Alle schauen gespannt und erstaunt auf ihn, als er sagt: „Hebt die Felsplatte weg!" Die Schwestern sind entsetzt: „Nicht, Herr! Er verwest schon!" „Tut die Felsplatte weg!" Und dann geschieht es, während sie die Platte wegreißen, daß die Leute sehen, wie Jesus weint. Er, der später, als er am Kreuz hing, nicht geweint hat, weint jetzt. Spüren Sie, wie ihn die Tyrannei des Todes überfällt? Doch es geschieht noch nichts. Die Umstehenden hören nur, wie er mit seinem himmlischen Vater spricht. Und sie ahnen, daß hier ein hintergründiger Kampf stattfindet, bis Jesus das Lebenswort in die Todeswelt hineinruft und Lazarus, in Tücher gebunden, herausschwankt. Da wird etwas deutlich von einem gewaltigen Kampf.

Aber der Kampf zwischen Jesus und dem Tod, den beiden Herrschern, wird noch härter. Und es sieht so aus, als ob der Tod triumphiert, später, als Jesus am Kreuz hängt. Wer eine Ahnung hat von der schrecklichen Macht des Todes, der erschrickt bis ins Innerste, daß es selbst von diesem Sohn Gottes, der dem Tod die Beute abnahm, heißt: „*... er neigte sein Haupt und verschied.*" So ist also der Tod wirklich allmächtig und wirklich das Letzte? Im Grunde lohnte es sich dann gar nicht, mit dem Leben überhaupt anzufangen. Aber meine Freunde, dieser Höhepunkt, dieser Triumph des Todes ist zugleich sein Ende. Denn auf das Sterben Jesu folgt ein Ostermorgen. Der Stein wird weggerissen von seinem Grab, und die Kriegsknechte, römische Soldaten, Legionäre, fallen in Ohnmacht. Jesus steigt heraus aus dem Grabe und sucht seine Jünger. Der Auferstandene, der Lebensfürst, der Sieger über den Tod, der herrliche Heiland, der den Tod durchdrungen hat, der der Schlange den Kopf zertreten hat, der Siegesfürst Jesus lebt!

Der Tod ist besiegt. *Jesus Christus hat dem Tod die Macht genommen.* Da hat ein Kampf stattgefunden, der unerhört ist. Ich hoffe, Sie sehen diese großen Linien! Ich möchte noch ein Wort sagen zu den Hintergründen – nur ein kurzes Wort. Worauf beruht eigentlich diese schreckliche Macht des Todes? Darüber gibt nur die Bibel Auskunft. Der Tod ist der Sünde Sold. Adam und Eva haben gesündigt – und sind gestorben. Und wir, ihre Nachkommen, haben alle gesündigt. Deshalb ist der Tod als Folge der Sünde zu allen Menschen durchgedrungen. Wenn ich einem Mann begegne, der mir sagt: „Ich tue recht und scheue niemand", dann sage ich ihm: „Sie werden sterben, und das wird beweisen, daß Sie ein Sünder sind! Denn da kriegen Sie Ihren Lohn ausgezahlt für Ihre

Sünden!" Doch Jesus hat die Sünde der Welt auf sich genommen und ans Kreuz getragen. Darum hat der Tod verspielt und unvergängliches Leben ans Licht gebracht.

Und nun noch ein dritter Punkt: Ich sagte, Jesus sei die Sehnsucht aller Völker. Die Völker haben verzweifelt kapituliert vor der Macht des Todes. Aber Jesus hat dem Tode die Macht genommen. Wir alle stehen zwischen dem Leben und dem Tod. Wir stehen zwischen der Herrschaft des Lebensfürsten und der Herrschaft des Todes. Das ist die verhängnisvollste Wahl unseres Lebens, die wir treffen müssen. Lassen Sie mich dazu etwas Wichtiges sagen. Vor einiger Zeit habe ich mit zwei Freunden eine Fahrt nach Verdun gemacht, wo ich als Soldat im 1. Weltkrieg ein halbes oder dreiviertel Jahr gelegen habe. Mit Entsetzen erinnere ich mich an diese französische Festung, dieses furchtbare Camp. Das Schrecklichste an der Schlucht, in der ich ein halbes Jahr lag, einer sumpfigen Schlucht, war der gräßliche Leichengeruch und Todesatem. Wir haben ihn schließlich nicht mehr gemerkt, wir hatten uns daran gewöhnt. Aber als ich nun dort in Verdun war, tauchte ein Erlebnis vor mir auf. Ich hatte einmal Heimaturlaub bekommen. Meine Eltern waren damals in den Ferien in Baden-Württemberg, auf der

Schwäbischen Alb. Deshalb fuhr ich gleich dorthin. Und der überwältigendste Eindruck dort war für mich nicht, daß dort nicht geschossen wurde oder daß man ausschlafen konnte – nein, es war die herrliche, reine Luft, der rauhe Wind, der über die Alb strich, in dem kein Todesgeruch enthalten war.

Meine Freunde, so geht es uns, wenn wir uns wirklich zu Jesus bekehren. Alles in der Welt trägt diesen Todesgeruch an sich. In der Nacht von Freitag auf Samstag kam ich von einer Evangelisation zurück. Als ich morgens um halb zwei am Bahnhof ankam, standen da ein paar Karnevalsfiguren. Und da spürte ich den Todesatem. Alles in dieser Welt hat diesen Atem des Todes, diesen Leichengeruch an sich. Die Menschen merken es nicht, weil sie daran gewöhnt sind. Aber wenn einer den Schritt tut, hin zu Jesus, und es wagt, Ihm sein Leben zu geben, dann versteht er auf einmal, wovon ich rede. Hier weht die Morgenluft der Ewigkeit, der Lebensatem, der Atem des ewigen Lebens. Hier umgibt uns Himmelsluft. Und wie ich schon sagte: Wir müssen wählen. Das ist die gewaltigste, entscheidendste, schwerste Wahl unseres Lebens. Es soll ja keiner vor sich hindämmern und sagen: „Das geht mich nichts an!" Ohne eine klare Übergabe an Jesus leben wir unter der Tyrannei des Todes, in der Todesatmosphäre. Und da möchte ich Ihnen sagen:

Der leibliche Tod ist noch das Geringste. Schlimmer sind die Werke des Todes, die wir tun. Und das Schrecklichste ist, daß die Bibel von einem „anderen Tod" spricht, den man stirbt. Wissen Sie das? Ich zitiere wörtlich einen Vers aus der Offenbarung über das Gericht Gottes: *„Und wessen Name nicht geschrieben war in dem Buch des Lebens, der ward geworfen* (dorthin, wo Gott nicht mehr hinsieht) *in die Feuerflut. Das ist der andere Tod."* Sie können sich diesen Weg wählen. Im Reiche Gottes, möchte ich immer wieder sagen, gibt es keinen Zwang und kein Drängen. Aber die Entscheidung für den Mann von Golgatha führt in den Bereich und die Welt des Lebens.

Und nun möchte ich Sie herzlich um etwas bitten. Es geht hier nicht um ein Dogma oder eine Lehre, sondern um Ihre Existenz, Ihre ewige Existenz. Gehen Sie in die Stille. Jesus ist da. Sie spüren es. Bekennen Sie Ihm Ihre Werke des Todes, Ihre Sünden. Sagen Sie Ihm auch, daß Ihr Herz tot ist und daß Sie die Sünde liebgehabt haben. Aber dann schauen Sie auf zu seinem Kreuz und glauben Sie, daß sein Blut Ihre Sünde zudeckt. Dann schenkt Er Ihnen das Leben, das ewige Leben. Denn das, was wir hier haben, ist nur der Anfang. Christen leben in einer anderen Existenz, in der Lebensexistenz, in der Lebensluft.

Neulich sagte mir einer: „Warum müssen

eigentlich die bekehrten Christen dauernd von Jesus reden?" Ich antwortete: „Ja, Menschenskind, bekehren Sie sich doch! Dann verstehen Sie es!" Wer zu Jesus gehört, dem gehört Sein unerhörtes Wort, das eine Provokation für die ganze Welt ist, das den Tyrannen Tod besiegt hat. Wer zu Jesus gehört, dem gilt dieses Wort: „Ich bin die Auferstehung und das Leben. Wer an mich glaubt" – glauben heißt: völlige Hingabe –, „der wird leben, ob er gleich stürbe. Und wer das Leben bekommen hat und an mich glaubt, der wird nimmermehr sterben."

Der Herr will uns Mut machen

*„Der Herr ist unser Richter, der Herr ist unser Meister, der Herr ist unser König, **der hilft uns.**"*
(Jesaja 33,22)

Laßt mich mit einer biblischen Geschichte beginnen:

Ein Sturm rast über das Mittelmeer. Mitten im Zentrum des Sturms schaukelt ein großes Schiff. Es ist ein hilfloses Spielzeug von Wind und Wellen. Längst haben die Matrosen alle Gerätschaften über Bord geworfen, um das Schiff zu erleichtern. Aber das nützte nicht viel. Es ist, als wolle die Welt untergehen. Die verzweifelte Besatzung hat alle Hoffnung auf Rettung aufgegeben.

Da tritt unter die verstörte Mannschaft einer der Gefangenen, die in dem Schiff nach Rom gebracht werden sollen. Es ist der Apostel Paulus. Und er redet seltsame Worte: „Nun ermahne ich euch, daß ihr unverzagt seid. Denn diese Nacht ist bei mir gestanden der Engel des Gottes, des ich bin und dem ich diene, und sprach: ‚Fürchte dich nicht!'"

Seht, wie es unser Gott sich angelegen sein läßt, seine Kinder zu ermutigen. Das ist ja der Ruhmestitel unseres Heilandes, „daß er wisse, zu reden mit den Müden zur rechten Zeit"

(Jesaja 50,4). Auch wir sind ja Leute im Sturm der Zeit. Und auch zu uns tritt der Engel des Herrn und will uns Mut machen. So möge der Heilige Geist dieses Wort recht in unser Herz hineinsprechen, denn die obige Neujahrslosung stammt ja von ihm. Nicht Jesaja hat sie sich ausgedacht, er hat das Wort durch den Heiligen Geist ausgesprochen.

Warum will der Heilige Geist uns Mut machen?

Weil er unser Herz kennt. Und er weiß, daß unser Herz sehr erschrocken und verstört ist durch den Sturm der Zeit. Ich habe einmal eine Neujahrspostkarte gesehen. Darauf war eine wunderschöne Blumenwiese abgebildet. Und mitten hinein in die Wiese sprang ein vitales Mädchen, lachend und jauchzend. Darunter stand: „Prosit Neujahr!"

Ach nein, so gehen wir nicht in das neue Jahr hinein. Keiner von uns. Wir gehen vielmehr hinein wie die alte Oma, die ich kürzlich auf dem Bahnhof beobachtete. Sie stand auf dem Bahnsteig. Ein überfüllter Zug fährt ein. Zögernd wartet sie vor einem Trittbrett. Da hinein soll sie? In den Qualm und in dieses Gedränge? Da kommt ein Schaffner und schubst und drückt sie hinein: „Nun steigen Sie nur ein!", sagt er halb scheltend, halb beruhigend.

So steigen wir in das neue Jahr ein. Unser Herz ist erschrocken und verstört. Das weiß der Herzenskündiger. Und darum will Er uns Mut machen durch das obige Bibelwort.

Als Jesaja diese Worte zum ersten Mal aussprach, richtete er sie an eine Gemeinde, die in schwerer Bedrängnis war. Gleich am Anfang des Kapitels 33 kommen die Worte vor: *Zerstörer, rauben, Zeit der Trübsal.* Unsere Zeit ist auch eine Zeit der Trübsal für die Gemeinde. Die Gemeinde des Herrn leidet viel mehr als die Welt. Sie trägt nicht nur dieselben Leiden, sie sieht den Jammer der Welt viel tiefer. Denn in der Nähe des Herrn Jesus hat sie gelernt, wie herrlich die Welt wäre, wenn die Sünde ihr Angesicht nicht so schrecklich entstellt hätte. Doch in der Nähe Jesu sind Christen barmherzige Leute geworden. So wird das Leid der anderen ihr Leid. Sie nehmen es zusätzlich zu ihren Lasten aufs Herz. Doch nicht genug damit. Die Gemeinde bekommt noch eine „Sonderzuteilung" von Trübsal. Das ist der Haß der Welt gegen den Herrn und seine Gemeinde. Es ist seltsam und erschreckend, wie dieser Haß in unserer Zeit überall aufflammt. Ganz klein stand gestern in der Zeitung zu lesen: „Die auf rumänischem Staatsgebiet bestehenden Religionsgemeinschaften und Sekten wurden aufgelöst und ihr Vermögen in das Eigentum des Staates überführt. Der Fortbestand einzelner dieser Vereinigungen wird von einer Bewilligung des Ministerrats abhängig gemacht, die jederzeit zurückgezogen werden kann." Welch eine Verfolgung beginnt da! Das alles liegt wie Bergeslasten auf den Herzen der Christen. Das macht uns müde und verzagt. Aber der Heilige Geist kennt unser verstörtes Herz. Darum will er uns Mut machen.

Wie der Heilige Geist uns Mut macht

Er weist uns auf den Herrn. Dreimal heißt es in unserem Text „*der Herr*". Viele von uns kennen das gewaltige Kreuzigungsbild des Matthias Grünewald vom Isenheimer Altar. Da steht der Täufer Johannes vor dem gekreuzigten Heiland und zeigt mit einem überlangen Finger auf Ihn hin. So weist uns der Heilige Geist in unserem Text auf den Herrn. Dreimal.

Geht der Heilige Geist nicht großartig vor, wenn Er uns Mut machen will? Er bringt uns keine umständlichen Gedankengebilde. Er entzündet keine vagen Hoffnungen. Er weist nur auf den einen Mann, den Herrn Jesus.

Ja, der Herr! Ich erinnere mich, wie ich einmal in einem sehr heißen Sommer auf dem Land war. Es herrschte eine große Dürre. Und eines Tages kam ein köstlicher Regen. Es war wunderbar zu sehen: Überall, wo Regen gefallen war, lebte und atmete alles auf. So ist es bei dem Herrn Jesus. Wo Er in Seinen Erdentagen hinkam, lebte alles auf. Da springen die Lahmen, geheilte Aussätzige eilen ihren Wohnstätten zu, Besessene schauen mit klaren Augen in die Welt, da ist dem Hause des Zachäus Heil widerfahren, die große Sünderin geht mit befreitem Gewissen davon, Jairus schließt sein neugeschenktes Kind in die Arme, und der Schächer am Kreuz stirbt in großem Frieden.

So geht es heute noch bei dem Herrn Jesus. Laßt uns nur der Mahnung des Heiligen Geistes folgen und fest auf Ihn sehen. Dann gewinnen wir neuen Mut. Laßt uns auf Ihn sehen, wie Er zur Rechten des Vaters sitzt und wartet, bis alle seine Feinde zum Schemel seiner Füße gelegt sind. Laßt uns auf Ihn sehen, wie Er als der gute Hirte seine Herde, die Er mit Blut erkauft hat, weidet. Laßt uns auf Ihn sehen, wie Er am Kreuze hängt und alle unsere Schuld und Sünde wegträgt.

Ja, der Heilige Geist ist ein guter Mutmacher, daß Er uns so energisch auf den Herrn verweist!

Was uns für das neue Jahr versprochen wird

„Der hilft uns!" Das heißt nun aber nicht, daß immer alles glatt geht, daß wir keine Not und Bedrängnis haben werden. Wir würden ja nie beten lernen, wenn es so wäre. Wie treibt uns Not und Leid ins Gebet und zum Herrn! Aber – *„der hilft uns"*. Ein erschütternd tröstliches Wort. Aber ich weiß auch, daß es in meinem Leben eine Zeit gab, wo dieses Wort mir gar nichts sagte. Als ich nämlich meinte, es sei eben nicht notwendig, daß mir einer helfe. Ich würde schon allein fertig werden. Aber dann ging es mir so, wie es meiner kleinen Tochter geht, wenn wir einen Ausflug machen. Zuerst weist sie großartig ab, wenn ich sie führen will. Sie springt lieber allein über jeden Graben und auf jeden Steinhaufen. Aber dann erlebe ich auf einmal, wenn der Tag heiß und der Weg lang wird, wie sich eine kleine Hand in meine schiebt. Und am Schluß ist sie froh, wenn ich sie huckepack nach Hause trage.

Wir lernen es in unserem Leben, wie schön es ist, dieses „der hilft uns", „der hilft mir". Und am Ende trägt Er uns heim „in des Hirten Arm und Schoß". Glaube nur fest, daß Er auch dir helfen wird. Dann wirst du im neuen Jahr wundersame Dinge erleben.

Ich machte einmal eine Fahrt über einige finnische Seen. Der Dampfer fährt über einen

See. Wir wollen nach Laeneranta. Aber da kommen wir wohl gar nicht hin, so will es scheinen. Denn rings um den See ist Land, dunkle Wälder. Nirgendwo sehe ich eine Ausfahrt. Der Steuermann aber hält auf ein Waldstück zu. Bis zum letzten Augenblick bin ich überzeugt: es geht nicht weiter! Doch siehe, da ist eine Durchfahrt zum nächsten See, von dem aus es wieder weitergeht.

So ist es auch bei Gott. Wir sehen oft keinen Ausweg. Aber Er weiß ihn und führt uns sicher ans Ziel. Dabei soll es bleiben. Das soll uns Mut machen: „der hilft uns!"

Der Herr ist unser Richter

„Der Herr ist unser Richter, der Herr ist unser Meister, der Herr ist unser König, der hilft uns."
(Jesaja 33,22)

Auf der Schwäbischen Alb habe ich einmal die berühmte Nebelhöhle besucht, von der wir in Hauffs „Lichtenstein" eine so vortreffliche Schilderung finden. Durch einen engen, unscheinbaren Schacht steigt man ein. Man denkt unwillkürlich: „Das kann ja nichts Besonderes sein, diese Höhle!" Aber bald fängt man an zu staunen, wie sich unten weite Hallen auftun, in denen wunderbare Tropfsteingebilde glitzern und funkeln. Und immer neue Gänge, immer neue Hallen tun sich auf. Es will kein Ende nehmen.

So ist es auch mit dem Wort Gottes in der Bibel. Der menschlichen Vernunft erscheint es so unscheinbar, daß jeder dumme Junge darüber die Nase rümpft. Wenn wir uns aber vom Heiligen Geist hineinführen lassen, finden wir immer neue Aspekte der Weisheit Gottes. Und in immer neuer Schönheit finden wir den, der uns von Gott gemacht ist „zur Weisheit und zur Gerechtigkeit und zur Heiligung und zur Erlösung" (1. Korinther 1,30). So wollen wir jetzt weiter in den Gängen der Jahreslosung vordringen.

Der Herr ist unser Richter – im Urtext steht hier das Wort *Schofeeth*. Luther übersetzt es mit „Richter". Dieser Begriff hat eine so vielfache Bedeutung, daß wir ihn in einer Predigt nicht ausschöpfen können. „Richter" heißt:

Einer, der zwischen zwei streitenden Parteien entscheidet

In 1. Könige 3,16 ff wird uns der König Salomo als ein solcher Richter gezeigt, der zwischen zwei streitenden Parteien entscheidet. Eines Tages traten zwei Frauen vor ihn. Die eine berichtete: „Wir beide wohnten zusammen, und jede brachte einen Knaben zur Welt. Nun hat jene ihr Kind im Schlaf erdrückt. Und als sie das merkte, ist sie aufgestanden und hat unsere Kinder vertauscht. Sie hat mir im Schlaf ihr totes Kind in den Arm gelegt, und mein lebendiges Kind nahm sie als das ihrige in Anspruch." Da fährt die andere auf: „Nicht also! Mein Sohn lebt, und dein Sohn ist tot!" Die erste schreit: „Du bist die Mörderin und hast mein Kind gestohlen!" Die zweite wehrt sich: „Du bist eine Lügnerin!"

Da wäre wohl mancher Richter in Verlegenheit gekommen. Aber Gott hatte dem Salomo Weisheit gegeben, daß er ein rechter *Schofeeth* (Richter) sein konnte. Er ließ ein Schwert bringen und befahl: „Teilt das lebendige Kind in zwei Teile und gebt jeder eine Hälfte!" Die eine Frau war einverstanden. Aber der rechten Mutter entbrannte das Herz. Sie schrie: „Nein! Gebt ihr das Kind lebendig! Aber nicht töten!"

So wurde die rechte Mutter gefunden und der Streit zu ihren Gunsten entschieden. Sie bekam ihr lebendiges Kind.

Die Gegenwart ist auch erfüllt von dem Streit zweier Frauen. Die eine Frau ist die Welt. In einem mittelalterlichen Spiel wird „Frau Welt" dargestellt als eine prunkvolle Frau. Die andere ist eine arme, niedrige Magd, die aber mit einem Königssohn verlobt ist. Diese Magd ist die Gemeinde Jesu Christi. Die Bibel nennt sie eine Jungfrau.

Der Streit zwischen „Frau Welt" und der Gemeinde ist hart. Die „Jungfrau" – Gemeinde – kann nicht umhin, der Welt zu sagen: „Du bist eine Mörderin, denn du kreuzigst den Herrn Jesus immer wieder von neuem und dienst dem Fürsten der Finsternis, der ein ‚Mörder von Anbeginn' ist!"

„Frau Welt" aber schilt die Magd und macht ihr tausend Vorwürfe: „Du störst den Frieden! Du verdummst die Leute! Du verdirbst alle Freuden!"

Was soll die arme Magd nun tun? Sie glaubt: „Der Herr ist unser Richter". Sie wartet auf ihren Bräutigam und weiß: Er wird zwischen uns streitenden Parteien Recht sprechen.

So ist dieser Satz: „Der Herr ist unser Richter" ein sehr tröstliches Wort für die Gemeinde. Sie wappnet sich damit unter dem Hagel der Vorwürfe der „Frau Welt".

Der Beurteiler oder Begutachter

Um diesen Begriff deutlich zu machen, muß ich wieder eine kleine Geschichte erzählen:

Es war einmal ein Pennäler, der beschloß: „Ich möchte es bei meinen Lehrern zum Ansehen bringen!" Also fing er an zu pauken und zu arbeiten wie wild. Aber nicht genug damit. Er studierte die Neigungen seiner Lehrer und kam ihnen dabei entgegen. Er begegnete ihnen mit ausgesuchter Höflichkeit. Wo ein Lehrer sich nur einer Tür näherte, riß er sie sofort für ihn auf. Kein Wunder, daß die Lehrer ihm freundlich gesonnen waren. Bei seinen Kameraden jedoch hieß es: „Seht mal, so ein Streber!" Er fiel ganz und gar in Ungnade bei ihnen und war bald unten durch. Das tat ihm schließlich so weh, daß er um 180 Grad umschwenkte. Er kümmerte sich nicht mehr um das Wohlgefallen seiner Lehrer, sondern suchte statt dessen die Anerkennung seiner Kameraden. Mit den Faulen bummelte er, mit den Leichtsinnigen trieb er sich herum. Bald war er bei allen dummen Streichen der Anführer. Schließlich hieß es: „Das ist ein prima Kerl! Der ist zu allen Schandtaten bereit!" Bei den Lehrern dagegen war er jetzt unten durch. Da kam er in Not. Wie er es auch anstellte, irgendwie war es immer falsch.

In jener Zeit kam er unter Gottes Wort und bekehrte sich zum Herrn. Da ging ihm ein Licht auf: „Was bin ich doch für ein elender Kerl, wenn ich mich nach dem Urteil der Menschen richte! Der Herr ist doch mein Richter. Um Sein Wohlgefallen soll es mir gehen. Ich will nicht mehr der Menschen Knecht sein!"

So dachte auch David, als ihn der Benjaminiter Kusch bei Saul verleumdete. In Psalm 7,9 sagt er: „Richte du mich, Herr, nach meiner Gerechtigket und Frömmigkeit!"

Und so meint es auch der Apostel Paulus. Als man ihn in der Gemeinde zu Korinth verleumdete, schrieb er ihnen: „Dafür halte uns jedermann, für Christi Diener. Mir ist es ein Geringes, daß ich von euch gerichtet werde oder von einem menschlichen Gericht; auch richte ich mich selbst nicht ... der Herr aber ist's, der mich richtet" (1. Korinther 4,3).

So verstanden, ist unser Text ein sehr freimachendes Wort, das uns in die Freiheit der Verantwortung vor dem Angesicht Jesu Christi stellt.

Der Gesetzgeber

Der Herr ist unser *Schofeeth* – unser *Richter.* Schofeeth – das heißt auch soviel wie Autorität oder Herrscher oder Gesetzgeber. In der Bibel wird uns von einer Zeit berichtet, in der „jeder tat, was ihn recht dünkte". Da erweckte Gott Männer mit Autorität, die bestimmten, was zu tun war. Diese Männer nennt die Bibel auch *Schofeeth,* also *Richter.* Wir lesen von ihnen im Buch der Richter.

Richter kann man auch mit *Gesetzgeber* übersetzen. Das ist wichtig für heute, denn wir leben in einer Zeit, in der sich alle Begriffe wandeln. Deshalb ist auch fraglich geworden, was gut und böse ist. Hier herrscht eine große Unsicherheit. Der eine sagt: „Gut ist, was mein Inneres mich tun heißt." Der andere: „Gut ist, was dem Volke nützt." Der dritte: „Gut ist, was die Allgemeinheit gut nennt."

Woran sollen wir uns also halten? „Der Herr ist unser Richter." Was Er gut nennt, das ist gut. Was Er böse nennt, das ist böse. Menschliche Meinungen ändern sich. Gottes Wille und Autorität bleiben ewig. Der Herr ist unser Gesetzgeber! Darum tun wir gut daran – und ich möchte euch dazu ermuntern –, wenn wir uns die Zehn Gebote immer wieder vorhalten und dazu die Bergpredigt, Matthäus 5-7, lesen. Daraus erkennen wir Gottes unwandelbaren Willen. Wer gegen ihn verstößt, den wird Er richten.

So weist uns dieser Text in die Schranken von Gottes Geboten. „Herr, lehre uns tun nach deinem Wohlgefallen!"

In Schirach 33,2 heißt es: „Ein Weiser läßt sich Gottes Wort nicht verleiden." Das ist ein gutes Wort! Wer will uns denn Gottes Wort verleiden? Erstens: die Feinde des Wortes Gottes. Ach, was bringen die nicht alles vor, um Gottes Wort schlechtzumachen! Ein Weiser läßt sie reden und freut sich weiter daran.

Wer will uns Gottes Wort noch verleiden? Unser eigener Unverstand. Er spricht: „Es ist mir zu schwer. Ich verstehe es doch nicht!" Ein Weiser aber forscht und betet um Klarheit, bis er Gottes Wort verstehen kann.

Aber auch die Freunde des Wortes Gottes können uns Sein Wort verleiden, wenn sie töricht und langweilig über Gottes Wort reden. Und ich fürchte sehr, auch ich könnte euch Gottes Wort verleiden, wenn ich so lange über denselben Satz predige. Dabei könnt ihr leicht ungeduldig werden und sagen: „Nun laß uns mal etwas anderes hören!" Da möchte ich euch bitten, weise zu sein, denn „ein Weiser läßt sich Gottes Wort nicht verleiden."

Wir wollen nun noch einmal über den Satz nachdenken: *Der Herr ist unser Richter.* Wir erinnern uns, daß im Urtext das Wort *Schofeeth* steht, das Luther mit Richter übersetzt hat. Dieses Wort hat eine vielfache Bedeutung:

Der Verurteiler

Jetzt bekommt unser Text einen sehr beunruhigenden Sinn: *„Der Herr ist unser Verurteiler".* Bei diesem Gedanken kann man wirklich unruhig werden. Ich möchte bei dieser Gelegenheit einmal sagen: Gottes Wort ist immer beunruhigend. Wer die Bibel für ein geistiges Schlafmittel hält, der irrt sich gewaltig. Darum ist unser träger „alter Mensch" so schwer dazu zu bewegen, die Bibel zu lesen – so wie man einen störrischen Gaul nur mit Sporen und Schenkeldruck dazu bringen kann, eine Hürde zu überspringen. Unser alter Mensch weiß genau, daß er durch Gottes Wort aufgestört wird. *„Der Herr ist unser Verurteiler."* Wir Marktkirchenleute dürfen dieses Wort jetzt nicht verharmlosen, indem wir sagen: „Der Herr wird die gottlose, abgöttische Welt einmal verurteilen!" Gewiß wird Er das tun. Da wird das Lachen teuer werden, wenn der weiße Thron, von dem wir in Offenbarung 20 lesen, aufgestellt wird; wenn die Toten, beide, groß und klein, vor Gott stehen und die Bücher aufgetan werden, wenn der Herr „das Verborgene der Menschen richten wird durch Jesus Christus" (Römer 2,16).

Aber davon ist hier nicht die Rede. „Der Herr ist *unser* Verurteiler." Da ist nur von der Gemeinde Jesu Christi die Rede. Der Herr will heilige und gehorsame Leute. Und darum wendet Er bei Seiner Gemeinde nicht mildere, sondern strengere Maßstäbe an. Wenn Er die Welt nach den Zehn Geboten richtet, dann richtet Er uns nach der Bergpredigt. „Das Gericht fängt an am Hause Gottes" (1. Petrus 4,17), und dieses „Haus" ist die Gemeinde.

Ich las kürzlich die Geschichte vom König Saul im 1. Buch Samuel. Es rührt einem das Herz, wenn man vom Anfang der Regierungszeit dieses jungen Mannes liest. Gott hatte ihn erwählt. Er gibt ihm eines Tages den Auftrag, die Amalekiter mit allem, was sie haben, auszurotten. Er ist auch gehorsam – aber nur halb. Er verschont den König Agag und die Viehherden. Ach, Saul hatte gute Gründe dafür. Sogar fromme! Er will für den Herrn Opfer bringen. Aber der Herr läßt durch Samuel sagen: „Gehorsam ist besser als Opfer und Aufmerken besser als das Fett von Widdern." Und Saul wird verworfen. Er endet in Schwermut, Unheil und schließlich Selbstmord.

Dieser Bericht hat mich sehr erschüttert. „Der Herr ist unser *Verurteiler.*" Bilden wir uns nur nicht ein, der Herr würde Frieden schließen mit irgendeiner Sünde oder der bösen Art Seiner Kinder. Wie muß uns das zur Buße und Reinigung treiben! Oh, wenn wir doch in diesem neuen Jahr Buße täten, uns reinigten und umkehrten!

Der Freisprecher

Ja, *Schofeeth* heißt auch *Freisprecher*. Vielleicht atmet jetzt mancher auf und denkt: Nun wird das Vorige aufgehoben!

Zur Zeit Friedrichs des Großen hatte sich eine adelige Dame vergangen und mußte vor Gericht erscheinen. Weil sie das scheute, bat sie den König um Gnade. Aber der König antwortete: „Erst müssen Sie sich verurteilen lassen, dann können Sie begnadigt werden."

Nur wer sich in gründlicher Buße vom Herrn verurteilen läßt, kann die wunderbare Erfahrung machen: *„Der Herr ist unser Freisprecher"*. Unser starres Herz scheut die Buße. Wir wollen so ungern uns selbst und unseren bösen Zustand im Lichte Gottes sehen. Es sind wohl zwei mächtige Ankläger da, die uns verklagen: das Gesetz Gottes und unser eigenes Gewissen, das dem Gesetz Gottes recht geben muß. Und trotzdem ist es selten, daß so ein stolzes Menschenherz zusammenbricht und dem richtenden Gott sagt: „Ich habe gesündigt! Ich bin ein böser Mensch! An dir allein habe ich gesündigt!" Viel lieber versuchen die Menschen mit ihrem bösen Gewissen, sich selbst freizusprechen.

So hat es schon Adam gemacht, als Gott ihm seinen Ungehorsam vorhielt. Er entgegnete: „Das Weib, das du mir zugesellt hast, ist schuld. Ich bin gerecht!" So hat es auch Pilatus gemacht, als er den Sohn Gottes kreuzigen ließ. Da wusch er sich die Hände vor allem Volk und erklärte: „Ich bin unschuldig!"

Seit ich den lebendigen Gott kenne, habe ich dazu nicht mehr den Mut. Aber wie horcht das beladene Gewissen auf, wenn es etwa das Wort aus Jesaja 50,8 hört: „Er ist nahe, der mich gerecht spricht." Ja, Er ist nahe, der mich gerecht spricht. Das ist Jesus Christus, der Herr selbst. Er hält uns Seine von der Geißelung zerfleischten Schultern vor und sagt: „Siehe, damit habe ich deine Schuld weggetragen!" Er zeigt uns Seine durchgrabenen Hände und sagt: „Damit habe ich für dich gebüßt! Dir sind deine Sünden vergeben. Gehe hin in Frieden!"

Der Herr ist unser Freisprecher. Das darf man an seinem Herzen erfahren. Und dann rühmt man mit Paulus und allen Heiligen: „Wer will die Auserwählten Gottes beschuldigen? Gott ist hier, der gerecht macht! Wer will verdammen? Christus ist hier, der gestorben ist, ja vielmehr, der auch auferstanden ist, welcher ist zur Rechten Gottes und vertritt uns" (Römer 8,33).

Der Anwalt

Sicher kennen Sie alle die biblischen Geschichten, wie David von Saul verfolgt wurde, obwohl er unschuldig war, und sich in der Wüste verbergen mußte. Da übernachtete er eines Tages mit seinen Leuten in einer Höhle. Und auf einmal kam Saul mit seinem Gefolge – ahnungslos – und legte sich vorn in der Höhle zum Schlaf nieder. Welche Chance für David, sich zu rächen und zu befreien! Aber er wollte sein Schicksal nicht selbst in die Hand nehmen. Deshalb schnitt er nur einen Zipfel vom Mantel Sauls ab und ging davon. Saul konnte das nachher nicht fassen, aber David sagte ihm: „Der Herr sei mein *Schofeeth* (Anwalt) und führe meine Sache aus und rette mich von deiner Hand."

Das also bedeutet *Schofeeth* auch – Anwalt. Was ein Anwalt ist, weiß jeder. Ich wurde einmal von einem bösen Menschen übel bedrängt. Schließlich übergab ich die ganze Sache einem Rechtsanwalt. Als dann wieder einmal so ein frecher, drohender Brief kam, schrieb ich nur zurück: „Wenden Sie sich an meinen Anwalt, der führt meine Sache!"

Wie köstlich ist es doch zu wissen, daß der Herr unser Anwalt ist! Wenn nun der Teufel mich versucht, wenn mein Gewissen mich verklagt, wenn die Welt mich bedrängt, sage ich im Glauben: „Wendet euch an den Sohn Gottes!

Der hat meine verlorene Sache zu der Seinigen gemacht. Er ist mein Anwalt! Und Er wird mit der Welt, dem Teufel und allem fertig."

Der Herr ist unser Meister

„Der Herr ist unser Richter, **der Herr ist unser Meister,** *Herr ist unser König, der hilft uns."*
(Jesaja 33,22)

Am Neujahrstag haben wir gesungen:

> „Wir gehn dahin und wandern
> von einem Jahr zum andern ...
> durch so viel Angst und Plagen,
> durch Zittern und durch Zagen,
> durch Krieg und große Schrecken,
> die alle Welt bedecken."

Und so ist es geworden. Aber viele von uns haben auch erfahren dürfen, was in den nächsten Strophen dieses Liedes steht:

> „Denn wie von treuen Müttern
> bei schweren Ungewittern
> die Kindlein hier auf Erden
> mit Fleiß bewahret werden,
> also auch und nicht minder
> läßt Gott sich seine Kinder,
> wenn Not und Trübsal blitzen,
> in seinem Schoße sitzen."

Nichts erhebt und erquickt unser Gemüt mehr, als wenn wir aufschauen zum Herrn der Herrlichkeit. So sagt David im 34. Psalm: „Welche auf Ihn sehen, die werden erquickt." Dazu will uns ja auch unsere Jahreslosung auffordern, wo es dreimal so gewaltig heißt: *„der Herr"*. Das ist der große Unterschied. Die Welt schreit: „Bomben! Rationierung! Not und Elend!" Wir aber rufen: „Der Herr, der Herr, der Herr!"

Deshalb wollen wir aus den verwirrenden Tagesereignissen, deren Gerichts-Charakter so deutlich zu sehen ist, die Augen zum Herrn aufheben und sehen, was Er uns ist:

Der Herr ist unser Meister. Das Wort *mechokek,* das im Urtext hier steht, hat einen großartigen Bedeutungswandel durchgemacht. Es heißt zuerst: *einer, der etwas einmeißelt.* Da dies die älteste Form des Schreibens ist, bekommt das Wort nun den Sinn: *einer, der aufschreibt,* dann *einer, der konstatiert.* Daraus wird dann *einer, der zu sagen hat,* danach *der Kriegsfeldherr* und schließlich *der Meister.*

„Der Herr ist unser *mechokek*." Nichts hindert uns, sämtliche Bedeutungen dieses Wortes zu untersuchen und auf unseren Herrn anzuwenden.

Der Herr ist unser „Einmeißler"

Dieses Wort kommt in der Bedeutung *einmeißeln* im Propheten Hesekiel vor. Er bekam von Gott den Auftrag: „Du Menschenkind, nimm einen Ziegel, den lege vor dich und entwirf darauf die Stadt Jerusalem." An diesem Ziegel sollte er die kommende Belagerung und Zerstörung Jerusalems deutlich machen. Da sitzt also Hesekiel und meißelt in die Ziegelplatte den Grundriß Jerusalems ein. Das können wir verstehen. Aber daß der Herr sitzt und meißelt, das ist doch seltsam. Wozu sollte der mühselig meißeln, der mit einem Wort Welten schuf? Er sprach nur: „Es werde Licht!", und dann ward Licht. Er rief: „Es seien Gestirne am Himmel!", und dann rollten die Planeten. Hat es dieser Gott nötig zu meißeln?

Und erst recht wunderlich wird die Sache, wenn wir erfahren, in welches Material der Herr einmeißelt. Als ich noch ein Junge war, schaute ich bei einem Kirchbau den Steinmetzen zu, die große Figuren aus dem Sandstein herausmeißelten. Hesekiel meißelte seine Linien in eine Ziegelplatte. Und der Herr? Er meißelt in Seine Hand ein. Wundert Sie das? Oh, des Herrn Hand kann härter über der Welt sein als Granit. Und doch – es ist die weichste und mildeste Hand. Und da hinein meißelt Er den Namen und das Bild Seiner Gemeinde, die

Er mit Seinem Blut erkauft hat und die an Ihn glaubt.

So steht es in Jesaja 49,14: „Zion spricht: Der Herr hat mein vergessen. Kann auch ein Weib ihres Kindleins vergessen, daß sie sich nicht erbarme über den Sohn ihres Leibes? Und ob sie desselben vergäße, so will ich doch dein nicht vergessen. Siehe, in die Hände habe ich dich *gemeißelt.*" Ja, da steht im Urtext derselbe Wortlaut wie in der Jahreslosung, wo Luther übersetzt: „Der Herr ist unser Meister." „Der Herr ist unser *Einmeißler.*"

In dieses Zion kommt man nur durch eine Wiedergeburt aus dem Wort und Geist Gottes. Sind wir dabei? Sind wir mit eingemeißelt in des Herrn Hand? Dann darf uns nichts mehr erschrecken.

„Hat Er mich doch gezeichnet,
gegraben in Sein' Händ',
mein Nam' stets vor Ihm leuchtet,
daß Er mir Seine Hilfe send'."

Der Herr ist unser „Eingravierer"

Wenn wir zu Mittag essen, ist das immer eine große Gesellschaft, die um den Tisch sitzt. Aber derjenige, der den Tisch deckt, hat es dennoch einfach, denn jeder hat einen Löffel, auf dem der Name des Besitzers eingraviert ist. Wenn ich meinen Löffel zur Hand nehme, denke ich froh: „Das ist unbestreitbar mein Eigentum! Denn da ist ja mein Name eingraviert."

In der Offenbarung des Johannes ist auch vom Eingravieren die Rede. Da wird gesagt, daß am Ende der Zeiten aus der Menschenwelt einer aufsteigen wird, der sich selbst zum Gott und Erlöser der Menschen machen will: der Antichrist. Und dieser Antichrist wird verlangen, daß alle sich ein Malzeichen, ein Siegel, an ihre rechte Hand und ihre Stirn eingravieren lassen, zum Zeichen, daß sie der widergöttlichen Macht angehören.

Als ich noch ein kleiner Junge war, erzählte uns unsere Mutter oft aus ihrer Jugend. Besonderen Eindruck machte es mir, wenn sie von der frommen Dienstmagd erzählte, die in ihrem Elternhaus arbeitete. Wenn sie die Kinder ins Bett brachte, sagte sie oft: „Kinder, nehmt um alles in der Welt nie das Malzeichen des Antichristen an!"

Aber nicht nur die Hölle signiert ihre Leute, auch der Herr. Er ist unser *Eingravierer*. Im 7. Kapitel der Offenbarung lesen wir, wie ein Engel aufsteigt von der Sonne Aufgang. Der schreit mit gewaltiger Stimme den Gerichtsengeln zu: „Haltet ein mit dem Gericht, bis wir versiegeln die Knechte Gottes an ihren Stirnen!" Möchten wir nicht bei diesen Knechten

Gottes sein, die das Siegel Gottes eingraviert tragen?

Ich muß nochmals den Propheten Hesekiel erwähnen. Er erzählt im 4. Kapitel eine erschütternde Vision: Er sieht einen Boten, einen Engel Gottes, der von Gott den Auftrag bekommt, alle die aus der Gemeinde an ihrer Stirn zu versiegeln, die über die Greuel in der Gemeinde seufzen. Als das geschehen ist, kommen die sechs Gerichtsengel. Ihnen wird gesagt: „Tötet alle, die das Zeichen nicht tragen!" Und als sie das getan haben, ist nur einer übriggeblieben: Hesekiel. So wenige waren selbst in der Gemeinde, die das Siegel Gottes trugen!

Wir können dieses Siegel Gottes schon jetzt bekommen – inwendig, durch den Heiligen Geist. Selig der, der inwendig Gottes Siegel hat, der bezeugen kann: „Ich bin angenommen" und der sagen kann:

> „Du hast vom Marterhügel
> uns huldreich angeblickt
> und hast dein fürstlich Siegel
> uns an die Stirn gedrückt."

Der Herr ist unser „Aufschreiber"

So kann man nach dem Urtext auch übersetzen. Und das ist wieder erstaunlich, denn bei allen vier Evangelisten wird uns nie erzählt, daß der Herr Jesus geschrieben habe – außer einer Geschichte, wo Er in den Sand schrieb. Wie fein wäre das, wenn man in irgendeinem Museum eine handschriftliche Aufzeichnung des Herrn Jesus hätte! Aber die gibt es nicht.

Und trotzdem sagen wir: „Der Herr ist unser *Aufschreiber.*" Nun möchte ich nur noch kurz erklären, was und wo Er schreibt.

In Jeremia 31,33 sagt Er: „Ich will mein Gesetz in ihr Herz geben und in ihren Sinn schreiben." Das muß einen freudigen Gehorsam und großen Frieden geben.

Und noch ein Wort weiß ich, wo der Herr von Seinem Aufschreiben spricht. In Lukas 10 hören wir, daß die Jünger ihre großen Taten rühmen. Darauf sagt der Herr Jesus: „Freuet euch nicht darüber. Freuet euch aber, daß eure Namen im Himmel geschrieben sind."

Auch in der Offenbarung ist von Jesu Schreiben die Rede. In Kapitel 12 sagt Er: „Wer überwindet, den will ich machen zum Pfeiler im Hause meines Gottes. Und ich will auf ihn schreiben den Namen meines Gottes und meinen Namen, den neuen." Oh, daß wir dabei wären!

Als der Sohn Gottes auf der Erde war, entäußerte er sich aller Herrlichkeit. Er erniedrigte sich so sehr, daß die Großen der Welt Ihn verachteten, die Weisen und Klugen Ihn verspotteten und die Elenden Vertrauen zu Ihm faßten. „Er wurde arm um unsretwillen, auf daß wir durch seine Armut reich würden" (2. Korinther 8,9).

Und doch brach auch in Seiner Erdenzeit hier und da Seine göttliche Herrlichkeit für einen Augenblick durch. Die Leute von Nazareth schleppten Ihn einmal in ihrem Haß auf einen Felsen, um Ihn hinabzustürzen. Willenlos ließ Er sich auf den Felsen schieben, aber gerade, als sie sich anschicken wollten, ihn hinabzustürzen, da – „ging Er mitten durch sie hindurch". So erzählt die Bibel ohne weitere Erklärung. Es muß diese Leute plötzlich ein Strahl Seiner Göttlichkcit getroffen haben, der sie lähmte und ihnen den Mut nahm.

Heute ist der Herr Jesus zur Herrlichkeit erhoben. Er sitzt zur Rechten des Vaters. Und Seine mit Blut erkaufte Gemeinde betet Ihn an:

„Sollt ich nicht zu Fuß dir fallen
und mein Herz vor Freude wallen,
wenn mein Glaubensaug' betracht'
deine Glorie, deine Macht."

Von Jesu Macht und Herrlichkeit spricht auch unser Text:
Der Herr ist unser Meister. Wir erinnern uns, daß dieses Wort *Meister* im Urtext nicht eigentlich ein Hauptwort ist, sondern das Partizip

eines Tätigkeitswortes, und daß dieses Wort im Urtext mancherlei Bedeutungen hat. Wir wollen nun einige weitere Bedeutungen erwägen und auf den Herrn Jesus anwenden.

„Mechokek" bedeutet auch:

Einer, der konstatiert

Was verstehen wir unter *konstatieren*? Daß einer etwas behauptet, etwas feststellt, ohne daß er eine andere Meinung oder Debatte darüber zuläßt. In diesem Sinn kommt unser Wort zweimal in Jesaja 10,1 vor. Da klagt der Herr über die ungerechten Richter: „Sie *konstatieren* nichtswürdige Feststellungen."

In diesem Zusammenhang möchte ich an die Fabel vom Wolf und dem Lamm erinnern. Beide tranken am gleichen Fluß. Auf einmal fährt der Wolf das Lamm an: „Du bist des Todes, denn du hast mir mein Wasser getrübt!" Das erschreckte Lämmchen wendet ein: „Ich habe doch unterhalb von dir getrunken. Wie könnte ich dir das Wasser trüben?" „Nichts da!" brüllt der Wolf, „du hast mir das Wasser getrübt!"

Das heißt eine nichtswürdige Feststellung konstatieren. So handeln die ungerechten Richter. Nun sagt der Text: „Der Herr ist unser Konstatierer." Er macht Feststellungen und stellt

Behauptungen auf, über die Er sich in keine Diskussion einläßt. Wohl stellt der Herr keine nichtswürdigen Behauptungen auf, das ist gewiß! Aber Er konstatiert Dinge, die der menschlichen Vernunft in keiner Weise einleuchten, ja, die den natürlichen Menschen empören und erregen.

Ich möchte nun einige solche Konstatierungen des Herrn nennen. In Johannes 8,12 sagt Jesus: „Ich bin das Licht der Welt." Der normale Mensch regt sich auf: „Das ist doch nicht wahr! Es gibt doch auch gute Menschen ohne Jesus! Es ist doch nicht alles Finsternis ohne Jesus!" Doch der Herr geht nicht darauf ein. Er konstatiert: „Ich bin das Licht der Welt."

In Johannes 14,6 sagt Jesus: „Niemand kommt zum Vater denn durch mich." „Das ist ja unerhört!" schreit die Welt. „Es gibt doch viele Wege zu Gott. Es kann doch jeder nach seiner Façon selig werden!" Der Herr geht nicht darauf ein, sondern konstatiert: „Ich bin der Weg. Niemand kommt zum Vater denn durch mich."

Am Kreuz ruft der Herr: „Es ist vollbracht!" Die Welt lacht: „Was ist denn vollbracht?" Der Unglaube zweifelt: „Mein Heil soll schon fertig sein? Da muß ich doch selbst mitwirken!" Der Glaube aber hört es und freut sich, daß der Herr konstatiert: „Es ist vollbracht!"

Vor der Himmelfahrt konstatiert der Herr: „Mir ist gegeben alle Gewalt im Himmel und auf Erden." Jetzt werden selbst wir unsicher. Stimmt das wirklich? Man sieht ja nichts davon! Aber der Herr geht auf unser Fragen nicht ein und konstatiert nur: „Mir ist gegeben alle Gewalt!"

Die Welt ärgert sich über Jesu Konstatierungen. Sie rüttelt daran und schlägt vor: „Laßt uns doch mal darüber reden!" Die Gemeinde aber hat über des Herrn Konstatierungen nicht zu verhandeln, sondern darf sie glauben und bezeugen.

Einer, der proklamiert

So kann man unser Wort auch übersetzen. In diesem Sinne ist es in Sprüche 31,5 angewandt. Da wird der König Lemuel von seiner verständigen Mutter ermahnt, den Rauschtrank zu meiden. Er könnte sonst das „proklamierte Recht" vergessen.

„Der Herr ist unser *Proklamierer*." Eine Proklamation ist ein Aufruf, in dem sich ein Machthaber an die Öffentlichkeit wendet. Berühmt ist jene Proklamation an die Berliner Bevölkerung, als im Jahre 1806 die preußischen Truppen bei Jena und Auerstedt von Napoleon geschlagen worden waren. Sie begann mit den Worten: „Ruhe ist die erste Bürgerpflicht."

Und wie berühmt wurde jene Proklamation

des preußischen Königs von 1813 „Aufruf an mein Volk", durch die die Freiheitskriege eingeleitet wurden.

„Der Herr ist unser *Proklamierer.*" Ja, auch unser Herr hat einige Proklamationen erlassen. Die wenden sich nun nicht nur an eine Stadt oder ein Volk, sondern an die ganze Menschheit – und darum jetzt auch an uns, an dich und mich. Und wenn diese Proklamationen des Herrn Jesus auch schon sehr alt sind, so haben sie doch nicht nur geschichtliche Bedeutung. Sie gelten bis ans Ende der Welt und gelten heute noch jedem von uns.

Ich will zwei solcher Proklamationen des Herrn nennen. Die erste steht in Jesaja 45,22 und lautet: „Wendet euch zu mir, aller Welt Enden, so werdet ihr selig (errettet)." „Wendet euch zu mir!", so ruft der Gekreuzigte.

Und die andere steht in Matthäus 11,28 und heißt: „Kommt her zu mir alle, die ihr mühselig und beladen seid. Ich will euch erquicken." Sind hier Mühselige? Solche, die von Sorgen, Trauer, Leid, von Gebundenheiten, Schuld und Sünden, von Menschen gequält sind? – Hört des Herrn Proklamation: „Kommet her zu mir alle!"

Einer, der festsetzt

In diesem Sinne kommt unser Wort *„mechokek"* zweimal in Sprüche 8 vor. In Vers 29 wird vom Herrn Jesus gesagt, daß Gott durch Ihn „die Grundfesten der Erde festsetzte". Und in Vers 27, daß Gott durch Ihn „das Firmament über der Urflut festsetzte". „Der Herr ist unser *Festsetzer*", das heißt, Er ist der, der das Gefüge des Weltalls festgesetzt hat.

Wir dürfen uns das allerdings nicht so vorstellen, als habe Er das einmal getan, und nun laufe alles von selbst weiter. So stellen sich ja manche die Schöpfung vor, wie wenn einer abends seine Uhr aufzieht und sie dann auf den Nachttisch legt. Während er schläft, läuft sie von selbst weiter. So meinen viele, Gott habe einmal das Weltall geschaffen, und nun laufe es von selbst weiter.

Aber so ist es nicht. Jesus Christus, durch den Gott die Welt geschaffen hat, hält sie gleichsam zusammen. In Hebräer 1,3 lesen wir: „Er trägt alle Dinge mit seinem mächtigen Wort." Und Paulus schreibt: „Es besteht alles in ihm" (Kolosser 1,17). Daß dies eine Tatsache ist, werden die Menschen am Ende der Welt merken. Da wird Gott die Hände abziehen, die das Weltall tragen. Dann werden Erdbeben die Erde erschüttern, die Sterne vom Himmel fallen (Markus 13,25), und die Himmel werden zergehen mit großem Krachen (2. Petrus 3,10). Kurz, das Weltall wird ineinanderstürzen.

Wie wird da den Menschen zumute sein? „Wir aber warten eines neuen Himmels und einer neuen Erde, in welchen Gerechtigkeit wohnt" (2. Petrus 3,13). Bis dahin aber bekennen wir: „Der Herr ist unser Festsetzer, der das Firmament und die Grundfesten der Erde hält." Und es kann uns gerade heute das Wort trösten, das in Psalm 75,4 steht: „So spricht der Herr: Das Land zittert und die darauf wohnen, aber ich halte seine Säulen fest."

An der Wand im Weigle-Haus hängen Bilder von jungen Freunden, die im Krieg gefallen sind. Oft stehen wir davor und gedenken dieser Kameraden. Da ist einer namens Günther W. Der war ein besonders fröhlicher Junge, ein eifriger Posaunenbläser und ein rühriger Leiter. Das Schönste an ihm aber war, daß er schon in jungen Jahren das inwendige Zeugnis des Heiligen Geistes hatte, daß er vom Herrn Jesus angenommen und mit Gott versöhnt sei. Nun gab mir vor ein paar Tagen jemand einen Brief, den dieser Günther ihm einst geschrieben hatte – ein köstlicher Brief. Darin schreibt er seinen Freunden begeistert, wie schön es sei, Vergebung der Sünden durch Jesu Blut erfahren zu haben. Und dann folgt der geradezu klassische Satz: „Ich bin stolz – aber nicht auf mich, sondern auf unseren Herrn."

So dachte der Prophet Jesaja, als er voll des Heiligen Geistes sagte: „Der Herr ist unser Richter, der Herr ist unser Meister, der Herr ist unser König; der hilft uns." Dieser Herr schenke auch uns in allem Ungestüm dieser Zeit solche Freude am Herrn!

Ein Meister ist einer, der Lehrlinge annimmt

Die meisten von uns haben wohl ein gewisses Vertrauen zum Herrn Jesus. Deshalb sind wir wahrscheinlich auch schnell bereit, bei diesem Herrn Jesus in die Lehre zu gehen. Doch zunächst müssen wir fragen: Was wollen wir bei Ihm lernen? Wer das Schlosserhandwerk lernen will, darf nicht zu einem Bäckermeister in die Lehre gehen. Und wer Bäcker werden will, darf nicht bei einem Tischler lernen. Geht es dir um ein ruhiges, gesichertes Leben? Dann ist der Herr Jesus nicht der richtige Lehrherr für dich. Denn Er wurde ans Kreuz geschlagen, und schlimmer kann ja wohl die Ruhe eines Lebens nicht gebrochen werden.

Suchst du Ansehen in der Welt und bei den Menschen? Dann ist der Herr Jesus nicht der richtige Lehrherr. Er betete nämlich: „Nicht mein, sondern dein Wille geschehe."

Willst du Sinnenlust und Zerstreuung? Dann gehe nicht zu dem Herrn Jesus in die Lehre;

denn Er spricht sehr abfällig davon und sagt: „Wer Sünde tut, der ist der Sünde Knecht" (Johannes 8,34).

Ja, was in aller Welt kann ein Lehrling bei dem Herrn Jesus lernen? Ich will es erklären: Man lernt bei dem Herrn, ein göttliches Leben zu führen. Ganz am Anfang der Bibel steht ein langes Geschlechtsregister. Und mitten in der ermüdenden Aufzählung kommt plötzlich ein Mann namens Henoch vor. Von ihm heißt es: „Und dieweil er ein göttliches Leben führte, nahm ihn Gott hinweg."

Packt uns nicht auch eine Sehnsucht nach solch einem Leben mit Gott? Ein solches Leben lernt man bei dem Meister Jesus. Aber es geht schon ein wenig anders zu als bei einem Handwerksmeister. Der zeigt einem Lehrling die richtigen Handgriffe, bis er alles gelernt hat. Dann wird er aus der Lehre entlassen. Beim Herrn Jesus ist das anders. Er macht uns das göttliche Leben nicht vor, bis wir es schließlich auch ohne Ihn beherrschen. Nein, wir müssen an Ihm hängen wie eine Rebe am Weinstock. Dann gestaltet Er in uns das göttliche Leben, indem Er uns an Seinem Sterben und Auferstehen Anteil gibt. So bleibt man immer Sein Lehrling. Möchten wir doch auch zu jener Lehrlingsschar gehören, die bekennt: „Der Herr ist unser Meister."

Ein Meister ist einer, der etwas ersann

In diesen Tagen bekam ich einen Brief von einem früheren Leiter des Weigle-Hauses, der zur Zeit als Soldat im Osten ist. Er hat sich auch Gedanken gemacht über die Jahreslosung und schreibt: „In der Weiglestraße steht neben dem Eingang zum Weigle-Haus das Haus eines Handwerksmeisters. Er hat über seine Toreinfahrt den Vers geschrieben: ‚Wer ist Meister? Der etwas ersann. Wer ist Geselle? Der etwas kann. Und wer ist Lehrling? Jedermann.' Der Herr ist unser Meister, ein Meister, der einen Heilsplan ersann." So schreibt der Soldat.

Diese Auslegung hat mir gut gefallen. Der Herr ist unser Meister, weil Er etwas *ersann*, auf das wir Stümper und Lehrlinge nie gekommen wären: einen Plan zur Errettung verlorener Sünder. Und Er hat diesen Plan nicht nur ersonnen, sondern ihn auch ausgeführt, als Er für uns am Kreuz starb und am dritten Tag in Herrlichkeit auferstand.

Die Menschen, diese Stümper, haben ja auch an der Sache herumgemacht, wie man mit der Sünde fertigwerden könnte. Die einen helfen sich so, daß sie einfach erklären: „Wir haben keine Sünde!" Aber das glauben sie selbst nicht. Die andern helfen sich dadurch, daß sie einfach die Gebote Gottes außer Kraft setzen. Dann gibt es ja auch keine Übertretung. Aber da macht Gott nicht mit.

Die dritten leugnen einfach Gottes Gericht und sagen: „Es ist gar nicht so schlimm mit der Sünde!" Doch ihr Gewissen bezeugt ihnen deutlich, daß sie sich einmal vor Gott verantworten müssen.

Die vierten wollen ihre Schuld durch gute Werke wiedergutmachen. Aber auch damit finden sie keine Ruhe.

Die fünften trösten sich selbst: „Gott ist die Liebe. Er nimmt's nicht so genau!" Aber sie belügen sich selbst. Gott ist heilig und gerecht. Es muß deutlich gesagt werden: Wir wären alle miteinander verlorene Leute, wenn der Meister nicht ins Mittel getreten wäre und einen Heilsplan ersonnen und ausgeführt hätte, der der Gerechtigkeit, aber auch der Liebe Gottes Genüge tut. Er hat als Repräsentant der Sünde alle Schuld auf sich genommen und das gerechte Gericht Gottes am Kreuz getragen, als Er rief: „Mein Gott, warum hast du mich verlassen?" Wer nun an Ihn glaubt und sich zu Ihm bekehrt, der wird durch diesen herrlichen Heilsplan des Meisters errettet und selig.

Ein Meister ist einer, der etwas meistert

Als ich Soldat war, bekam ich einmal neue Pferde. Darunter war ein wildes Pferd, ein wahrer Satan. Keiner wollte sich schließlich mehr mit dem „Zossen" befassen. Aber eines Tages nahm sich ein Futtermeister, ein ausgezeichneter Reiter, dieses Pferd vor. Ich sehe noch, wie die beiden schweißbedeckt zurückkamen von diesem tollen Ritt. Von der Zeit an war dieses Pferd „gemeistert".

Der Herr ist unser *Meister.* Viele von uns stehen erschrocken und verstört vor den Zeitereignissen. Aber glaube nur niemand, daß sie unserem Herrn aus der Hand gleiten wie die Zügel eines durchgehenden Pferdes. Er hält die Zügel der Weltregierung fest in der Hand und meistert sie. Der Psalmist sagt – dieses Wort habe ich mir über meinen Schreibtisch gehängt: „Die Wasserwogen im Meer sind groß und brausen mächtig. Aber der Herr ist noch größer in der Höhe" (Psalm 93,4).

Der Herr meistert! Laßt uns dieses Wort ganz persönlich nehmen. Diejenigen unter uns, die einen Anfang in der Nachfolge Jesu gemacht haben, fürchten nichts so sehr wie – sich selbst. Sie wissen, daß der alte, fleischliche Mensch überall durchbrechen will wie ein durchgehendes Pferd. Wer wird wohl mit sich selbst fertig? Gott sei Dank, daß wir glauben dürfen: Der

Herr ist unser Meister. Er wird mit uns fertigwerden und uns vollenden. Wir wollen uns nur recht in Seine Hand begeben.

„Könnt ich's irgend besser haben
als bei dir, der allezeit
so viel tausend Gnadengaben
für mich Armen hat bereit?
Könnt ich je getroster werden
als bei dir, Herr Jesu Christ,
dem im Himmel und auf Erden
alle Macht gegeben ist?

Wo ist solch ein Herr zu finden,
der, was Jesus tat, mir tut:
mich erkauft von Tod und Sünden
mit dem eignen teuren Blut?
Sollte ich dem nicht angehören,
der sein Leben für mich gab?
Sollt ich ihm nicht Treue schwören,
Treue bis in Tod und Grab?"
(Philipp Spitta)

Der Herr ist unser König

*"Der Herr ist unser Richter, der Herr ist unser Meister, **der Herr ist unser König,** der hilft uns."*
(Jesaja 33,22)

Auf dem Parkfriedhof sah ich ein seltsames Kruzifix. Da ist ein großes Steinkreuz aufgerichtet, und daran hängt der Sohn Gottes. Aber nicht mit schmerzgesenktem Haupt, nicht die Dornenkrone ist in seine Stirn gedrückt, nicht in schmachvoller Blöße hängt Er da. Nein, Sein Haupt ist königlich erhoben. Auf dem Haupt trägt Er eine Krone. Das Königsgewand umhüllt Seinen Leib.

An diesem Kruzifix ging ich einmal mit jemand vorüber, der nichts von den Dingen des Reiches Gottes versteht. Betroffen blieb er stehen, schüttelte ärgerlich den Kopf und sagte: „So war es doch nicht!" Ich mußte denken: „Nein, so war es auf Golgatha nicht. Aber so ist es jetzt. Der Gekreuzigte ist unser König!" Es muß jedoch viel in einem Menschen vorgehen, bis er dieses Wunder versteht, bis er sagen kann:

„Wem anders sollt ich mich ergeben?
O König, der am Kreuz verblich,
hier opfre ich dir mein Blut und Leben,

mein ganzes Herz ergießet sich,
dir schwör ich zu der Kreuzesfahn
als Streiter und als Untertan."

(E.G. Woltersdorf)

Über dieses Bekenntnis wollen wir jetzt nachdenken.

Das Volk des Königs

In meiner Heimatstadt Frankfurt wurden im Mittelalter die deutschen Kaiser gekrönt. Wie oft habe ich als Junge auf dem Römerberg gestanden und mir in meiner Phantasie eine solche Krönung vorgestellt. Da kam der festliche Zug vom Dom her und zog zu dem herrlichen alten Rathaus, dem Römer. Und das Volk, Kopf an Kopf, stand da und jauchzte dem König zu. Im Hintergrund aber standen die Mißvergnügten, die einen anderen König gewollt hatten. Doch das half ihnen nichts. Jetzt beanspruchte der da vorn unter dem Baldachin die Gewalt über sie.

Aber so ist es beim Herrn Jesus nicht. Unser König Jesus schwingt kein Machtszepter über die Welt. Er zieht nur Freiwillige zu sich, die sich Ihm willig ergeben. Wer etwas versteht von der geheimnisvollen Ökonomie des Wortes Gottes, der weiß, daß unser Herr in den Gestalten des Alten Bundes vorgebildet ist. So ist das Königtum des Herrn Jesus vorgebildet in seinem Ahnherrn nach dem Fleisch, David. Ihn hatte Samuel im Auftrag Gottes zum König gesalbt. Gott hat von Seinem Sohn gesagt:

„Ich habe meinen König eingesetzt auf meinem heiligen Berg Zion" (Psalm 2,6). Doch anstatt daß David sofort als König hervortrat, wurde er von den Mächtigen der Welt verfolgt und mußte sich in der Wüste verbergen. Nun heißt es in 1. Samuel 22,2: „Und es versammelten sich um ihn allerlei Männer, die in Not und Schulden und betrübten Herzens waren."

So geht es auch dem Volk des Königs Jesus. Wer an Seinem gnadenreichen Regiment teilhaben will, der muß „zu ihm hinausgehen aus dem Lager und seine Schmach tragen" (Hebräer 13,13). Wer aber wird dazu bereit sein? Nun, es wird gehen wie bei David. Menschen, die in Not sind, werden zu Ihm eilen, denn „Er ist ein Meister im Helfen" (Jesaja 63,1). Und die betrübten Herzens sind, werden kommen, denn Er hat gesagt: „Ich will euch trösten, wie einen seine Mutter tröstet" (Jesaja 66,13). Und diejenigen, die ihre riesengroße Schuld vor Gott erkennen und nicht wissen, wie sie bezahlen sollen, die werden zum König Jesus eilen, denn Er ist der, der für die Seinigen bereits am Kreuz bezahlt hat, so daß bei Ihm alles in Ordnung kommt und man Frieden mit Gott findet. So ist das Volk dieses Königs beschaffen.

Das Reich dieses Königs

Das ist nicht einfach zu verstehen. Der Herr Jesus sagt selbst: „Mein Reich ist nicht von dieser Welt." Die Toren meinen, es sei also irgendwo im Himmel. Das will der Herr jedoch nicht damit sagen. Es ist wohl *in* dieser Welt. Es ist sogar sehr real in dieser Welt. Aber es ist nicht *von* dieser Welt, es ist von anderer Art als die Reiche dieser Welt.

Wenn wir über das Reich des Herrn Jesus in dieser Welt Aufschluß bekommen wollen, müssen wir hören, was Er zu seinem Richter Pilatus sagte, als dieser Ihn fragte: „So bist du dennoch ein König?" Der Herr Jesus antwortete ihm: „Ich bin ein König. Ich bin dazu in die Welt gekommen, daß ich für die Wahrheit zeugen soll. Wer aus der Wahrheit ist, der hört meine Stimme" (Johannes 18,37).

Da hören wir, worauf sein Reich gegründet ist: auf sein Wahrheitszeugnis. Das ist allerdings etwas unerhört Neues. Worauf sind denn die Reiche dieser Welt gegründet? Die meisten auf Gewalt. Das Römerreich, das Pilatus vertrat, war auf das Schwert gegründet. Als 1870 das Deutsche Reich ausgerufen wurde, war es auf die freie Vereinbarung der deutschen Stämme gegründet worden.

Ganz anders aber verhält es sich mit dem Reich des Königs Jesus. Es ist auf das Wahrheitszeugnis des Herrn Jesus gegründet. Dieses Zeugnis hat der Herr nicht nur durch Seine Worte, sondern durch Sein Wesen und Sein Handeln gegeben. Als Er am Kreuz ausrief: „Mein Gott, warum hast du mich verlassen?", bezeugte Er die Wahrheit, daß Gott heilig ist, und daß wir alle verlorene Sünder sind und Gottes Zorn verdient haben.

Als Er sterbend rief: „Es ist vollbracht!", bezeugte Er die Wahrheit, daß die Welt durch Ihn mit Gott versöhnt und die Schuld gebüßt ist. Als Er dem Schächer am Kreuz den Himmel aufschloß, bezeugte Er, daß Er der „Seligmacher" und der Weg zum Vater ist. Als Er von den Toten auferstand, bezeugte Er die Allmacht Gottes und die Auferstehung der Toten.

Somit ist das Fundament des Reiches Gottes in dieser Welt der Herr Jesus und das von ihm dargestellte Wahrheitszeugnis. Jetzt fragt vielleicht jemand mit Recht: „Wo sind denn die Grenzen dieses Reiches? Wo fängt es an und wo hört es auf?" Darauf gibt der Herr dem Pilatus kurz und bündig Antwort: „Wer aus der Wahrheit ist, der gehört dazu, denn der hört meine Stimme." Wer aus der Wahrheit ist. Oh, laßt uns mit dem Selbstbetrug und den Lügen Schluß machen! Dann stehen wir wenigstens innerhalb der Grenzen Seines Reiches.

Die Gewalt dieses Königs

Die Herrscher dieser Welt beweisen ihre Macht an ihren Feinden. Anders der König Jesus. Er beweist Seine Macht und Gewalt an Seinen Freunden. Ich möchte jetzt zwei Stellen anführen, in denen von Seiner Macht die Rede ist, die Er an Seinen Freunden beweist: „Alle seine Heiligen sind in seiner Hand" (5. Mose 33,9) und: „Ich habe derer keinen verloren, die mir der Vater gegeben hat" (Johannes 18,9).

Ein Soldat, dem ich mich nicht nur durch Blutsverwandtschaft, sondern auch durch den Glauben verbunden weiß, steht im Osten an der Front. Seit langem haben wir keine Nachricht mehr von ihm. Wie oft haben meine Gedanken ihn in den öden Weiten Rußlands gesucht – vergeblich. Aber wie tröstet mich dieses Wort, daß der Herr keinen der Seinen verliert, daß sie fest in seiner Hand sind.

Jetzt noch eine kleine Geschichte: Als der König David in der Wüste lebte, kamen einmal fremde Männer zu ihm. Prüfend schaute er sie an: „Kommt ihr in Frieden oder kommt ihr mit List?" So schaut uns nun das Auge unseres Königs an. Es dringt bis auf den Grund unserer

Seele und prüft, ob wir es aufrichtig meinen. Ich wünschte, wir könnten wie einst Amasei zu David sagen: „Dein sind wir, und mit dir halten wir's, du Sohn Isais!"

Christsein besteht nicht darin, daß man diese oder jene Ansicht vertritt, sondern daß man unter der Herrschaft des Herrn Jesus steht – er lebt wirklich – und daß man bekennen kann: „Der Herr ist unser König."

Als wir uns 1941 zum Jugendfest rüsteten, verschickte ich schon einige Wochen vorher das Programm an meine Freunde im Felde, damit sie im Geist das Fest mit uns feiern könnten. Dieses Programm schloß mit dem Lied: „Jesus Christus herrscht als König." Einer der Soldaten schrieb aus Rußland zurück: „Wenn ihr in festlicher, großer Gemeinde diesen Lobgesang anstimmen werdet, dann will ich in Urwald und Sümpfen meine einsame Stimme erheben und mit einstimmen:

> ‚Ich auch auf der tiefsten Stufen
> ich will glauben, reden, rufen,
> ob ich schon noch Pilgrim bin:
> Jesus Christus herscht als König,
> alles wird ihm untertänig!
> Ehret, liebet, lobet ihn!'"

Das ist ein gutes und trostreiches Bekenntnis: „Der Herr ist unser König." Zinzendorf singt von diesem König:

> „Wie gut und sicher dient sich's nicht
> dem ewigen Monarchen!
> Im Feuer ist er Zuversicht,
> fürs Wasser baut er Archen."

Wir dürfen uns die Aussage: „Der Herr ist unser König" nicht einfach nach Gutdünken zurechtlegen. Wir wollen uns im Worte Gottes umsehen, was diese Worte bedeuten.

Wie es bei diesem König zugeht

Da hören wir etwas Seltsames. In Matthäus 18,23 erzählt der Herr Jesus ein Gleichnis: „Das Himmelreich ist gleich einem König, der mit seinen Knechten abrechnen wollte. Da kam einer vor ihn, der war ihm zehntausend Pfund schuldig." Ich habe in meinem Leben manchen Regenten erlebt. Aber da war keiner, der mit mir gesprochen hätte, ja der auch nur meinen Namen gekannt hätte. Ganz anders ist es beim König Jesus. „Es kam einer vor ihn", lesen wir. Wenn man in die Grenzen Seines Reiches tritt, steht man gleich vor dem König selbst.

„Der war ihm zehntausend Pfund schuldig." Wissen Sie, wieviel das ist? Das sind etwa 45 Millionen Mark. Eine hoffnungslos hohe, gewaltige Summe! Darum warnt uns unser böses Herz, wir sollen uns ja nicht mit dem Herrn

Jesus einlassen, weil dann sofort zur Sprache kommt, daß wir Seine Schuldner sind.

Diese 45 Millionen Mark sind ja nur ein Gleichnis für unsere Schuld, unsere Sündenschuld. Solange wir fern vom Herrn Jesus sind, können wir uns ja einreden, es sei nicht so schlimm. Aber tritt nur vor Ihn – und einmal muß ein jeder vor Ihm erscheinen –, dann siehst du, wie es mit dir steht, dann erkennst du deinen verlorenen Zustand. Aber fürchtet euch nicht vor der Abrechnung mit diesem König! Denn die Geschiche geht so weiter: „Da jammerte ihn des Knechtes. Und er ließ ihn los, und die Schuld erließ er ihm auch."

Unser König hing am Kreuz. Da hat Er für uns bezahlt. Und deshalb kann Er Sünden vergeben. Das ist die wunderbare Erfahrung, die man beim König Jesus macht: Er schenkt Vergebung der Sünden!

Bei einer Jungmännertagung hatten wir eine Zeugnisversammlung. Da wurde auch ein junger Bauer gebeten, ein Wort zu sagen. Er trat vor die große Versammlung und sagte nur: „Was soll ich sagen?

,Ich weiß sonst nichts zu sagen,
als daß ein Bürge kam,
der meine Schuld getragen,
die Rechnung auf sich nahm.'

Solange ich lebe, will ich die Vergebung meiner Sünden durch Jesu Blut rühmen."

Wie der König Sein Reich baut

Ein weiteres Gleichnis hat der Herr Jesus erzählt, in dem ein König vorkommt. Offenbar spricht Er da auch von Seinem eigenen Königtum. In Matthäus 22 heißt es: „Das Himmelreich ist gleich einem König, der seinem Sohn Hochzeit machte. Und er sandte seine Knechte aus, daß sie die Gäste riefen."

Hier hat der Herr mit zwei Sätzen Sein Königreich, Seine Herrlichkeit und Seine Armut geschildert. Seine Königsherrlichkeit wird offenbar werden bei einem großen Fest, einem königlichen Mahl in der zukünftigen Welt. Aber auch die Armseligkeit Seines Königreiches zeigt hier der Herr. Alle Herrlichkeit liegt erst in der Zukunft. Und vorläufig ist nichts davon zu sehen – außer einer Einladung.

Ich erinnere mich an eine kleine Szene aus dem ersten Weltkrieg. Mit einem anderen jungen Offizier ritt ich nach Gent. Unterwegs fragte er:

„Sagen Sie mal: Ist Ihr Vater tatsächlich Pfarrer?"

„Ja."

Langes Schweigen.

„Ja, gehen denn noch Leute in die Kirche?"
„Ja."
Wieder folgte ein langes Schweigen. Schließlich schüttelte mein Begleiter den Kopf und sagte:
„Ich dachte, so was gäb's heute gar nicht mehr!"
Da war also ein gebildeter junger Mann 26 Jahre alt geworden und hatte noch nichts gesehen vom Königreich Jesu. Ja, was sollte er auch sehen? Es ist ja nichts zu sehen. Das ganze Königreich Jesu auf Erden besteht nur aus einer Einladung. Boten ziehen aus und laden zu dem königlichen Festmahl ein. Und meist geht es so wie in dem Gleichnis, wo in Vers 3 steht: „Und die Gäste wollten nicht kommen." Ja, doch! Ein paar machen sich auf. Sie singen das Pilgerlied:

„Himmelan, nur himmelan
soll der Wandel gehn.
Was die Frommen wünschen, kann
dort erst ganz geschehn.
Auf Erden nicht.
Freude wechselt hier mit Leid.
Richt' hinauf zur Herrlichkeit
dein Angesicht."

Aber es ist eine kleine, verachtete Schar. Und wenn sie auch auf das Zukünftige sieht, so nennt man sie doch die „Ewig-Gestrigen". Und zerstreut ist diese Schar obendrein, über die ganze Erde zerstreut.

So ist das ganze Königtum Jesu hier nichts als eine nach oben führende Bewegung, eine Bewegung allerdings, die nie zum Stillstand kommt. Immer heißt es:

> „Noch werden sie geladen,
> noch ziehn die Boten aus,
> um mit dem Ruf der Gnaden
> zu füllen dir dein Haus.
> Es ist kein Preis zu teuer,
> es ist kein Weg zu schwer,
> hinauszustreun dein Feuer
> ins große Völkermeer."

Wie der König Sein Reich vollendet

Ja, dieses Königreich Jesu wird herrlich vollendet werden. Wenn wir davon reden, geht uns das Herz auf. Es wird vollendet werden. Nicht allmählich oder durch eine Entwicklung, sondern plötzlich und durch eine Katastrophe. Der König wird in der sichtbaren Welt erscheinen mit großer Macht und Herrlichkeit. Da werden alle religiösen, politischen, weltanschaulichen und sozialen Fragen mit einem Schlag gelöst sein, wenn der Schleier zerreißt, der uns die ewige Welt verhüllt, und der König erscheint. Die Heilige Schrift lehrt eindeutig, daß der Herr Jesus ein tausendjähriges Reich auf Erden aufrichten wird. Da werden die widergöttlichen Mächte hinweggefegt und der Satan gebunden. Da wird der verachtete König zeigen, wie wohltätig Sein Regiment ist. Und dann erst, nach diesem „Abendrot der Weltgeschichte", wird das Ende kommen: die Auferstehung der Toten, das Weltgericht, das Vergehen der Erde und die neue Welt, in der der Sohn alles dem Vater zu Füßen legt, auch Seine eigene Krone, „auf daß Gott sei alles in allem" (1. Korinther 15,28).

Die Stürme der Weltgeschichte zeigen, daß die Zeit schnell herannaht. „Laßt eure Lenden umgürtet sein und eure Lichter brennen und seid gleich den Menschen, die auf ihren Herrn warten" (Lukas 12,35).

Als der Apostel Johannes auf Patmos verbannt war, sah er im Geist das Ende der Welt. In den gewaltigen Kapiteln der Offenbarung schildert er uns die Nöte der „letzten Zeit". Und dann heißt es in Kapitel 19: „Und ich sah den Himmel aufgetan, und siehe, ein weißes Pferd. Und der darauf saß, hatte Augen wie Feuerflammen und auf seinem Haupte viele Kronen. Und ihm folgt nach das Heer des Himmels. Und er heißt: ‚ein König aller Könige'."

An jenem Tag brauche ich das Wort „Der Herr ist unser König" nicht mehr auszulegen.